演歌と社会主義のはざまに

藤城かおる

えにし書房

唖蟬坊伝　目次

1　かあちゃんごらんよ

いまから三十五年ほど前、私はとある大学のサークルに通っていた。正門近くに置いてあるラジカセから、音楽が流れてきた。

聞き耳をたてると、どうやらライブのよう。コンサート会場で、男性が一人、弾き語りをしている。ギターがやむ。マイクを通した声も聞こえない。しばらくして、澄んだ声が重なって聞こえてきた。少しずつ声が大きくなる。会場が一つになって大合唱をしている。童謡の「しゃぼん玉」。ジンとした。

レコード店を何軒も何軒もまわった。そして「しゃぼん玉」が収録されているＬＰ『高石友也ライブ〈第三回リサイタル〉』を見つけた。

それがフォークソングとの出会い。同時に、演歌との出会いだった。

同じシリーズに『高石友也ファースト・コンサート〈関西フォークの出発(たびだち)〉』がある。収録されていたのが、「かあちゃんごらんよ」(1)だった。

かあちゃん　ごらんよ向こうから
サーベル下げて　帽子着て
父ちゃんによく似た　オジちゃんが
沢山　沢山歩いてる
もしや僕の父ちゃんが

帰って来たのじゃあるまいか

夕べも　言うて聞かせたに
はやお忘れか　父様は
今度の旅順の戦いで
名誉の戦死をあそばされ
あの仏壇のお位牌よ
あれが坊やの父様さ

父ちゃん　偉い死ぬもんか
あの仏壇の　父ちゃんは
何にも　物も言わないし
坊やを抱いてもくれないし
本当の僕の父ちゃんを
連れて帰ってちょうだいな

もしかして父ちゃんが帰ってきたの。

父ちゃんは死んで位牌になったのよ。

本当の父ちゃんを返して。

できないことを母親にねだる坊やと、なだめる母親の様子が対話形式で綴られている。

「かあちゃんごらんよ」は日露戦争直後の、軍歌華やかな時期に生まれた反戦歌。作者は不詳。あっという間に全国に広がった。小さな子どもからお年寄りまで、幅広い世代に親しまれた。しかし、ときの政府は内容がそぐわないとして、発禁処分にした。歌はうたえなくなった。それが、ひそかに口伝えされた。音楽評論家の矢沢寛が綴っている。

　日清戦争のころ生まれたごく標準的な国民だった私の母が覚えているくらいだから、そうとう国民の間には行き渡っていたのだろう(『戦争と流行歌』二十四頁)。

はじめて聞いたときは、狐につままれたような不思議な感覚だった。こんな歌があったのかと思った。以来、一九七〇年前後のフォークソングに興味をもった。高石友也や高田渡の歌から、さらに明治大正時代の演歌へと興味の幅が広がった。そんな時代の演歌を聞いていくうちに、添田啞蟬坊(そえだあぜんぼう)を知り、「ラッパ節」を知った。入手可能な限りの、啞蟬坊や息子知道の著書をあさり、周辺の資料を入手した。作った歌を聞いた。

そのなかで「社会党ラッパ節」を見つけた。歌詞をなんべんも読み返した。

華族の妾のかんざしに　ピカピカ光るは何ですえ
ダイヤモンドか違ひます　可愛い百姓の膏汗(あぶらあせ)　トコトットット

当世紳士のさかづきに　ピカピカ光るは何ですえ
シヤーンペーンか違ひます　可愛い工女の血の涙　トコトットット

大臣大将の胸先に　ピカピカ光るは何ですえ
金鵄勲章か違ひます　可愛い兵士のしやれこうべ　トコトットット

浮世がまゝになるならば　車夫や馬丁や百姓に
洋服着せて馬車に乗せ　当世紳士に曳かせたい　トコトットット
待合茶屋に夜明しで　お酒がきめる税の事
人が泣かうが困らうが　委細かまはず取立てる　トコトットット
お天道さんは目がないか　たまにゃ小作もしてごらん
なんぼ地道に稼いでも　ピーピードンドン風車　トコトットット
名誉々々とおだてあげ　大切な伜をむざむざと
砲の餌食に誰がした　もとの伜にして返せ　トコトットット
子供のオモチャじゃあるまいし　金鵄勲章や金米糖
胸につるして得意顔　およし男が下ります　トコトットット
あはれ車掌や運転手　十五時間の労働に
車のきしるそのたんび　我と我身をそいでゆく　トコトットット　（『演歌の明治大正史』一七七頁）

そもそも明治大正時代の演歌とは何か。義理人情や男女の情感などをテーマにした、昭和初期から脈々とうたい継がれている大衆歌曲の演歌とは違う。発端は、明治時代の初期にさかのぼる。

国民の自由と権利を要求した政治運動、自由民権運動が全国に広がった。一つには、薩摩、長州、土佐、肥前の四藩出身者による藩閥政治への反発や批判があった。民権運動の主義主張は次第に激しさを増していった。

政府は、取り締まり体制の強化を進めた。それまでの新聞条例[2]や讒謗律[3]に加え、明治十三（一八八〇）年には集会条例[4]を公布した。二年後の明治十五（一八八二）年六月には集会条例が改正、規制が強化された。民権論者の自由は奪われる一方だった。

全国いたるところで、集会や演説が行なわれるようになる。武力による反乱が起きた。不平士族の不満が爆発し、表面化していった。

明治十四（一八八一）年六月の秋田事件、十五年十一月の福島事件、十六年三月の高田事件、十七年五月の群馬事件、八月の秩父事件、九月の加波山事件、十一月の飯田事件、十二月の名古屋事件、十九年六月の静岡事件と、各地で武力による反乱や準備行動が続いた。十五年四月六日には、自由民権運動を推進していた板垣退助が、保守主義者の暴漢に襲われる岐阜事件が起きた。「板垣死ストモ自由ハ死セズ」という言葉が生まれたとされる。板垣はその年の六月、後藤象二郎らとフランス、イギリス、オランダへ視察に向かった。帰国後に言った。

「自由の思想は寧ろ社會の下層に鼓吹すべきものであるから、むづかしい演説や議論より、通俗な小唄や講談の方が、却つてきゝ目があるかも知れない」（『流行歌明治大正史』三八頁）

講談や読売が盛んになり、内容は過激さを増す。警察の干渉がたびたび繰り返された。

やがて、民権運動の活動家である壮士たちは、政府の弾圧から逃れるため、演説の一部や形態を〈歌〉にかえた。不特定多数の大衆に親しまれるよう、七五調の形に組み立てた。街頭に立ち、江戸時代から続く読売を真似て歌をうたった。〈演〉じ〈説〉く〈歌〉で〈演説歌〉、略して〈演歌〉のはじまりとなる。

自由民権の思想を歌に託した〈演歌〉は民権運動の副産物。弾圧で演説活動が困難となった末の苦肉の策だった。

〈演歌〉の源流には、たとえば「ダイナマイト節」「改良節」「ヤッツケロ節」「愉快節・芙蓉嶺」「欣舞節」などがあげられる。

ダイナマイト節　詞曲／演歌壮士団　明治十九（一八八六）年

民権論者の　涙の雨で　みがき上げたる大和胆（やまとぎも）
コクリミンプクゾウシンシテ　ミンリョク　キュウヨウセ
若しも成らなきや　ダイナマイトどん……（『演歌の明治大正史』一二頁）

改良節　詞曲／鬼石学人　明治二十（一八八七）年

野蛮の眠りのさめない人は　自由のラッパで起したい
開化の朝日は輝くぞ　さましておくれよ長の夢
ヤッテケモッテケ改良せー改良せー……（『演歌の明治大正史』一四頁）

俚謡退去どんどん(5)　明治二十（一八八七）年

東京三里をナア、退去を命じ、巡査二人は、門に立つ、退去どんどんどん。

お前一人かナア、連衆はないか、連衆は後から汽車で來る、退去どんどんどん。

君が高知へナア、いかんすならば　僕も行き升大阪へ、退去どんどんどん。（『増訂明治事物起原』一〇七頁）

ヤッツケロ節　詞曲／久田鬼石、吉田於兎　明治二十二（一八八九）年

見せてやりたい世界の人に　コラサノサ
二千五百有余年　固め鍛へし鉄石心
イッカナ動かぬ大丈夫（ますらお）の　心は千々（ちぢ）に砕くとも

骸(かばね)は野辺(のべ)に晒(さら)すとも　君の御為と国の為
捨つるは此身の本分と　一歩も譲らず進み行き
鉄壁たりとも何のその　日本刀の切れ味で
　片(かた)つ端(はし)から　ヤッツケロー……（『演歌の明治大正史』一六頁）

愉快節・芙蓉嶺　詞／久田鬼石、曲／青年倶楽部　明治二十二（一八八九）年

甲斐駿河二国に跨(また)がる芙蓉の嶺(みね)は　八面玲瓏珠(れいろうたま)を成し
夏猶寒き白雪は　清き心を表明し
雲間に高く聳ゆるは　独立不撓(ふとう)の気を示す
「国の護りの富士山に　登りて四方を見渡せば
雲か霞か白模糊(はくもこ)の　中に現はる東洋の
「諸国は眼下に一眺め　西に峙(そばだ)つヒマラヤ山
北部遙かにサイベリヤ　長煙断続靉(たなび)くは
「虹か鯨か蛟竜(こうりゅう)か　忽ち興る愛国の
大和男子の気象をば　引起しつつ国のため
乗馬撃剣射的して　北門鎖鑰(ほくもんさやく)に気を付けな
尽せよ尽せ国の為　尽して其名を万国に
　「轟かしたら大愉快　愉快じや　愉快じや……（『演歌の明治大正史』二四頁）

欣舞節　詞曲／若宮万次郎　明治二十二（一八八九）年

日清談判破裂して　品川乗り出す東艦(あずまかん)

西郷死するも彼がため　大久保殺すも彼奴がため
　遺恨重なるチャンチャン坊主
日本男児の村田銃　剣のキッ先味はへと
なんなく支那人打ち倒し　万里の長城乗つ取つて
　一里半行きや北京城よ
　　欣慕々々々々　愉快々々……　（『演歌の明治大正史』三三頁）

オッペケペー節　詞／若宮万次郎、演出／川上音二郎　明治二十二（一八八九）年

権利幸福きらひな人に　自由湯をば飲ましたい
　オッペケペッポーペッポーポー
かたい上下かどとれて　マンテルズボンに人力車
いきな束髪ボンネット　貴女に紳士の扮装で
うはべの飾りはよけれども　政治の思想が欠乏だ
天地の真理がわからない　心に自由の種をまけ
　オッペケペッポーペッポーポー……（『演歌の明治大正史』二二頁）

自由党の壮士たちが街頭で読売をはじめると歓迎された。「ダイナマイト節」の歌詞が載る歌本がある。表紙には、提灯やススキ、シャレコウベとともに、「壮士　自由演歌」の文字を刻んだ卒塔婆が描かれている。「オッペケペ」で知られる川上音二郎らの壮士芝居も生まれた。

民権運動が盛んになると、政府の言論弾圧もさらに激しさを増した。演説会場は官憲の力で踏みにじられた。それでも壮士たちは負けず劣らず、思いきりがなり立ててうたった。節はあまり重要視せず単調だった。そのぶん歌

詞の内容で訴えた。壮士演歌は「ダイナマイト」「ヤッツケロ」「ゲンコツ」など、インパクトのある表現を好んだ。タイトル表記にしても「節」を「武士」や「武志」にするなど、当て字が用いられた。「ダイナマイト節」の二行目の片仮名を漢字に直すと「国利民福増進して　民力休養せ」になる。

若宮万次郎による「日清談判破裂して、品川乗り出す東艦～」の「欣舞節」は、明治二十二（一八八九）年の作品。日清戦争がはじまる五年前に、若宮は架空仮想の歌を作っていた。

初期の演歌の中軸をなしたのは、「愉快節」と「欣舞節」(6)の二つ。政府を弾劾する演説調の歌だった。明治三十年代中頃まで、その時々の事件や時評、歴史、世相などの時流に便乗した。たくさんの替え歌が作られた。節は「愉快節」「欣舞節」のそのままで、歌詞をかえて、いくらでも長く繰り返してうたわれた。演歌は「新聞コラム」的な役割をはたした。

唖蝉坊の本名は添田平吉という。明治五年十一月二十五日（一八七二年十二月二十五日）、神奈川県大磯の中農の家に生まれた。父利兵衛と母つなとの間、四男一女の次男となる。生家は何代も続いた旧家で、壕をめぐらした広い庭には木々が茂り、山林も所有していた。幼少にして「国史略」「日本外史」などをそらんじ、村では「神童」ともいわれた。明治十八（一八八五）年、十三歳の唖蝉坊は東京深川の叔父の家に預けられた。道すがら横浜から新橋まで、初めて「汽車といふ怪物」に乗った。東京では隅田川の一銭蒸汽に乗り、一区二銭の鉄道馬車にも乗った。浅草では芝居、見世物、居合い抜き、曲馬などをみて羽をのばした。

明治二十年、十五歳で「浅野汽船」の船客ボーイとなった。海上生活がはじまる。航海中のしけで苦しむなど体質的に合わず、二年ほどして陸にあがった。軍艦のサビ落としをする「カンカン虫」や石炭の積み込みなど、横須賀で力仕事に従事した。

横須賀での生活に慣れ、安住しそうになった、とある夜。

浪花節でも聞こうと出かけた途中、人だかりを見つけた。割り込んでいくと、異様な風体の三人組がわめいている。

編み笠を阿弥陀にかぶり、白い兵児帯を巻いて、手には太いステッキを持っている。三人は、かわるがわる喋りうなる。言葉は演説口調で歌は怒鳴り声。

唖蟬坊は壮士の街頭演歌を初めて目にした。驚きが興奮に変わり、すっかり取り憑かれた。感動のあまり眠れない日々が続いた。ときに明治二十三（一八九〇）年、十八歳だった。

ふと買い求めた一冊の歌本の裏に、「普く天下の同志を募る——但し身体健康、学力あり愛国の志ある者に限る　青年倶楽部」と載っていた。

唖蟬坊は、青年倶楽部[7]から歌本を取り寄せた。歌を覚え、一人街頭でうたった。友人は、壮士より上手いとほめた。単身、三浦半島から房総半島を巡り、演歌をして売り歩いた。壮士は原価四厘の歌本を一銭五厘で売る。唖蟬坊は二銭で売った。よく売れた。唖蟬坊には素質があった。

のち、唖蟬坊が振り返った。

「おい、横須賀に添田といふ男がしきりに活躍してゐるやうだが、一体どんな男だらう。今日も何百部送れと言って来たさうだ」

こんな言葉が本部で交はされてゐたといふ。（『唖蟬坊流生記』二九頁）

明治二十五（一八九二）年、嘱望された二十歳の唖蟬坊は壮士演歌本部に招かれ上京。正式に青年倶楽部のメンバーとなった。唖蟬坊の演歌師としての活動がはじまった。唖蟬坊が開花した瞬間でもあった。

唖蟬坊は青年倶楽部に入るとき、デビュー作となる「壇の浦」「白虎隊」「西洋熱」の歴史歌三曲を持参した。三曲のうち「壇の浦」と「西洋熱」は「愉快節」に、「白虎隊」は「欣舞節」に合わせた。歌詞のみ作り替えてうたった。唖蟬坊は歓迎を受けた。

愉快節　壇の浦

白々と須磨や明石に朝霧こめて
朧ろに見ゆる淡路島、白砂を掠めて青松の
間を縫ひ行く白帆は、島隠れ行く蜑小舟
壽永の昔平軍が、立籠りたる一の谷
天険頼みし要害も、鵯越の逆落し
萏の花の若武者が、家名を末代に汚さじと
散りて香りし跡訪へば、鐵拐峰頭雲殷々
一葦隔てし屋島潟、闇にひらめく白旗は
鬼神を欺く源九郎、義經の馬前に嗣信が
身の犠牲ぞ勇ましく、一家の安危を竿頭に
賭けて卜せし軍扇も、那須與市が一箭に
入る日の丸の西の方、今は寄邊も波の上
智あり勇ある知盛が、奇謀も主將の暗弱に
軍機を誤まり一門が、波掻分けて沈みたる
涙の痕を弔らはん、海路遙けき壇の浦
蓬窓かゝげて眺むれば、双ぶ滿珠に干珠島
帆柱山は雲がくれ、門司の磯邊にとうとうと
押し寄す波間に鬼啾々、昨日は都に春めきて
榮華に誇りし平族の、末路を茲に鑑みば

不義の富貴は浮雲か、草葉に於ける朝露の
頼み難きを感ずらん（『流行歌明治大正史』九九頁）

さらにこの年、啞蟬坊は不知山人の名で「拳骨武士（げんこつぶし）」を作った。

力揃へば踏石（ふみいし）さへも　上げてゆるがす　ゲンコツ　霜柱（しもばしら）
　ドクシンロ　フツエーベー　シッケイキワマル　ゲンコツバイ
早くたがいに覚悟をきめて　確乎（しかと）条約　ゲンコツ　結ばんせ
　ドクシンロ　フツエーベー　シッケイキワマル　ゲンコツバイ
主義と立つたら又其主義と　倒るゝ覚悟が　ゲンコツ　して欲しい
　ドクシンロ　フツエーベー　シッケイキワマル　ゲンコツバイ
まさかと思ふはこつちの油断　金で心を　ゲンコツ　売る時世
　ドクシンロ　フツエーベー　シッケイキワマル　ゲンコツバイ
かざる色香につい欺（だま）されて　とれば手さきに　ゲンコツ　とげがある
　ドクシンロ　フツエーベー　シッケイキワマル　ゲンコツバイ
ひぢを枕に仮寐（かりね）をしたら　自由破鐘（はしょう）の　ゲンコツ　声がする
　ドクシンロ　フツエーベー　シッケイキワマル　ゲンコツバイ
芸者狂ひが能ではないよ　国の安危を　ゲンコツ　議すがよい
　ドクシンロ　フツエーベー　シッケイキワマル　ゲンコツバイ
上辺（うわべ）計りじや様子が知れぬ　中の腐りし　ゲンコツ　夏玉子
　ドクシンロ　フツエーベー　シッケイキワマル　ゲンコツバイ（『演歌の明治大正史』五〇頁）

片仮名を漢字に直すと「独、清、露、仏、英、米　失敬極まる拳骨ばい」となる。唖蟬坊は歌詞のあとに「獨清露佛英米どいつもこいつもオレを馬鹿にしてゐやがる、畜生メ、と言つたところである」（『流行歌明治大正史』一一三頁）と続けた。

詞は久田鬼石との共作で、曲が不知山人となる。ヒントはあったにしても、唖蟬坊にとって初めての曲作りだったかもしれない。

青年倶楽部には、約三十人もの壮士や、数多くの政治運動家が出入りしていた。中心的な鬼石学人こと久田佐一郎や、酔郷学人こと殿江浩。さらには、足尾で鉱毒被害住民の救済にあたっていた田中正造、言文一致体、新体詩運動の先駆者でもある山田美妙斎らがいた。

青年倶楽部は、演歌をうたい悲憤慷慨を鼓舞するだけでない。藩閥政治に反対した自由党(8)の院外団体の役割も果たしていた。院外団体は、議員以外の党員が議会の外で政党活動を行なう団体のこと。落選代議士や壮士など、政治青年の集まりでもあった。主な仕事は、党幹部の護衛や選挙時の有権者狩り出し。反対党への演説会荒しは有名だった。弾圧する官憲との抗争や反対党との衝突など、血なまぐさい日々が繰り返された。

青年倶楽部では関新之助、森久保作蔵、板倉中、星亨らの政治運動を展開した。神奈川、静岡、千葉、栃木まで出かけ、国会議員や県会議員の選挙運動に参加した。唖蟬坊もしばしば選挙運動に参加した。演壇にも立った。

しかし、唖蟬坊は疑問に感じていた。方向性の違いを意識するようになった。現状の演歌活動では物足りない、満足できないものが、心のなかに芽生えはじめた。選挙運動で壮士たちが出払うなか、少数の同志とともに倶楽部に居残るようになった。

武骨な壮士の、武骨な歌。それはそれでおもしろくないことはないが、しかしその節まわしが、多少でも美しくうたえばうたえるものを、ことさらにぶちこわすような調子にやる、それを壮士の壮士らしさとする、その気風に平吉は疑いを持った。武骨な内容をもったにしろ、歌は歌である。歌ならばやはり歌らしくありたい。美しくうたうことが、民権自由の理想をそこねるものとも弱めるものとも思われなかった。（『流行り唄五十年』三五頁）

そんな思いが芽生えながらも、啞蟬坊にとって、一つの活動に集まる青年倶楽部は楽しかった。歌をうたうことで生き甲斐を得ていた。

青年倶楽部での演歌活動を物語っている資料を見つけた。

明治二十年代の東京には、青年倶楽部という壮士の集団がありました。政治運動のないときには、半分は遊説の意味で、半分は収入の道として、倶楽部員は演歌に出ました。街頭で悲歌慷慨の演説をやって人集めをし、それから歌をうたって歌本を売る、これが演歌であります。倶楽部員のなかにはそういう才能のある人がいて、次々と新しい歌詞を作って歌本をこさえ、倶楽部員いがいにも、ここから歌本を仕入れて演歌に出る人たちもできました。ところで、いざ選挙だ政談演説会だという時には、倶楽部員はそっちの方へ動員されて行なってしまう。そこで少数のクラブ員は、こういう時にも政治運動はやらないで専ら演歌をやるというように専門化してきました。

（『昔と今』六八頁）

明治二十六（一八九三）年は、福島安正中佐[9]や、郡司成忠大尉[10]の話で持ち切り。演歌にもうたわれた。うたい出しの文句は、年齢、職業を問わず幅広く、誰の口癖にもなった。そして半年も過ぎないうちに忘れ去られた。

明治二十七（一八九四）年、啞蟬坊は単身北陸へ旅に出た。

日清戦争への風雲は色濃かった。人々は支那を豚尾漢、チャンチャン坊主などとののしった。

福井で宿を決めた夜のこと。目抜き通りで演歌をはじめると、またたく間に人だかりとなった。唖蟬坊は「欣舞節」の「干城」など、数種の演歌をうたった。説明を加えていると、叫ぶ者があった。

「支那は弱い、日本人一人で十人くらい蹴飛ばせる」

「大敵とても恐るるな、弱敵とても侮るなということがある。侮るということはよくない」

唖蟬坊がたしなめると、たちまちのうちに大騒ぎになった。

「支那のひいきをするな」

「支那のまわし者だ」

野次が飛び、唖蟬坊と群集との間がせばまる。巡査が割りこんだ。しかし群集の数はさらに増え、とても押しとどめることができない。巡査は、唖蟬坊を警察に保護した。群集はついてきた。一時間ほどして四散した。それでも危ないと、巡査は唖蟬坊を宿まで送り届けた。

唖蟬坊が東京に戻り、ほどなくして戦争がはじまった。号外や新聞が賑やかすごとに、たくさんの演歌が生まれた。歌本は飛ぶように売れた。

唖蟬坊にとって日清戦争後の風潮は、耐えられるものではなかった。世のなかのすべてが金で動き、収賄や買収が横行した。節操を失った政治に失望した。青年倶楽部のなかには無銭飲食、無銭遊興する者がいた。唖蟬坊は孤立した。

政府は街頭演説や壮士演歌を含め、演説会を禁止した。官憲と争いとなり、壮士たちは拘引される。民衆はそれをさせまいとする。街なかで攻防が繰り返された。

刊行物の発売頒布の禁止処分もあった。刊行物は内務省(11)に二部納めなければならない。怠れば出版法違反となる。納めても、内務省の検閲に引っかかると発行差止め、発売禁止の処分となった。

青年倶楽部が発行する本も処分を受けた。「社会の穴探」は安寧秩序を乱すとして、内務省告示を受けた。発行者は殿江浩。禁止告示に「内務大臣　伯爵　板垣退助」とあった。日付は明治二十九年八月二十日。ちょうど第二次伊藤内閣のときで内務大臣は板垣だった。自由党の運動から生まれた壮士演歌には、板垣の意見も反映されている。その壮士節を板垣が禁じた。奇異な巡り合わせとなった。

明治二十七（一八九四）年、青年倶楽部とは別に、読売の団体、鉄血倶楽部ができた。田岡常三郎を中心とする神田田代町の書籍行商社は、赤本『人情倶楽部』にまとめ発行していた。作歌は寄宿していた売り子のうち、急進的な横江鉄石、中丸貞蔵、堤甚七ら数人が行なった。

明治二十九年、横江は「欣舞節」にあわせて「汽車の旅」をつくった。明治三十年六月に新橋を出発した汽車は、第六集で神戸につく。のち、明治三十三（一九〇〇）年五月発行の「鉄道唱歌」[12]第一集「東海道編」が生まれる少し前で、一大ブームを巻き起こした。

明治四十年頃、唖蟬坊は「汽車の旅」に新設駅を増やし七五調にした。第一高等学校の「嗚呼玉杯に花うけて」（第十二回紀念祭東寮寮歌、明治三十五年作）の替え歌としてうたった。

のち、「汽車の旅」は、事件物や流行物など歌が途切れたときにうたわれるようになった。どんなときでもよく売れる、救いの歌となった。

鉄血倶楽部は、明治三十（一八九七）年六月、青年倶楽部に合した。

明治三十一（一八九八）年二月二十四日、日本鉄道の機関方がストライキを行なった。機関方四百人は、待遇の改善や不当解雇の撤回を要求した。二月二十七日付「毎日新聞」はストライキを「日本鉄道同盟罷工事件」と報じた。

同盟罷工を起せしは、廿四日午後三時上野発青森直行列車が福島にて機関車を代へて更らに北方に進まんとせし時に起りしものにして……。（『明治大正の新語・流行語』一七〇頁）

まだストライキという言葉はなく「同盟罷業」「同盟罷工」「罷業」「罷工」と訳していた。ゼネラルストライキという言葉もない。新聞では「総同盟罷業」「総罷業」という訳語が使われた。

別名「東雲節（しののめぶし）」ともいわれる「ストライキ節」[13]が、明治三十二年から三十七、八年頃にかけて流行した。以降、ストライキという言葉が定着していく。

明治三十一（一八九八）年六月二十二日、自由党と大隈重信、犬養毅らの進歩党が合同して憲政党ができた。三十日に憲政党の総裁、大隈による初めての政党内閣が成立。旧自由党の板垣退助が内務大臣に就いた。しかし、十一月はじめには山縣有朋内閣に逆戻り。隈板内閣はわずか四か月の短命に終わった。

山縣内閣に戻るとともに憲政党は再分裂。旧自由党は自由派憲政党を持続させた。それでも三十三年に解党、伊藤博文のもとに組織された立憲政友会に合流することになった。それまで「藩閥」とののしり、敵対していた伊藤に迎合した。旧自由党の党首でもあった板垣退助は、立憲政友会の設立とともに政界を引退した。

明治三十四年、青年倶楽部は、自由党の消滅とともに風前の灯火になった。演歌壮士の気概はなくなる。旅に出たまま故郷に帰る者や、壮士芝居に加わる者など、同志は四散した。なかには、朝鮮から満州、南洋へと渡る者もあった。中心的な存在の久田鬼石や殿江酔郷、最後まで残っていた横江鉄石も、みな散り散りに離れていった。あとは、ごろつき壮士が集まりはじめた。

唖蟬坊は悪質な壮士らを嫌い、見切りをつけた。

居残った悪質壮士たちは警察から追われた。最後まで青年倶楽部を見守り世話をしてきた、家族同様の者たちも巻き添えになった。そして、ついに青年倶楽部は解消した。

もともと演歌は、政治運動の流れのなかにあった。選挙のときなどは、果敢に運動に加わる。そんな政治運動ばかりに邁進する壮士に対して、啞蟬坊は違和感をもっていた。政治の腐敗に巻き込まれてはいけないと思い、政治から手を引いた。そして、党派に左右されない、独自の立場での表現を考えた。民衆の熱い思いを代弁する意味で、歌詞の中に社会批判や政治風刺を盛り込んだ。社会改良主義に傾いていく。

啞蟬坊は、書生の北林と二人で神田区錦町に間借り。「東海矯風団」を旗揚げ独立した。いよいよ演歌に傾倒し、純正演歌を志向した。生活や職業としての演歌活動に専念するようになった。少しずつ、苦学生の弟子が入り始めた。ときに「三十四、五年には、演歌者といふものがまるツきり無くなつてしまつた。廣い日本に、私と私に從つた九州人で跛の高橋須磨男と千葉縣人の若葉虎次郎とのみが、演歌の命脈を保つたか細い糸であつた」(『流行歌明治大正史』二一五頁)時期もあった。

青年倶楽部にいた弟子の高橋須磨男が旅まわりから帰ってきた。啞蟬坊は高橋に新しい弟子を連れさせ、演歌を覚えさせた。

川上音二郎一座や、月岡清の率いる一座などが泊まりにきた。月岡清こと潮田節次は、青年倶楽部時代の頃から壮士芝居と交流をしていた。倶楽部を去ったあとは、地方まわりの新派劇の座長になった。

演歌に通じる気の合う友が、和気あいあいと「東海矯風団」に集った。

明治三十四（一九〇一）年、二十九歳の啞蟬坊に一大転機が訪れた。

茅ケ崎菱沼の篤農太田伝右衛門の末娘で、啞蟬坊よりも十歳若いたけ子を伴侶に得た。義兄冨治のすすめで、本所区番場町に新居を定めた。現在地として、隅田川の駒形橋と厩橋の間の左岸。住所でいえば、東駒形一丁目から本所一丁目にかけてのあたりとなる。

たけ子は、啞蟬坊の身のまわりを切り盛りした。よき内助者になった。

明治三十五（一九〇二）年一月、日本陸軍第八師団の歩兵第五連隊が、八甲田山で冬季雪中行軍の訓練中に遭難。訓練参加者二百十人のうち百九十三人が死亡、六人は救出後に死亡した。冬季の訓練では最多の死傷者が発生した。痛ましい事故だった。

三月、啞蟬坊は事故を題材に「雪紛々」を作りうたった。八甲田山の惨劇をうたった歌は、ほかに落合直文作詞で好学居士作曲の「陸奥の吹雪」や、大和田建樹作詞の「雪中行軍の歌」。井上松雨・河井酔茗作詞、田村虎蔵作曲の「吹雪の敵」などがあった。啞蟬坊は「雪紛々」の歌本のザラ紙を上質紙に換え、表紙を色刷りにして店頭に並べた。飛ぶように売れた。

落合直文と大和田建樹の雪中行軍の歌も並べてあったが、私のほどには売れてゐないといふのであった。
（『啞蟬坊流生記』一一五頁）

『明治流行歌史』（昭和四〔一九二九〕年発行）のなかで、著者の藤沢衛彦は、反対のことを記した。

明治三十三・四年頃の彼等の歌としては、恰んど愉快節の作りかへ一點ばりで、たまたま新作するものは殆んど流行歌としての生命なく（例へば三十四年の社會穴さがし、三十五年の青森八甲田山雪中行軍の歌。）の如く、傳播すること少くして葬られ、（却つて、大和田氏の八甲田山雪中行軍の歌の方が謠はれた）。（『明治流行歌史』三七七頁）

明治三十五年六月十四日には長男が生まれた。知道と名づけた。

のちに知道は、「さつき」の名で啞蟬坊と同じ演歌の道を歩んでいく。父と同じくたくさんのヒット曲を生むことになる。

夏の終わり頃、啞蟬坊は義兄のすすめでレース工場をはじめた。茅ケ崎に移り住んだ。しかし、翌明治三十六年には、不慣れな経営での資金繰りや立地条件、職工の質など諸問題で、先行きが立たなくなった。早くも工場を閉めることになった。

明治36年頃の妻タケ。22歳くらいと思われる（『啞蟬坊流生記（顕彰会版）』巻頭写真）

ちょうどこの頃、工場の下請けに神主の杉崎鍋之進がいた。杉崎は俳句をたしなみ、平吉は「啞蟬」と号して作句をはじめた。

工場を閉めた後、啞蟬坊は妻と子を大磯の実家に託して、関西をめぐる旅に出た。実家には兄や姉がいる。手が多く当座の心配はないと考えた。実のところ実家も妻も寛容だったのだろう。事業の失敗で、あきらめがあったのかもしれない。

留守中、裁縫教授の免状をもつ妻のたけ子は、裁縫と唱歌の教師となった。菱沼の小学校に勤めた。また家に弟子をとりながら、知道を育てた。

2　流行歌と日本社会党

（1）「社会党ラッパ節」への道

明治大正時代、日本の文化の一端を担ってきた演歌。

「社会党ラッパ節」は、星の数ほどある演歌のうちの一曲。啞蟬坊は、どのような時代背景のもと、何を考え、何を思い、いかにして「社会党ラッパ節」を作り上げていったのか。いくつかの資料から検討する。

ラッパ節の作者が啞蟬坊という不動の筆名を名のることを決意するまでには、もう一人の人物が介在する。ラッパ節の流行に着目して社会主義運動の機関紙にその替え歌を募集し、原作者にあえて新作を依頼した堺利彦（さかいとしひこ）がその人である。（『啞蟬坊流生記』解説三三七頁）

その新聞で、流行ラッパ節の替え唄を募集した。もちろん社会主義の思考をもとにしてのことである。が、結果はあまり思わしくない。いっそ本家のあなが作ってはくれまいかといわれた。（『流行り歌五十年』五五頁）

堺利彦[14]は社会党の機関誌「光」を発行していた。「ラッパ節」の流行に目をつけた堺は、紙上で替え歌を募集した。しかし応募作の出来が芳しくない。演歌の本家、啞蟬坊に新作を依頼することにした。

それでは、啞蟬坊にとって堺はどのような人物だったのか。

たまたま社会主義の機関誌に「ラッパ節」の替唄が載った。これを演歌でうたってみよう。その諒解をとるために尋ねた堺利彦の磊落の人柄が、唖蟬坊をたのしくもすれば、その主義にも入りこませることにもなった。

（『演歌師の生活』九九頁）

非戦論を通じて、合わぬ前から節の人、理の人として堺枯川を尊敬する気もちはあったが、この時のいかにも人間的なふれ合が、唖蟬坊の心をあたたかくした。たちどころに一連の新作ができた。（『流行り唄五十年』五五頁）

私は堺枯川を元園町に訪ねた。敬ふ気持ちがあったが、着流しに兵児帯を無造作に巻きつけて、「わたし、堺です」と出て来た、そのはじめての印象がよかった。その時堺氏は「家庭雑誌」をやってゐたが、一方新聞に、ラッパ節の替唄を募集したのが思はしくないので、私のを入れたいといふのであった。私はラッパ節を新作した。社会主義喇叭節と題したら、社会党喇叭節の方がいいといふので、私は党といふ字が嫌だったが、それに従った。

（『唖蟬坊流生記』一四六頁）

唖蟬坊は新作の歌のタイトルを「社会主義ラッパ節」とした。しかし堺のいう「社会党ラッパ節」に決まった。唖蟬坊は「党」の字は嫌いだった。唖蟬坊の心模様が浮き彫りにされている。「日露戦争が終わった一九〇五年（明治三十八）、唖蟬坊が堺利彦と接触をもつようになると、このたわいもなかった〈ラッパ節〉が、痛烈な資本主義社会への風刺をもりこんだ歌に生まれ変わって」（『自由と革命の歌ごえ』三六頁）いった。

不知山人がソシアリズム（社会主義）をかみしめているうちに、その機関誌「光」がラッパ節の替唄を出した。これを機縁に堺枯川と握手をする。そして「社会党ラッパ節」ができる。（『演歌の明治大正史』一一七頁）

堺枯川（利彦）と握手した啞蟬坊は「社会党ラッパ節」を作って政治のカラクリを剔抉したわいない「ラッパ節」が、政治のカラクリをえぐる替え歌「社会党ラッパ節」変貌した。「社会党ラッパ節」を橋渡しに、二人の手でなにかが始まろうとしている。

（『新版日本流行歌史（上）』三二頁）

啞蟬坊が堺利彦の家を訪ねたのはわかった。

ただ、『演歌師の生活』では、啞蟬坊がうたう了承を得るために堺家を訪ね、『啞蟬坊流生記』では、堺が会いたいと申し出て啞蟬坊が訪ねている。

さらに別の資料には、堺は啞蟬坊に新作の依頼をしないで、「うたわせて欲しい」という啞蟬坊の依頼を、無条件に許したとする記述もあった。

明治三十九年の春、私は紀州田邊から歸京して麹町區元園町の堺利彦先生の家に寄宿し、兇徒嘯集事件で活動分子を奪われた社會黨の機關紙「光」や、先生の「社會主義研究」[15]「家庭雜誌」などの編集を手傳っていた。ある日、白皙長髮の一壯漢が來訪して先生に面會を求めた。私はどこかでその男を見た覺えがあるのだが、どうもハッキリ思い出せない。當時、ラッパ節という俗謠が流行していたので、「光」も社會黨ラッパ節を募って紙上に掲載したのだが、彼はこれを歌本にして呼び賣りする許可を請いに來たので、もとより宣傳になることだから先生が快諾したこと勿論である。この壯漢こそ流行歌の呼び賣り、後のいわゆる艷歌師の元締め、啞蟬坊添田平吉君なのであった。

どこかでたしかに見た覺えがある。と思ったのも道理。私はもう一と昔も以前、まだ十歳にも滿たない少年時代に、彼が毎夜、私の生家のあった横濱遊郭にその頃は書生節と稱した歌を流して來たのを、あとにくっ附いて聞き歩いたのだもの。當時はまだ後年の艶歌師のように、バイオリンなどの伴奏を使わないで、本當の咽喉三寸でうたっていたのだから、美聲でなければ客をひくことが出來なかった。そして彼は實に美聲で、しかも白皙長髪の美丈夫であったから、優に張り見世の花魁衆を惱殺するに足りたのである。

十年の歳月は、遊廓を流して歩く書生節の呼び賣りをして艶歌師の元締めとし、毎夜そのあとをくっ附いて美聲に聞き惚れていた少年をして社會主義者たらしめ、そして今や不思議なめぐり合せで再會させた。唖蟬坊添田平吉君は自ら歌詞を作り、作曲し、且つ歌った。彼は一身に詩人と作曲家と歌手とを兼ね、しかも社會主義者となってから彼の作った歌詞は、現代の社會制度、金權政治に痛烈な皮肉を浴びせ、民衆に代って滿腔の不平を吐露するものが多かった。

いま、浅草公園鐘つき堂の一角には、この町の詩人の記念碑が建っている。

(『明治文學全集83　明治社會主義文學全集(一)』附録「月報六」三頁)

「私」こと荒畑寒村[16]が唖蟬坊の回想シーンと、堺と唖蟬坊の出会いのシーン、二人のやりとりを綴っている。昭和四十(一九六五)年七月に発行された『明治社會主義文學全集(一)』の付録「月報」に収録されている。荒畑寒村の「秀湖と孤剣と唖蟬坊」と題したエッセイの一部。秀湖は白柳秀湖、孤剣は山口孤剣[17]のこと。二人とも社会主義運動の当事者でもある。執筆当時、荒畑は七十八歳で五十九年前のことを記している。

他にも、堺と唖蟬坊の出会いのシーンを綴っている資料があった。同じ荒畑が書いていた。

ある日、堺家の玄關を訪れた客があつた。私が出て見ると、長身白晳、長髪美髯の一壯漢で、堺先生にお目にかかりたいという。ハテ、どこかで見たようなとは想つたが思い出せない。堺さんが面會すると、客は自分は流行歌の讀賣を業とするもので、社會黨ラッパ節を歌本の中に加えて賣りたいと思うが、どういう條件で許してもらえるかという話であつた。傍らにあつた私は、心中でハタと小膝をたたいた。どこかで見覺えがあると想つたのも道理、この壯漢こそ往年、私が鄉里で毎晩のようにその歌聲に釣られて、アトを追いまわした人物に違いない。

實に世間は廣いようで狹いものである。橫濱遊廓を夜な夜な書生節を流して歩いた讀賣と、歌をきくのを樂しみにそのアトを追つて歩いていた少年とが、今や數年をへだてて共に社會主義者として再會しようとは、ただ奇遇という外はなかつた。堺さんは勿論、條件などは何もいらぬ、宣傳になることだから大いに弘めてもらいたいと、二言といわず快諾したのであるが、話がすんだアトで私は客に昔話をして、とんだところで、これはシタリと、たがいに笑つたことである。この客を誰とかなす啞蟬坊添田平吉！（『左の面々』一三九頁）

啞蟬坊が歌を売るための条件を聞くと、堺は広報活動を理由に、歌の使用を条件なく許可している。この頃、啞蟬坊は三十四歳。「ラッパ節」で有名になり、一躍スターのような存在感をかもし出していた。


啞蟬坊のターニングポイントとなる「社会党ラッパ節」との出会いを少しばかり明らかにした。では、「社会党ラッパ節」を載せた機関紙「光」とは、どのような冊子なのか。

『明治社会主義資料集第2集「光」』の頁をめくった。巻頭では発行事情、内容、関係者、経営内容、廃刊事情などを解説している。巻末には、内容項目の細かな索引が網羅されていた。

「光」は、明治三十八（一九〇五）年十一月二十日に創刊。日本社会党の機関紙として発行された[18]。発行所は、光雑誌社（荏原郡品川町南品川五丁目一七一番地）、申込所は凡人社（本郷区駒込動坂町五四）、印刷所は株式会社国光社（京橋区築地二丁目二一番地）だった。発行所を市内から離れた郡部においたのは、新聞紙条例による保証金制度があったため。

保証金は東京市内千円、京都、大阪、神戸、長崎など各市内七百円。その他の地域三百五十円で、また一か月三回以下発行のものはそれぞれの半額と設定されていた。編集部では、保証金を百七十五円に軽減するため発行所を府下においた。実務上の申込所と編集事務は、凡人社で行なっていた。当時としては、珍しいことではなかった。

明治卅九年五月二十日　（毎月二回　五日　廿日）　光　（明治三十八年十一月十八日　第三種郵便物認可）　第一巻　第十三號（一）

日本社會主義中央機關

光

●勞働者の地位

片山潜

前世紀中に發達進歩せる機械は、開闢以來十八世紀間に進歩せる全體よりも尚ほ大且多にして、而も高妙を盡せり、幾多の新發明と幾多の發見は、人類に向つて知識を與へ幸福を及ぼせり、然るに二十世紀の機械の發達進歩は、更に一層進歩しつゝあるを見るなり。

機械の發達は生產を增加す、從つて生產費用を減節す、機械應用の結果は勞働者をして漸次分業をなさしめ、仕事は簡易ならしめ、比較的技能を用ずして機械を運轉し得乃ち勞働者は漸く機械の一部分となり勞働者が機械を使用するにあらずして機械が勞働者を使役するの觀あり、產業上の經濟より云へば、機械の發達に伴ふ產物の增加は、以つて勞働者の勢力を減ずる譯なり、機械の使用は多く婦女の手に依つて優に運轉せられ、別に技倆ある職工を要せず、從つて勞働者は職を失ふに至る是れ今日の大勢なり。

斯くて一見勞働者は機械應用の爲に漸次職を失ひ、彼等の勢力は地に落つるに至るべきが如し、機械應用は生產を增加せしむる故に勞働者をして職を失はしめ勞働者の數を減ずべき筈なり、又生產物增加する故に物價は下落すべき筈なり、斯く勞働者は機械進歩の爲めに數も減じ勢力も衰ふるべき狀理を呈す。

然るに實際は大に之に反す、固より近年離業者の數は續々增加し來り、英國の如きは一大難問題となり、英國政事家の頭腦を煩はす所にして、實に二十世紀中の最大難問題なりと雖も是れ決して機械應用の結果のみと云ふべからず、今日の產業は使用が目的にあらず利益を得るが目的なり、故に往々過度の製作の爲に、工場が暇となり爲めに勞働者が職を失ふなり、然れども離業者あるが爲めに勞働者の勢力は減せず、近年勞働者の勢力は非常に發達し來れり、勞働者は年々其數を增し加之も物質の所有は之れを有せず然り多くの國に於て地位も富も政權も有せざるも——勢力は資本家の恐るゝ程に至れり。

勞働者は歐洲各國の政界に向つて其勢力を扶殖しつゝあり、今日の勞働者の多數は、機械の部分として働き、個人的性格は工場內に於て少しも顯はれず、平々凡凡なる動物のみ、比較的少數の勞働者以外、大多數の者は、知識も要せず能力も必要ならず、若し要するも分業の結果、凡べて單純にして、何人にも出來る事のみなり。

今や產業は發達して貨物は積んで山をなすも、饑餓に苦しむ人民多數あり過度の製品は商人を苦しめ製造業者を苦しむるも、物價は依然高くして多數人民は生活難を感ずる年々激烈なるを覺ゆるのみ、今日の社會は矛盾の社會なり、賃銀を減じ政權を與へず、壓抑以つて自由を與へずんば勞働者は服從すべし、社會は安心なりと思ひしも、昨年一月二十二日以來露國勞働者は其然らざるを示し、專制政治を根本より破壞したり。

勞働者は着々其勢力を伸張しつゝあり、勞働者は日々其數を增加し、政界にても社會組織の上に於ても勢力を占めつゝあり、英國に於ても獨逸に於ても同じく勢力を有し、彼等の政綱即ち社會主義は盛んに民間に宣言せられ、人民の大多數は之に贊同しつゝあり。

我邦の勞働者は、不幸にして未だ保護法を得ず、工場法案は久しく我當局者が苦心して作製したるも法律とならず、爲めに勞働者は資本家の利益の犧牲に供せられつゝあり、三百七人の石炭坑夫は、生埋又は燒き殺さるゝ慘狀を演ずるも、社會は沈默せり、死者は死損なり、實に今日の勞働者は可憐なる境遇にあり。

我邦の人口は世界無比の比例を以つて增殖しつゝありて、生活難は實に國民を苦しめつゝあり、然るに勞働者は自由行動を執る能はず、實に仕事なきに仕事を求め、土地なきに耕さんと心配し、日々困難を感じつゝあり、勞働者の地位は實に心配なるもの、氣の毒なるものと云はざるべからず。

然らば將來は如何、我邦の產業は非常の速度を以つて發達しつゝあり、資本の高は增殖しつゝあり、勞働者の數は日に月に增加しつゝあり、故に勞働者の前途は極めて有望なり、政權を得、地位を得るは自然の勢にあらずや。

●獄中消息（六）

▲西川光次郎君より　『僕の血管には正直にして平凡なる百姓の血が多量に流れて居る、且つ僕の主義は凡人主義です、であるから僕の理想は平々凡々として無爲の生活を送るにあつた、然るに時勢は僕をして心ならずも奇形な生活を送るに至らしめた、ソコで僕は奇形の生活に我が心を麻ぜしむる爲めに、英雄教より學ぶ所あらんとするに至つた、今僕は二千五百年史やら大閣記やらを讀んで、自然と心氣が爽快となり、忍耐敢爲の精神が湧然として胸中に起るを覺えます、斯く云へばとて僕は決して、古今の英雄眼中に在りなど威張るのではない、たゞ奇形の生活が僕をして、其最もキテイなる英雄教より學ぶ所あるに至らしめたと云ふに過ぎないのです、何れ出たらば此邊の事につき一と議論して見やうと思ふ、ヴヰンゲルといふ小說は實に面白い、此の經濟組織の下に於ける勞働者の運命の如何に悲慘なるかを描いて實に痛切です、僕近頃山家集を愛讀す「しと〳〵と降るともなき春雨に獄の窓に君なしぞおもふ」「獄窓によりて縛さく男あり、靜かに暮るゝ春の夕ぐれ」多少山家集の臭氣ありやいかに呵々』

▲山口義三君より　『相變らず無事にさして居ります眼の痛みは止りましたが、永く讀書する事が出來ぬので辛くつて堪りません、獄窓の青葉い杉の若枝に暗く小雀にせめても慰籍をとつて居ります、五月とはいひながら昨日今日は寒い程むしく綿入二枚とシャツ二枚とアヲセを一枚着て居る樣な次第、其れに夜は蚤とシラミと南京虫の襲擊に遊び、首筋などふくれ上りかゆくつてたまらず、床から出てわざ〳〵南京虫を退治するのです』

▲吉川守邦氏より　『今日公判の下調が有りました、一同白洲で顏を見合ひました、數へれば五十一日目です、歸りに西、深、三兄と同車、西谷見付で深兄がチャと呼ぶから見るとツヽヂの滿開でした』『西兄が晩餐案々々々と呼ぶから一同號いて見れば、鐵管廳が異樣な出立ちで大鼓を叩いて何か演說してましたので、思はず大笑いたしました』

THE HIKARI
(The Light)
Central Organ of Japanese Socialists.
Issued semi-monthly.
No, 13.

LATE WAR AND WORKING CLASSES.

Japan is yet in the atmosphere of triumph of the late war. All people are rejoicing with the memories of victories and big battles that fought with our distant Neighboors—Russians!

This has been the exact appearance of Japan for last few months but the last and the greatest celebration the Imperial Army. Maneuver conducted by His Majesty The Emperor was occurred on the 30th ultimo.

This biggest celebration was wound up by an impressive ceremony on the occasion of the festival celebrated in honour of those who died in the battle. Conspicuous feauture of the festival at the Tokyo Shrine was a vast number of worshippers especially from families (14,630.) of those soldiers died in the battle Numbering 30,255 persons in all. These figures show vastness of number who lost their dear ones in the war even in the vicinity of the city.

Indeed! There are some hundred thousand persons who have to be looked after on account of the battle entirely depending on the public releafe! There are, moreover, thirty-one thousand maimed of the late war or crippled soldiers, who are compelled to live on the public support! Japan will no doubt take good care of those unfortunate but brave young soldiers. But alas they must lead a peculiar life! For it is planned to bring together in some for few places the rest of their life. This institution of crippled soldiers will long commemorate the awfulness of war for the world! It is reported fully one hundred thousand men were killed or died in the late war.

It was no doubt the most terrible war in the history of the world, and fought in the most awful manner possible.

Japan borrowed some two billion for the expenses of the war which means sixtimes more national debts than it was before the war. This vast sum of the debts must be paid by workers. They are to work out this heavy burden together with increasing expenses of military expansions. Already it is felt by working classes of difficulty of living. With the returing soldiers the unemployed have increased to the detriment of workers in general Taxes on the necessity of life are increased several times since the begining of the war, and now as a result of the squander of a little money by those returned soldiers still keep up the prices of which makes them still harder. Vast army commodities, of the unemployed and the poor are suffering with ever harder life and especially higher rent.

Many predict that Japan will suffer possibly a great financial crushing on the account of the national finance after the war. There passed some one hundred and fifty bills through the lower House in the 22d cession and lo! there was none that will protect working classes against ever increasing pressure of employers. Out of war the working classes got none but a hard life. They are still disfranchized although they pay the highest taxes to the national sustenance their lives!

Workers are realizing a fact that it is by no means a victorious battle that will emancipate them. There is only a thing that will do emancipate them that is Sociolism.

On the 13th inst. There held a citizen's meeting at the Hibiya Park to Commemorate the events of 5th of the Sept. 1905 and conglatulate there who sat free out of the trial for traitors in connection of the Great People's Meeting on the same day above mentioned. It is a great gain for the citizens of Tokyo that such a meeting was allowed to hold in the park and deliver some stiring Speechless.

Heimin-sha, 220. Sendagi Hayashicho Hongō, Tokyo, Japan.

明治39年5月20日発行の日本社会党の機関紙『光』第1頁

紙上署名人は発行兼編集人が創刊号・第2号では荒木脩精、第3号から山口義三で、印刷人が大脇直寿。発行日は、創刊から第19号までが五日と二十日の月二回、第20号以降から五日、十五日、二十五日の月三回。定価は一部三銭五厘、二十部は前金六十五銭、五十部は前金一円六十銭。

執筆者は幸徳秋水、森近運平、田添鉄二、片山潜[19]、荒畑寒村、竹内余所次郎、金子喜一、大石禄亭、堺利彦、久津見厥村、児玉花外、白柳秀湖、大塚甲山、小野有香、山口義三、土屋窓外、原霞外、岸上克己、西川光二郎[20]らが名を連ねる。もと週刊「平民新聞」[21]の旧平民社同人のうち、科学的社会主義を奉ずる者たちで発行された。他にも寄与した関係者としては赤羽一、大石誠之助、大杉栄[22]、小川芋銭、岡千代彦、斎藤兼次郎、竹内兼七、竹久夢二[23]、中里介山、平福百穂、深尾韶、吉川守圀らがいた。

柱となる幸徳秋水と堺利彦の二人は、中心的な存在から離れ、外から見守る形になった。幸徳は「光」創刊直前の明治三十八年十一月十四日に、横浜から伊予丸でアメリカに渡った。堺は別に雑誌「家庭雑誌」を発行していた。「光」の一切の責任は森近、西川、山口の三人が負った。モットーに「日本労働者の機関」「普通選挙運動の急先鋒」「凡人主義の新聞」などが掲げられた。

「光」が創刊される十日前、十一月十日にはキリスト教社会主義の機関誌「新紀元」[24]が先行して創刊された。のちに「光」と相対する関係になった。

明治三十九（一九〇六）年六月二十三日、幸徳がアメリカから帰国した。休止していた平民社の再興と、終刊していた「平民新聞」の復刊を望む声が高まった。「光」第25号（十月二十五日発行）紙上で平民社再結成を発表、準備が進められた。以降、「光」紙上では毎号のように準備記事が伝えられた。そして翌明治四十年一月十五日、念願の日刊「平民新聞」[25]が創刊。「光」は赤刷り第31号[26]（明治三十九年十二月二十五日発行）をもって廃刊となった。「新紀元」も、第13号（十一月十日発行）を最後に廃刊となった。

「光」が発行される以前、明治三十六（一九〇三）年十月十二日、幸徳秋水、堺利彦、内村鑑三の三人が、主戦論に転じた朝報社を退社した。十一月十五日には幸徳、堺らが週刊の「平民新聞」を創刊。第3号（十一月二十九日発行）から画期的な企画「予は如何にして社会主義者となりし乎」の連載が始まった。

連載は「平民新聞」の廃刊後も続いた。「直言」[27]が創刊し、第2巻第12号（明治三十八年四月二十三日発行）まで続いた。延べで十五回にわたり、八十二人の手記が掲載された。

「平民新聞」が創刊の年、啞蟬坊は単身関西へ旅発った。その時期まではわからない。啞蟬坊は連載にはかかわっていない。まだ、この頃は社会主義者としての意識はなかった。実際、関西では好戦的な歌を作り、うたっていた。

旅の途中、啞蟬坊は非戦論に出会った。『啞蟬坊流生記』の巻末年表、明治三十七年の項に「非戦論に注目」とある。それまでの好戦的な歌を否定した。「ラッパ節」を作り、その名を轟かせた。そして、啞蟬坊と堺利彦が会う。明治三十八年六月頃となる。

(2)「光」への投稿作品

「社會黨ラッパ節」の歌詞は、「光」第13号（明治三十九（一九〇六）年五月二十日発行）の五頁、紙面五段のうち下二段を費やして記載された。冒頭に経緯、そして歌詞が続いていた。記事は、一段あたりタテ十八文字、ヨコ四十一行の枠組みに収まっていた。

ラッパ節（一名トツトコ節）が近來盛んに流行するので、吾黨も大いに之を募集する事した、そして去十日の夜、霞外無縫、堺、森近等の面々が平民舍に集つて第一回選評會を開いた、選評の結果、左の秀逸を得た。

◎大泥棒はゆるされて、小さな泥棒はしばられる、
さすが東洋第一の、文明開化の日本國　永子

◎あはれ車掌と運轉手、十五時間の勞働に、
車のきしる其たんび、我れと我が身をそいでゆく　同上
◎高島炭坑の慘死人、一人あたまが五十圓、
塵やあくたと棄てられる、人の命は安いもの　同上
◎つらい勤も金ゆゑの、車掌や旗ふり運轉手、
月給はいつも居すわりで、高くなるのは株ばかり　一讀者
◎轢けばひいたで罪を着る、止めれば止めたで遅くなる、
どちら向いても攻撃の、中に車掌は板ばさみ　同上
◎人民保護の名目も、巡査は辛い役ながら、
命がけでも苦勞でも、つとめにや濡らせぬヒゲの下　同上
◎警八風[28]も幌馬車の、影には乙な吹きまはし、
澁い顔して待合の、門に巡査が不眠の番　同上
◎働くちからも無いくせに、威張くさつた卑げ言葉、
下女や下男がよく出來た、朝の御飯は誰が焚く　同上
◎あぶらも汗もしぼられて、果は機械に巻きこまれ、
足もちぎれる腕も折る、可愛や妻子はのたれ死　同上
◎稼ぐに追付く貧乏の、神は此世に無けれども、
華族、金持地面持、稼ぐそばから取つて行く　同上
◎ロッキー山下の民主國、奴隷解放をしたといふ、
然し見たまへ賃銀の、奴隷でないもの今あるか　横濱曙會
◎華族金持何物ぞ、彼等が此世に居ればとて、

何の役にも立たばこそ、食つて飲んで垂れるより能はない　横濱曙會

◎食つて飲んで垂れるばかりなら、社會の居候とあきらめて、
飼殺にもしよけれど、いやに威張るので棄置けぬ　同　上

◎熱き血潮のくれなゐの、ソシアリズムの旗の下、
愛の甲に義の劍、つどへ世界の勞働者　同　上

◎華族のめかけのかんざしに、ピカピカ光るは何ですえ、
ダイヤモンドか違ひます、可愛い百姓の膏汗　ポンポコ歌作替

◎大臣大將の胸先に、ピカピカ光るは何ですえ、
金鵄勲章か違ひます、可愛い兵士のしやりこうべ　同　上

◎お金持衆のさかづきに、ピカピカ光るは何ですえ、
シヤンペーンか違ひます、可愛い工女の血の涙　同　上

◎なぜにお前は貧乏する、譯を知らずば聞かせうか、
華族金持大地主、人の血を吸ふダニが居る　鐵扇子

◎浮世が儘になるならば、車夫や馬丁や百姓に、
洋服着せて馬車に乘せ、當世紳士に引かせたい　滔天氏の外題付作替

◎シルクハツトを取つて見りや、紳士の頭に角がある、
くはへたパイプは金の牙、二十世紀の閻魔さま　地震鯰

◎滿期放免で出て見れば、腹はへつても飯やくへず、
と云ふて働く口もなく、今ぢや牢屋がなつかしい　ドブロクスキー

◎強盜、窃盜、詐欺取財、誰が道樂でするものか、
貧といふ字に責められて、苦しまぎれの糞度胸　同　上

●改革者の立志

西川光次郎

人或は云ふ、貧は立志の動機なりと、然かり貧も亦立志の動機なるべし、吾人は成功論者よりして其の例實に枚擧に遑あらずと聞く、然れども若し貧のみを以て立志の動機と爲すものあらば、吾人は幵を偏見なりと云はざるを得ず。

一身一家の事に關しての立志には貧が動機たること多きも、天下の爲めに憂へ社會の爲めに憂ふる改革者の立志、志士の立志には貧が立志の動機たると少なし。

看ずやシャフツベリー卿を、彼れ尚年若く野心と希望の多かりし時なりしにも係はらず一朝工場勞働者の慘狀を目擊して動かさるゝ所あるや、成功と安樂とに進むべき道を弊履の如くに棄て、毅然として困厄多き道に歩を進め、自から工場改良運動の陣頭に馬を立てしにあらずや。

看ずや露國の皇族にして世界に有名なる無政府主義の學者クロプトキンを、彼れ若し父兄の命に聽きて身を官海に投せしならんには高位高官意の如くなりしならん、若し又己が趣向に從て靜かに地理學の研究にのみ身を委ねしならんには、彼の生涯や眞に愉快にして而かも無事なりしならん、然かるに一度フインランドに旅行して憐れなる農民の有樣を目擊するや、爰に計らずも彼が心裡に大革命起りて、彼は其の立身出世と安樂愉快に向へるの道を棄て、布衣の生涯、流浪の辛苦、貧苦の一生を送らざるべからざるの道に、其の歩を轉ぜしにあらずや。

又看ずや社會殖民事業の率先者アーノルド・トインビーを、彼が學者として成功すべきを知り乍ら之を棄て、活動の人となり、己が健康、活動の人として立つことを許さゞるを知りながら、尚且活動の人として立ちし所以のものは何んぞや、他なし、彼の心に貧民に同情するの熱火燃へ上りしを以ての故に非ずや。此の種の例尙甚だ多し、釋迦が人生の問題に觸れて王位を棄てしが如きも亦此の類なり。

要するに改革者立志の動機は貧にあらずしてインスピレーションにあり、己が不平不滿にあらずして犧牲の精神の燃へ上りしことにあり。然かるに世には、往々改革者立志の動機と彼が永き犧牲の行動とを見ずして、たゞ尾羽打ち枯らしたる彼の現狀のみを見、冷然「彼も食へぬからアンナことを云ふのさ」と云ふものあり、思はざるも亦甚だしと云ふべし。

かくても自殺なりや

●社會黨ラツパ節

ラツパ節（一名トツトコ節）が近來盛んに流行するので、吾黨も大いに之を募集する事にした、そして去十日の夜、露外、無縫、堺、森近等の面々が平民舍に集つて第一回の選評會を開いた、選評の結果、左の秀逸を得た。

◎大泥棒はゆるされて、小さな泥棒はしばられる、さすが東洋第一の、文明開化の日本國　永　子

◎あはれ車掌と運轉手、十五時間の勞働に、車のきしる其たんび、我れと我が身をそいでゆく　同　上

◎高島炭坑の慘死人、一人あたまが五十圓、塵やあくたと棄てられる、人の命は安いもの　同　上

◎つらい勤も金ゆゑの、車掌や旗ふり運轉手、月給はいつも居すわりで、高くなるのは株ばかり　一讀者

◎轢けばひいたで罪を着る、止めれば止めたで遲くなる、どちら向いても攻擊の、中に車掌は板ばさみ　同　上

◎人民保護の名目も、巡査は辛い役ながら、命がけでも苦勞でも、つとめにや濡らせぬヒゲの下　同　上

◎警入風も幌馬車の、影には乙な吹きまはし、澁い顏して待合の、門に巡査が不眠の番　同　上

◎働くちからも無いくせに、威張くさつた卑げ言葉、下女や下男がよく出來た、朝の御飯は誰が焚く　同　上

◎あぶらも汗もしぼられて、果は機械に卷きこまれ、足もちぎれる腕も折る、可愛や妻子はのたれ死　同　上

◎稼ぐに追付く貧乏の、神は此世に無けれども、華族金持地面持、稼ぐそばから取つて行く　同　上

◎ロツキー山下の民主國、奴隷解放をしたといふ、然し見たまへ賃銀の、奴隷でないもの今あるか　同　上

◎華族金持何物ぞ、彼等が此世に居ればとて、何の役にも立たばこそ、食つて飲んで垂れるより能はない　橫濱曙會

◎食つて飲んで垂れるばかりなら、社會の居候とあきらめて、飼殺にもしよければど、いやに威張るので棄置けぬ　同上

◎熱き血潮のくれなゐの、ソシアリズムの旗の下、愛の甲に義の劍、つどへ世界の勞働者　同　上

◎華族のめかけのかんざしに、ピカ〳〵光るは何ですえ、ダイヤモンドか違ひます、可愛い百性の膏汗　ボンボコ歌作者

◎大臣大將の胸先に、ピカ〳〵光るは何ですえ、金鵄勳章か違ひます、可愛い兵士のしやりこうべ　同　上

◎お金持衆のさかづきに、ピカ〳〵光るは何ですえ、シヤンペーンか違ひます、可愛い工女の血の涙　同　上

◎なぜにお前は貧乏する、譯を知らずば聞かせうか、華族金持大地主、人の血を吸ふダニが居る　綠風子

◎浮世が儘になるならば、車夫や馬丁や百姓に、洋服着せて馬車に乘せ、當世紳士に引かせたい

◎シルクハツトを取つて見りや、紳士の頭に角がある、くはへたパイプは金の牙、二十世紀の閻魔さま

◎滿期放免で出て見れば、腹はへつても飯やくへず、と云ふて働く口もなく、今ぢや牢屋がなつかしい　ドブロクスキー

◎强盜、窃盜、詐欺取財、誰が道樂でするものか、貧といふ字に責められて、苦しまぎれの蠻度胸　同　上

◎あれ見よあれ見よ血が滴る、めぐる機械の齒車の、間にはさまる勞働者、死んでしまふまで絞られる　雨の子

◎鹽や砂糖に稅をかけ、それでも饑餓は救はれず、八十萬の失業者、文明開化が笑はせる　野猿人

◎待合茶屋に夜あかしで、お酒がさめる稅い事、人が泣かうが困らうが、委細かまはず取たてる　一日佛

103

『光』第13号の5頁。下二段に「社會黨ラツパ節」の歌詞が載る

◎あれ見よあれ見よ血が滴るゝ、めぐる機械の歯車の、
　間にはさまる労働者、死んでしまふまで絞られる　　雨の子
◎鹽や砂糖に税をかけ、それでも饑饉は救はれず、
　八十萬の失業者、文明開化が笑はせる　　野蠻人
◎待合茶屋に夜あかしで、お酒がきめる税の事、
　人が泣かうが困らうが、委細かまはず取たてる　　一日佛

冒頭記事の選評会が開かれた「去十日の夜」とは、明治三十九年（一九〇六）年五月十日のこと。「光」第13号が発行される十日前となる。集まったのは原霞外、岩本無縫、堺利彦、森近運平ら。十一人の同志投稿者による、全二十五節の作品が選ばれ記載された。

　世間にラッパ節という俗謡が非常にはやっていたので、「光」でも社会党ラッパ節を募ったのです。ずいぶん投書が集まった中から、おもしろいものを拾って誌上にのせました。（『うめ草すて石』一二七頁）

七十六年後に荒畑寒村が記している。たくさんの投稿作品のなかから秀作を集めて、一つの「社会党ラッパ節」にまとめたようだ。

はじめに記した『演歌の明治大正史』の「社会党ラッパ節」と、先の投稿作品を比較してみる。投稿作品と重複している歌詞を『演歌の明治大正史』より抜き出す。

　華族の妾のかんざしに　ピカピカ光るは何ですえ
ダイヤモンドか違ひます　可愛い百姓の膏汗　トコトットット

大臣大将の胸先に　ピカピカ光るは何ですえ
金鵄勲章か違ひます　可愛い兵士のしやれこうべ　トコトットットット
当世紳士のさかづきに　ピカピカ光るは何ですえ
シヤーンペーンか違ひます　可愛い工女の血の涙　トコトットットット
浮世がまゝになるならば　車夫や馬丁や百姓に
洋服着せて馬車に乗せ　当世紳士に曳かせたい　トコトットットット
待合茶屋に夜明しで　お酒がきめる税の事
人が泣かうが困らうが　委細かまはず取立てる　トコトットットット
あはれ車掌や運転手　十五時間の労働に
車のきしるそのたんび　我と我身をそいでゆく　トコトットットット

『演歌の明治大正史』の「社会党ラッパ節」は、すべてが啞蟬坊の新作ではなかった。全九節のうち、一部歌詞をかえて、投稿作品六編を自分の歌に取り入れていた。全体の三分の二にあたる。

たとえ堺から新作の依頼を受けても、投稿作品が大事でお気に入りだった。もしかしたら、投稿作品の数々は、啞蟬坊自身が表現し、うたいたかった言葉の代弁だったのかもしれない。

「華族のめかけのかんざしに～」と「大臣大将の胸先に～」の二つは、「ピカピカ光るは何ですえ」の問いに対して、あとに続く答えを導き出している。「社会党ラッパ節」の核になる歌詞ともいえる。もう一つ「当世紳士のさかづきに〜」も、同じく「ピカピカ光るは何ですえ」と続く。この歌詞は、もともとの「光」第13号では、出だし部分が「お金持衆のさかずきに〜」となっている。唖蟬坊が差し替えたのか。「ダイヤモンド」と「百姓の膏汗」、「金鵄勲章」と「兵士のしゃれこうべ」、「シャーンペーン」と「工女の血の涙」と、両極を対比させて表現している。

昭和四十（一九六五）年から平成元（一九八九）年にかけて、筑摩書房が全集を刊行した。全一〇〇巻に及ぶ明治期の文学全集のなかに『明治社会主義文学集』が二巻ある。

第二巻に由分社編纂の「社會主義の詩」が収録されている。堺利彦の「別荘と公園」をはじめ、原霞外の「血祭」、木下尚江[29]の「ポンポコ歌」、「戰爭の歌」、読者の「富の鎖」[30]、中里介山の「亂調激韵」、無名氏の「我が行く道」、武蔵野守の「ラサール」、某氏作の「血染の赤旗」、堺利彦の「獄中の音樂」、幸徳秋水の「赤色旗」、西川光次郎の「巣鴨の歌」、山口孤剣の「秋水兄を迎ふる歌」、無名氏の「自然の潮流」、一讀者の「我等が世界」、白雨星の「ミレーの畫に題す」と、十六編の詩があった。ほとんどが他の媒体に掲載されたものの再録のようだ。

その中にあった。作者は木下尚江、タイトルを「ポンポコの歌」としている。

華族の妾の頭に光わ何ですえ。
ダイヤモンド？
否え　否え　違います。
可愛い百姓の油汗！
ポコ　ポンポコポンポコ　ポン。
大臣大将の胸に光わ何ですえ。

金鵄勲章？
否え　否え　違います。
可愛い兵士の髑髏！
ポコ　ポンポコポンポコ　ポン。

お金持衆の杯に光わ何ですえ。

シヤンペーン？

否え　否え　違います。

可愛い工女の血の涙？

ポコ　ポンポコポンポコ　ポン。（『明治文學全集84　明治社會主義文學集（二）』三七九頁）

言葉まわしや囃しなど、細かい部分に違いはある。それでも大筋で「社会党ラッパ節」そのものの歌詞。作者名と詩の間に「良人の自白上篇所載」と小さく注釈がある。「良人の自白」は、木下のデビュー作「火の柱」とならぶ代表的な反戦小説となる。

当時、木下が編集局長をしていた「毎日新聞」で、トルストイ晩年の長編小説「復活」の連載がはじまった。それが読者に不評で中断。代わりに明治三十七（一九〇四）年一月一日から、木下自身の手による小説「火の柱」がはじまった。好評を博した。三月二十日まで連載した。続いて、八月十五日から十一月十日まで連載されたのが「良人の自白」だった。年が明けて、明治三十八年四月一日から六月三日まで続篇を連載。さらに七月一日から、十月十六日まで後篇を連載した。連載が終わるとすぐに単行本としてまとめられた。

明治三十七（一九〇四）年から三十八年にかけて、平民社から上中巻が、由分社から下巻が発行された。また、明治三十九年には金尾文淵堂から続上中下巻が発行。さらに明治四十一年から四十二年にかけて、梁江堂から上中下続巻が発行された。

しかしながら、明治四十三（一九一〇）年九月三日には平民社版と由分社版が、九月十三日には金尾文淵堂版と梁江堂版が発禁処分になった。そして発禁から四十年の時を経た昭和二十八（一九五三）年三月、岩波文庫から前、中、後、続篇と順次復刻された。「ポンポコ歌」は前篇のいちばん最後に載っていた。

紅の洋服に紅の帽子を冠つて、眼鏡を掛けた三十格恰の男が、右手に豆太鼓を叩きながら、左手に小さな人形を踊らせて、節面白く何か謳つて居るのである、其の胸には一つの箱を掛けて居るが、紅く塗つた中に「社會糖」の三字を鮮かに抜いてある、

彼方からも此方からも買手が出るので、飴賣は忙がしく小い包を配つて居たが、やがて又た聲朗らかに謳い出した、

「華族の妾の頭に光るは何ですエ、
ダイヤモンド?
否エ否エ違ひます、
可愛い百姓の油汗!
ポコ、ポンポコポンポコ、ポン
「大臣大將の胸に光るは何ですエ、
金鵄勲章?
否エ否エ違ひます、
可愛い兵士の髑髏!
ポコ、ポンポコポンポコ、ポン
「お金持衆のコップに光るは何ですエ、

シヤンペーン？
否エ否エ違ひます、
可愛い工女の血の涙！」
ポコ、ポンポコポンポコ、ポン

歌が了ると、今度は頭を掉り立て、効能を述べ出した、

「さアさア、皆様、今度發賣に相成りましたる『社會糖』は、金平糖や薄荷糖とは似て非なるものであつて、自由、平等、博愛を以て製造したる萬民救濟の珍菓である、『國家の公益、國權の擴張』などと云ふ看板を掛けて、人類の膏血を絞る政治屋、『慈悲、忍辱、未來永世』など、引札して、地上の權力に頓首再拜する宗教屋が賣り廣める『胡麻菓子』の類とは全く其手段と目的とを異にして居るのである、製造工業が進歩したと云ふて、諸君は文明の發達だと祝つて居る、あゝ、諸君の眼には文明の進歩と共に殖へて行く多數同胞の貧窮、無智、流浪、餓死が見へないのか、立憲政治になつたと云ふて、諸君は權利の伸暢だと喜んで居る、諸君の中には商人も見へる、職工も見へる、學生も見へる、兵士も見へる、教員らしき人も、紳士らしき人も見へる、即ち我輩は今ま國民多數の代表者の裡に起つて居るのである、乍併現實、選擧權を持つ所の手が、諸君の中、果して幾つあるのです」

飴賣は其の鋭敏らしき眼でヂロヂロと見廻はした、群集は森と靜まり返つて、只だ穴の穿くばかりに、飴賣の顔を見て居るのである、

書生が一人、憤然として叫んだ、

「一ツも無い」

飴賣は合點いた、

「然らば諸君、今ま諸君が空しく誇つて居る二十世紀の文明なるものは、是れ根本的に一大革新を要するものでは無いか」

喝采の聲が湧き上つた、

巡査が一人飛び込んで來た、

「コラ、警察まで同行せい」

群衆は騒ぎ出した、あはれ巡査を毆りも爲兼(しか)ねまじき刹那、
飴賣は人形と撥(ばち)とを両手に振つて之を制した、

「諸君は騒ぐ時間に、お考へなさい」

そして巡査の先に立ちて歩き出した、
群衆は「社會糖萬歳」と口々に叫びながらゾロゾロと付いて行くのである、
八重子は買つた飴の袋を大切に抱へて、俊三にピッタリ寄り添ふた、

「兄さん、何でせう、只の人じや無いのね」

其のワアワア動き行く群集の波濤(なみ)を、瞬きもせずに俊三は見つめて居た、

「機運！」。（『良人の自白』前篇二五七頁）

飴売りがうたう「歌」がある。前篇の連載を象徴的に「歌」で締めくくっていた。

『明治社會主義文學集』でみた「ポンポコ歌」と、ルビや仮名の表記に若干の違いはあるが、ほとんど同じ。どうやら『明治社會主義文學集』の「ポンポコ歌」は、木下尚江の小説『良人の自白』から転載したものと考えられる。「光」第13号（五月二十日発行）の「社会党ラッパ節」の記事を見ると、三つの歌詞「華族のめかけのかんざしに～」「大臣大将の胸先に～」「お金持衆のさかずきに～」の歌詞末には、他にあるような筆名らしきものがない。まさしく「ポンポコ歌作替」と記されている。「良人の自白」の「ポンポコ歌」の作り替えとわかる。「光」に載った二十五節の「社会党ラッパ」のなかには、もう一つ「作替」と明記された歌詞がある。第十九節の歌詞の末尾に「滔天氏の外題付作替」としていた。

　　浮世が儘になるならば、車夫や馬丁や百姓に、
　　洋服着せて馬車に乗せ、當世紳士に引かせたい

「滔天氏」とは、宮崎滔天[31]のこと。日本で孫文らを支援して、辛亥革命を支えた革命家。ただ、この「外題付作替」とは何か。歌詞のなかから「浮世」「車夫」「馬丁」「百姓」「洋服」「馬車」「當世」「紳士」をキーワードとして探した。「落花の歌」があった。

　宮崎自身が編集人として発行していた機関誌「革命評論」[32]第6号（明治三十九〔一九〇六〕年十一月二十五日発行）の附録から、土地復権会記事の巻頭に掲げられた「落花の歌」を抜き出す。

一将功成りて萬骨枯る、
國は富強に誇れとも、
下萬民は膏の汗に血の涙、
飽くに飽かれぬ餓飢道を、
辿り辿りて地獄坂、
世は文明じや開化じやと、
汽車や汽船や電車馬車、
廻はる轍に上下は無いが、
乗るに乗られぬ因縁の、
からみからみて火の車、
推して弱肉強食の、
劔の山の修羅場裡、

血汐を浴びて戰ふは、
文明開化の恩澤に、
漏れし浮世の迷ひ兒の、
死して餘榮もあらばこそ、
下士卒以下と一と束、
生きて歸れば飢に泣く、
妻子や地頭に責め立てられて、
浮む瀨も無き窮境を、
憐れみ助けていざさらば、
非人乞食に絹を衣せ、
車夫や馬丁を馬車に乗せ、
水呑百姓を玉の輿、
四民平等無我自由、
萬國共和の極樂を、
斯世に作り建てなんと、
心を碎きし甲斐もなく、
計畫破れて一場の、
夢の名殘の浪花武士、
刀は棄てゝ張り扇、
たゝけば響く入相の、
鐘に且つ散るさくら花。

響きなば花や散るらん吉野山、
　心して撞け入相の鐘。
澤國江山入戰圖。生民何計樂樵蘇。
憑君莫話封侯事　一將功成萬骨枯。

宮崎は『革命評論』に発表する以前から、「落花の歌」を自身の表現としていた。

明治三三年（一九〇〇）、恵州事件の失敗によって挫折、落魄の身をかこっていた滔天が、當時、今日ほど市民権を獲得していなかった浪花節界に身を投じた頃（明治三五年三、四月頃）より唱いはじめたものであるといわれる。

（『宮崎滔天全集第一巻』六一七頁）

宮崎は、桃中軒牛右衛門（とうちゅうけんうしえもん）の名で浪曲師をしていた。浪花節を語るとき、序幕に「落花の歌」を唱えるのが常だった。「落花の歌」をみると、言葉の使い方が初期の演歌の壮士節に通じている。ちょうど二十二行目からの四行あたりが、件の歌詞に似ている。

非人乞食に絹を衣せ、車夫や馬丁を馬車に乗せ
水呑百姓を玉の輿、四民平等無我自由

「光」に掲載された「社会党ラッパ節」第十九節の歌詞の「外題付作替」は、「落花の歌」の一部なのか。確証はない。それでもかなり通じるものがあるのは確かな気がする。

3　「社会党ラッパ節」の検証

「社会党ラッパ節」の歌詞は「光」第13号以外にも、いくつかの資料から見ることができる。一つは、冒頭に挙げた『演歌の明治大正史』（一一七頁）。もう一つは『流行り唄五十年』（五六頁）。『流行り唄五十年』は、十一節に及ぶ「社会党ラッパ節」の歌詞を紹介している。それなのにタイトルがどこにも記されていない。目次にも、歌詞の前にも、後ろの本文にもない。

『流行り唄五十年』は全六十五章から成り立っている。第一章の「演歌と啞蟬坊」を除いた第二章以降の六十四の章題は、すべてに歌のタイトルがつけられている。本文では歌詞と歌の経緯を紹介している。「社会党ラッパ節」の歌詞は「ラッパ節」の章に併録されている。本文では作られた過程や、啞蟬坊と堺利彦の関係などにもふれている。しかし、ここで核になるのは「ラッパ節」。もちろん十七節に及ぶ「ラッパ節」の歌詞は、堂々としたもの。それでは、つい、「社会党ラッパ節」のタイトルを忘れてしまったのか、それとも意図的に外したのか。同じ『流行り唄五十年』に収録されている「むらさき節」は、別に四つの章を設けている。それぞれに替え歌「忠臣蔵むらさき節」「義士銘々伝紫節」「名劇むらさき節」の歌詞を載せている。その経緯を著者の知道は記した。

むらさき節の好調で、啞蟬坊は次から次と作詞に追われるようだった。いまとはちがって流行歌も曲節が時の気（ママ）に入られたとなると、それがひろまると共に歌詞の新しいものが要求される。新歌詞でうたうのが伊達になるからである。流行の地方へ及ぶ速度も、なにぶん人の口だけがこれを運ぶのであるから緩慢で、したがって持続性もそこから出る。こうした流行歌のあり方は、江戸期にさかのぼるほど顕著で、明治になってもこの風は残っていて

「四季の歌」や、このむらさき節にも現れているのである。これは時代のテンポをバロメートするものである。

（『流行り唄五十年』一〇三頁）

この傾向は「社会党ラッパ節」にも言えること。ではなぜそれを一つの章に独立させなかったのか。もしかして、「社会党ラッパ節」の歌詞には、特別な思いがあったのかもしれない。「社会党ラッパ節」は「ラッパ節」の進化の先にある。それまでの唖蟬坊を取り巻く非戦論、社会主義、堺利彦……様々な力が集約して、作りあげられたようなもの。壮士節の流れから一歩も二歩も脱皮する、ちょうど演歌変革期の作品として、どうしても外すことはできない。しかし、あまりにも思想性が強く、目立たせたくない。事実、「社会党ラッパ節」の歌本は、二回発行して二回とも発禁処分にあっている。演歌にとって、唖蟬坊にとって、『流行り唄五十年』を著した息子知道にとって、「社会党ラッパ節」は、それだけ重要な位置を占めていたはず。だから、タイトルを外して、「ラッパ節」の章に歌詞や作られた過程を併載した可能性もある。

それでいて大正時代に発禁となった替え歌の「解放節」は、『流行り唄五十年』の一章を作っている。しかし元となる「東京節」や「平和節」は載っていない。

『演歌の明治大正史』や『流行り唄五十年』の他にも、「社会党ラッパ節」のタイトルで歌詞を紹介している資料があった。

『日本の革命歌　増補改訂版』（昭和四十九（一九七四）年六月発行、二〇頁）では、「光」に載った「社会党ラッパ節」の二十五節すべての歌詞を、現代仮名づかいに直していた。二十五節に続けて「補」と区切りを加え「名誉々々とおだてあげ～」と「子どものおもちゃじゃあるまいし～」の二節も紹介している。「光」掲載のほかにも歌詞があることを、示唆しているのか。「補」の二節は唖蟬坊のオリジナルかもしれない。

さらに三つの資料を見つけた。

『自由と革命の歌ごえ』（三八頁）には、「名誉々とおだてあげ～」と「大臣大将の胸先に～」の二節が紹介されている。

『左の面々』（昭和二十六年六月、一三八頁）では、「大どろぼうは許されて～」「つらい勤めも金ゆえの～」「轢けば轢いたで罪をきる～」「人民保護の名目も～」「警八風も幌馬車の～」「かせぐに追いつく貧乏の～」の六節を挙げていた。『日本社会運動史』（昭和二十七年一月、一一四頁）には、「大どろぼうは許されて～」「辛らい勤めも金故の～」「かせぐに追つく貧乏の～」の三節を抜粋していた。

三つの資料のうち『左の面々』と『日本社会運動史』は、演歌の基本資料となる『流行り唄五十年』（昭和三十年）や『演歌の明治大正史』（昭和三十八年）より以前の発行となる。歌詞をみると、唖蟬坊の「社会党ラッパ節」ではなく、大元となる「光」第13号に載った、「社会党ラッパ節」から抜粋している。

『演歌の明治大正史』と『流行り唄五十年』に載った二つの「社会党ラッパ節」を比べる。まず構成の違いに気づく。『演歌の明治大正史』が全九節なのに対して、『流行り唄五十年』では全十一節に及ぶ。

『演歌の明治大正史』の「社会党ラッパ節」は、「ピカピカ光るは何ですえ」絡みの三節「華族の妾のかんざしに～」「当世紳士のさかずきに～」「大臣大将の胸先に～」からはじまる。「浮世がまゝになるならば～」「待合茶屋に夜明しで～」「お天道さんは目がないか～」「名誉々とおだてあげ～」「子どものオモチャじやあるまいし～」と続けて、最後に電車関連の「あはれ車掌や運転手～」で締めている。

対して『流行り唄五十年』では、初めに「あはれ車掌や運転手～」「つらい勤めも金ゆえの～」「轢けばひいたで罪を着る～」と電車関連の歌詞を三節配置している。そして「ピカピカ光るは何ですえ」絡みの三節、「浮世がまゝになるならば～」「待合茶屋に夜明かしで～」「お天道さんは目がないか～」「名誉々とおだてあげ～」「子どものオモチャじゃあるまいし～」と続けている。

比較すると「ピカピカ光るは何ですえ」絡みの三節からあとに続く五節までは、『演歌の明治大正史』も『流行り唄五十年』も、同じ歌詞が流れている。問題は、電車関連の歌詞となる。『演歌の明治大正史』では、最後に「あはれ車掌や運転手〜」一つを持ってきている。一方、『流行り唄五十年』は歌の冒頭に「あわれ車掌や運転手〜」など三つを配置している。

「社会党ラッパ節」の歌詞が掲載された「光」第13号。同じ見開きとなる右側四頁の二段目とじ側に、「別項のラッパ節は別に單行本として近々發刊する事に致します」とある。内容から演歌師たちが街角で売りさばく歌本としてではなく、「光」発行元の凡人社なり、由分社なりが出版する感じだ。

機関紙「光」では、新刊を紹介するコーナーを設けている。ほとんどの号で掲載している。「社会党ラッパ節」が掲載された第13号以降、「別項のラッパ節」の新刊記事は見つからない。また「光」各号の最終頁（八頁）は、出版案内や商品の紹介、病院や弁護士の名刺広告などで展開している。同じように第13号以降の最終頁を探した。やはり記事はない。実際には発行されなかったのかもしれない。

投稿作品の「社会党ラッパ節」は、「光」第13号に掲載された。その歌詞の内容を、少しばかり歴史のなかから掘り起こし、細かく検証してみる。

（1）電車運賃値上げ反対運動

東京都交通局が発行した記念誌『わが街わが都電』（平成三〔一九九一〕年八月）がある。その四四、四五頁には見開きで大きく、一枚の絵はがきが紹介されている。明治四十四（一九一一）年発行のカラーの手書き風景画。写真説明に、時代背景が記されていた。

明治 36 年の三田附近。東京電車鉄道の電車が鉄道馬車に先導されて試運転をしている（『都電 60 年の生涯』14 頁）

明治39年3月、三社は乗車賃を5銭にしようと当時の内務省に値上げを申請したが、却下された。そこで、3社合併による経営合理化を条件に値上げを再申請、同年9月、東京鉄道株式会社発足と同時に、乗車賃は4銭になった。

「却下された」の一言ですませている、値上げ申請の裏側にはいったい何があったのか。

当時、東京には三つの電車会社、東京電車鉄道会社(33)（東電）、東京市街鉄道会社(34)（街鉄）、東京電気鉄道会社(35)（外濠線）が走り、しのぎを削っていた。電車の運賃は三社が各別で三銭均一だった。

ところが明治三十九（一九〇六）年三月二日、三社は突如として、東京府知事と警視総監に運賃値上げの申請を出願した。理由は収益の低下。三社共通で五銭均一への値上げというものだった。

値上げは三社が突然表明したわけではなかった。じつは、それなりの準備や根回しなどが、水面下で着々と進められていた。キリスト教社会主義の機関誌「新紀元」第6号（四月十日発行）に、木下尚江の社説「嗚呼三月十一日」が掲載された。

三電鐵會社が共同して三錢制度を五錢に上げると云ふ計

明治 39 年、お茶の水橋の上を東京市街鉄道の電車が走る(『都電 60 年の生涯』18 頁)

畫は、僅に數日前の新聞紙に依て始めて市民の耳に達したのである、併ながら會社の經畫は既に去年の暮に於て決定して居たものらしい、都下幾十の新聞も今年の初めに於て既に之を知つて居たものらしい、然るに彼等一言半句も之を書くことを爲なかつた、去らば新聞紙に取ては見逃がすべからざる此の倔強の問題を、互に報道の敏活を競ふ彼等が、何故何れも沈黙して居たのであろうか、――こゝになると、僕も之を論議することが誠に心苦しいのである、僕の如きは、元より新聞の活動方面には何の關係をも持たぬ身とは言ひながら、尚ほ新聞記者の末班に加はつて居るのである、去れば今ま爰に新聞記者の不徳義を指摘することは、僕に取て無限の苦痛を覺へるのである、去れど之を隠蔽するわけにはならないのだ。

彼の三電車は決して乘車賃値上を要求すべき理由を有たないのである、現に彼等開業日淺にも拘らず常に十分の配當をして居るでは無いか、彼等の株券は十二分の市價を保つて居るでは無いか、而かも彼れ會社自身には、整理せねばならぬ經營上、財政上の多くの不始末不都合があるのだ、彼等は決して乘車賃の値上げを要求すべき理由を有たないのである、彼等は只だ自己の腹を肥やしたいと云ふ貪慾の爲めに、鐵面皮にも此の不當の要求を

東京電気鉄道の車両は豪華で、市民からの評判がいちばんよかった（『都電60年の生涯』15頁）

計畫したのである、去れば値上げの不當を最も審に自ら知つて居る彼等は、此計畫の市民の耳に入ることを極めて恐れ危ぶんだ、彼等は市民に知らせずに政府の許可を取つて仕舞ふことを思ひ廻らした、そこで彼等は先づ新聞紙に目を着けたのである、市民を欺くには新聞紙を封して仕舞はねばならぬ、新聞記者買收策は彼等聰慧なる會社の重役の、第一に着手したる悪手段であつた。

値上げの計画は前年末から進められていた。新聞各社は年初めには知っていたという。記事を書いた木下は「毎日新聞」の記者でもあった。同じマスコミ界に籍を置いている立場で筆をふるった。

値上げの代償として、三つの電車会社は秘密裡に、市会議員や一部新聞記者を買収。十万円もの金をバラまき、五銭に値上げしようとたくらんだ。

東京電車鉄道が新聞記者と市会議員の買収に、東京市街鉄道と東京電気鉄道が内務省、東京府、警視庁の各当局者の買収にあたった。買収は成功して各新聞社は黙殺。東京府知事も値上げ許可の準備をしていた。

ただ、東京市街鉄道会社内の重役間に、利害関係の軋轢が生じた。三銭均一論者の雨宮敬太郎と立川勇次郎が辞職する騒ぎとなった。結果、五銭均一値上げ案が明るみに出た。

「東京朝日新聞」は明治三十九（一九〇六）年三月八日付で、電車運賃の値上げを報じた。黙っていないのは、電車を利用する市民だった。反対の動きが起こった。

一連の電車運賃値上げ反対運動は、明治三十九（一九〇六）年二月二十四日に結成したばかりの、日本社会党と密接につながっていた。いや、大きくかかわっていた。

> 社会党がただちに着手した大衆運動は、東京市街鉄道三会社の電車賃値上げ反対であった。当時、三会社は約十万円を散じて市会議員や一部の新聞記者を買収し、電車賃の三銭均一制を廃して五銭に値上げしようと企てたが、社会党はいち早くこの問題をとらえて山路愛山一派の国家社会党[36]及び田川大吉郎、細野次郎らの小ブルジョア自由主義者と共同戦線を張り、連日反対の演説会を開いて市民の世論を喚起するにつとめた。（『寒村自伝（上）』一八八頁）

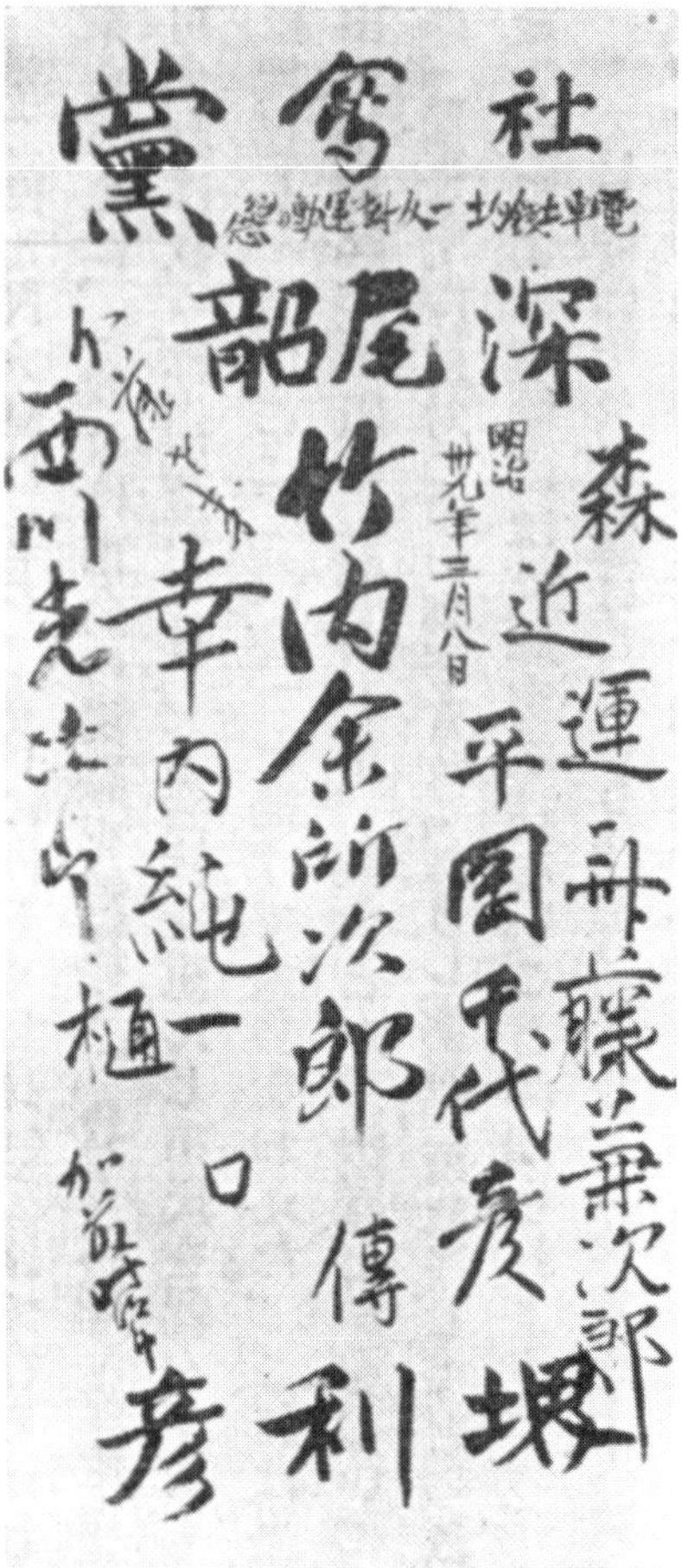

社会党電車五銭均一反対運動の紀念の障子大の紙への寄せ書き。明治39年3月8日に11人の名前がある（『加藤時次郎』78頁）

ある意味、反対運動自体が日本社会党を中心とした煽動によるものだった。電車運賃の値上げが公になって以降、電車運賃の値上げ問題を党勢力拡大の恰好のチャンスととらえた。社会党を中心に反対運動が活発になった。

三月六日、社会党の臨時評議員会が開かれた。値上げ反対運動への取り組みや、演説会の開催を決定した。

八日、九日と日本社会党主催の電車運賃値上げ反対演説会が開催。共同戦線を張った「新紀元」の木下尚江や、国家社会党の山路愛山、自由主義政治家の田川大吉郎など、社会党外の組織からの参加も多数あった。

八日は、日本社会党の同志十数人が演説会のチラシを配った。夜には、反対演説会が芝区兼房町の玉翁亭で開かれた。山口義三、岡千代彦、斎藤兼次郎、堺利彦、西川光二郎、加藤時次郎、木下尚江らが、電車会社の横暴を非難し市民の奮起を促した。

九日には、神田区美土代町のＹＭＣＡ基督教青年会館で演説会を開催。田川大吉郎、堺利彦、山路愛山、木下尚江、加藤時次郎ら各グループの代表が一堂に会した。四者共催による値上げ反対市民大会の開催を決定する。十一日の午後一時から日比谷公園にて、会主は山路愛山とした。

さらに十日には、党員総出で翌十一日の市民大会宣伝用チラシ五万枚を東京市内で配付。市民に参加を呼びかけた。

その夜、神田区三崎町の吉田屋で第二回演説会が開かれた。森近運平、山口義三、斎藤兼次郎、竹内余所次郎、深尾韶、西川光二郎、片山潜らが熱弁をふるった。反対の気勢は上昇した。

三月十一日の午前十一時頃。雨のなか参加者は続々と日比谷公園の芝山[37]に集まった。古道具屋から買ってきた洋太鼓の音があたりに響いた。社会党が用意した「電車値上反対東京市民大会」と大書した二本の大旗、「五銭均一反対社会党」「電車値上反対社会主義」「社会主義伝道大隊」と書かれた三本の赤旗が風になびいた。「値上反対」と記された赤旗が芝山の周囲をめぐった。

進行中、主催者の間で一悶着起きた。その様子を吉川守圀が『荊逆星霜史』[38]で綴っている。

会場へやってきた会主の山路愛山が、同じ主催者の日本社会党員に向かって言った。


「君達のやる事はどうも粗暴でいかん。僕は今麹町署長と會つて靜肅にやる事を誓つて來た。僕は紳士である。誓つた事は反古には出來ん。赤旗などは皆捨てゝ、太皷なども敲かぬ様にして貰ひ度い。」

無論一同は眞つ向から反對した。すると山路は、

「僕は今日の會主だ。會主の命令を聞かねば麹町署に頼んで解散を斷行させるぞツ」。

（以下、『荊逆星霜史』七九～八〇頁）


脅した山路は「値上反対」と大書した紙を竹の先に吊した。群衆の拍手喝采を浴びた。山路は運賃値上げの不当不義を糾弾する、二つの決議文を高らかに読みあげた。内務大臣への陳情委員として木下尚江、細野次郎、田川大吉郎、西川光二郎、堺利彦の五人を指名。決議文を内務大臣へ直接手渡すとして解散を宣言、散会となった。

堺利彦が言った。


「諸君、これから示威運動をやらう」

と煽動した。山路は吃驚して、堺の左手首をキッと捉へて、

「堺君、君は一體何を云ふのだ。今日の會主は僕なんだぞ……！」

と叫んだ。すると堺はぬからずに、

「只今云つたことは會主がイケないそうですから取消します。然し諸君が市内を練り歩くのは自由です」

とやつたので、

「堺君、それぢや何にもならんぢやないか――」


挑発的な堺に山路は怒り心頭。

突然「山路をやつつけろ」といふ叫びが何處からともなく起つて、今、中將湯廣告部にゐる當時無縫と稱した男（無縫といふのは姓であるか號であるか判然しない）が、山路の足を引張つて曳きづり下し、筆者なども血氣にまかせ

て、持ち合せの太皷の撥でした、かに彼の肩を毆りつけるといふ騒ぎが持上つた。「何を面倒な、疊んで了へ！」といふ掛け聲が上つた途端、巨岩のやうな彼の體はおぞくも山下の凹地に突落され、山路は這々の態で「モップ、モップ」と叫びながら、脱げ飛んだ山高帽を地から拾ひ上げて、それでも後を振り返り振り返りしながら逃げて行つたのを覺えてゐる。

かうして「邪魔者」を追い拂つた一同は、森近、深尾、堺、山口、大杉、樋口、西川等を先頭に山を下つた。

日本社会党員たちは、共同戦線を張った同じ主催者で会主の山路を「邪魔者」扱いした。山路を壇上から「曳きづり下し」、殴りつけ、畳んで、追い払った。この意見の対立で、国家社会党は、日本社会党とともに行なう運動から身を引いた。

日比谷公園をあとにした社会党員は、会衆百五十人ばかりとともに、示威行動を始めた。有楽町の東京市街鉄道会社から「人民」「朝日」「時事」「毎日」「万朝」「読売」など各新聞社などを順次めぐった。春雨がけむるこの日は何事もなかった。銀座通りに出て京橋際の凱旋門下に至り解散した。

市民大会当日の夜、日本社会党員は、浅草蔵前の植木屋で第三回反対演説会を催した。山口義三、堺利彦、岡千代彦、岩本新吾、森近運平、西川光二郎が壇上にのぼった。

三月十二日付の「時事新報」は、雨のなかの市民大会を伝えた。

社会党員ら、値上げ反対のデモ　電車値上げに反対せる日本社会党員その他の有志者は、十一日午前十一時より「電車値上げ反対」の旗数旒を押し立てて日比谷公園内の芝山に集合し、午後一時、山路弥吉（愛山）氏ほか一名決議文を朗読し、内務大臣へ陳情の委員として西川光二郎、堺利彦、木下尚江の三氏を選定し、それより一同は微雨を冒して街鉄社前を始めとし市内の各所をば、値上げ反対の旨を呼号しつつ押し廻りたり。その決議文は左のごとし。

一、我々東京市民は三電車会社値上げ計画を不正のはなはだしきものと認む。
一、内務大臣が絶対にこれを阻遏し、東京市民の公益を確実に維持せんことを望む。

（『ニュースで追う明治日本発掘8』一五七頁）

市民大会の開催により、電車賃値上反対の気運はさらに高まりをみせた。十二日の夜には、日本社会党を除く新紀元社、国家社会党、自由主義政治家の三者による反対演説会が、本郷の中央会堂で開かれた。山路愛山、田川大吉郎、山根吾一、中村太八郎、木下尚江が演説を行なった。木下尚江を会主とする上野公園から日比谷公園までの「電車賃銭値上反対東京市民大運動会」を十八日に開くと決定した。さらに十四日の夜にも、同じ三者による反対演説会が神田の錦輝館で開かれた。世論を盛り立てた。

日本社会党は十一日の市民大会が成功したとして、さらなる大会の開催を決定。十五日の第二回市民大会は、会主を堺利彦とする、五万枚のチラシを東京市中に撒いた。

社会主義新聞　光　號外

第二東京市民大會

東京市民諸君、近日市内三電車會社が種々不正陋劣の手段を用ゐて五錢均一の運動をなせるは、萬人の等しく憤激する所なり、

故に吾人は去十一日を以て日比谷公園に第一市民大會を開き、敢て反對の意思を表明せり然るに三會社未だ聊かも反省の意を示さず政府も亦深く市民の利益を顧みざるもの、如し、是れ吾人が更に第二市民大會を開かんとする所以也

東京市民諸君、願くば來り會して三錢均一の維持に力めよ

日時　三月十五日午後一時より

場所　日比谷公園芝山に於て
發起人　某。（『光』第9号〔三月二十日発行〕七頁）

好天のなか第二回市民大会が日比谷公園で開かれた。

しかし、会主となるはずの堺利彦が開会の時間になっても来ない。そこで日本社会党員たちが集う芝山の向かい側、藤棚のある丘に現われた田川大吉郎、加藤時次郎らの進行で開会した。

「我々は市会の決議を無視す」「我々は飽く迄電車値上げに反対す」「当局者若し値上げを許可すれば我々は当局者を目して会社を重んじ市民を軽んずるものと認む」「示威運動会来る十八日午後一時上野より日比谷迄」などと大書した紙を掲揚、再び値上反対の決議をした。

散会を促したあと田川大吉郎や加藤時次郎らは、たちまちのうちに姿を消した。これから起こることを予期したのかもしれない。田川、加藤らが解散した。芝山にいた西川光二郎ら日本社会党員たちが立ち上がった。

一万余りの群衆が日比谷公園を出て示威行進を始めた。投石をして電車を停めた。東京市街鉄道会社の運輸課事務所を襲撃。さらには市会議事堂と勘違いして、市役所土木課と市区改正課の建物に投石した。最終的に騒擾化した群衆は、鎮圧のために出動していた近衛歩兵、騎馬巡査、憲兵などに鎮められた。

集会と示威行動の模様を、翌十六日の「東京朝日新聞」が伝えた。

群衆赤旗を飜して市庁に迫る
―電車値上反対の大示威運動―

電車値上反対を標楞せる東京市民大会は、昨日午後一時より其第二回を日比谷公園芝山に開催せり、前回の雨に引替へ好天気なりし為め多少の強風を事ともせず、芝山附近に集まりし人夥しく約二千人に及びたり、例の如く山上に大旗を樹て、赤旗を翻へし、太鼓を打叩きて発起者側の山路弥吉、田川大吉郎、木下尚江、西川光二郎、岡千代彦、斎藤兼次郎、片山潜、堺利彦、加藤時次郎の諸氏出張し、午後一時に至るや直に開会し、大声叱呼して、左の三条の決議を為し、之を紙片に大書し、竿の先に附して会衆に報告せり。

「我々は市会の決議を無視す」

第一　我々は電車値上に飽まで反対す。

第二　当局者若し値上を許可せば、我々は当局者を以て会社の私利を重んじ、市民の公益を軽んずる者と認む。

第三　来る十八日午後一時より、上野公園より、当公園まで大示威運動を行ふ。

右の決議を報告するや会衆は拍手喝采して市の万歳を唱へ、是にて直ちに散会の旨を告げき。社会主義者の人々は更に東京市役所に赴き、市会に迫らんと赤旗を擁し、太鼓を叩きて山を下り、桜門より出で、右折し又又市街鉄道会社前に至り、値上不当を叫びしが、此時は追々人加はり多人数に及びて、忽ち数個の礫は会社に飛び、硝子窓数ケ所を破壊したり、夫より一行は山下門を出で、数寄屋橋より丸の内に入り、土木部前に集合したるが、軈て構内及同所の往来は一杯の人となり、一時は非常の混雑なりき、此の時麹町署慰撫して漸く解散を承諾せしめ、会衆は四方に散ぜしも、一部は再び日比谷公園に入りて三々伍々集合し、且つは午後三時より「同志会」と称する一派の有志が同所に会合するとの噂ありて、角袖巡査と覚しき人々も忙しげに奔走し居たり。

街鉄会社前の騒擾

大会解散後の崩れは、前記の如く再び日比谷公園に集まり、三時頃には公園正門前の道路に出で、或は電車の不都合を論じ、或は市会の決議を罵り、路上演説をなすものもありて群衆は益々加はり、形勢漸く穏かならず、同所を往来する街鉄電車は、何処ともなく飛来る瓦礫に危険を恐れて躊躇せし程なるが、右の群衆は追々進んで、又も街鉄会社前に押寄せ、往来も止まりて喧囂一方ならず、此有様につき急報によりて、警視庁より騎馬巡査十二名、警部の指揮によりて出張し群がる人々を押し分けて鎮撫せんとせしも、会社は此形勢に恐れて扉を閉鎖し一人も応援に出づる者なく騎馬巡査は必死となりて慰撫に尽力せしより、群衆は一先づ同所を引上げて其儘日比谷公園に入り込みたり。

公園内の屯集

斯くて四時頃には一団の人々公園に屯集して、寄々何事かを協議し居たれば、警官は頻りに其行動を警戒し、果ては憲兵及騎兵二名も駈付けしが、此騒擾を聞きて四方より駈せ集まりしもの頗る多く、日比谷原頭の風色、為めに蒼愴の観ありたり。（『馬車鉄から地下鉄まで』四頁）

十五日、電車会社三社のうち東京市街鉄道は、市内全線にわたり午後五時以降の運転を中止した。東京電車鉄道と東京電気鉄道は、ふだん通りに運転を継続。東京電気鉄道の外濠線は夜間、満員札を掲げるほどの盛況となった。

警視庁は、第二回市民大会の示威行動で陣頭指揮をとったとされる、日本社会党員の西川光二郎のほか、岡千代彦、山口義三、深尾韶、吉川守圀、斎藤兼次郎、樋口伝の七人を拘引した。十八日には大杉栄、二十日の半田一郎、竹内余所次郎を加えて十人になり、さらに一般参会者の十一人。あわせて二十一人を東京地方裁判所の予審に送った。

結果、結党からわずか半月の日本社会党は、有力な活動分子を奪われた。

兇徒聚衆事件に対する第一回予審は、事件翌日の三月十六日に行なわれた。三十一日に第二回、そして、四月十三日には予審終結の決定が下された。「光」第11号（四月二十日発行、二頁）には、「電車問題兇徒聚衆事件豫審終結決定書」の全文が掲載された。

機関誌「新紀元」第七号（明治三十九年五月十日発行、七頁）は、「時事評論」の「新兇徒嘯集事件」で論じた。西川光二郎ら日本社会党員の市民集会後の示威行動は、たんに市民を煽り行動を激化させただけではなかった。

新兇徒嘯集事件

河野廣中君等に係る兇徒嘯集被告事件は、東京地方裁判所に於て、證憑不充分の理由を以て無罪の判決を受けたり。

而して電車値上事件に關聯せる西川光二郎君等社會黨諸氏は、豫審に於て新に「兇徒嘯集」の決定を受けね（ママ）、公判の開廷蓋し近きに在らん。

吾人は今ま直に西川君に對する豫審決定を批評すること無かるべし、只だ事の次手（ママ）なれば當時記者が目撃者より聽き得たる一二の事實を附記するに止どめん。

三月十五日、日比谷公園の市民大會一と先づ散會を告げたる後、公園外の電車に向て、一青年の狂氣の如くに猛けり立ちつゝ、土砂を投ずる者を見たり、巡査も之を如何ともすべからず、一社會黨員之を抑制して曰く、今日は示威運動會なり、君決して暴行を爲すべからずと、去れど彼の青年は肯んぜずして叫んで曰く、僕は死を決して來れる也。僕の叔父は電車の爲めに無殘の轢死を遂げたり、僕は叔父の爲めに復讐せざるべからずと、斯て彼は石を手にせるまゝ走せて市街鐵道會社の門に迫りしと云ふ、當日砂礫を投じたる所のものは、何れも從來電車に對して深き怨恨を包藏したりし者の如し。

目撃者又た語りて曰く、東京府廳の門内に於て、現に西川君等は聲を勵まして群衆の靜肅を求めたり、去れど群衆の中よりは却て之を社會黨の怯懦とし惡言するものあり、爰に於てか西川君等は赤旗を巻きて解散を宣言せりと、社會黨の諸君が府廳内に於て努力群衆を制御したりし由は、當時都下の新聞にも記載しありしことを記憶す。

吾人は是等一二の談片の中に、社會黨員諸君個人の面目の踴躍するものあるを覺ゆるなり、豫審の決定書は餘りに概括に過ぎて、個人の心事と行動とに對する説明甚だ分明を缺きたるの感あり、然れ共罪の有無の決する所は主として個人の心事行動に繋れり、吾人は公判廷に於て此事の審明せらるべきことを信じ、且つ之を切望せずんばあらず。

尚一事の以て東京市民に警告を要するものあり、既に内定し居たる電車値上案の幸に消滅したりしは、實に市民大會の示威運動に原由するを忘るべからざること是れ也、若し此の示威運動無かりせば、各區有志者の運動も起らざりし也、各區區會の反對決議も起らざりし也、内務大臣は平然として五錢制度の請願に許可の捺印したりし也。

今日市民が三錢の電車に乘り得るは市民大會てふ示威運動の恩惠なり、去らば吾人は又た其餘波たる此の新兇徒嘯集被告事件に對して、市民の決して冷淡ならざらんことを祈らざるを得ず。

日本社会党の党員は、巡査の言うことを聞き入れない一部の兇徒化した市民を押しとどめた。西川は群衆に静粛を求めた。赤旗を巻いて解散を宣言している。

「新紀元」は予審判決の結果を、その凶悪な行動ばかりを強調し追いすぎていると、また個人の心事行動に対する説明が、簡素に要約し過ぎていると批判した。

吉川守圀の『荊逆星霜史』でも、示威行動での市民の威力を綴っている。

騒擾が激しさを増し、神田橋から日比谷行の電車が立ち往生した。このとき警官隊が繰り出し、騎馬巡査が群衆を追い散らした。

西川は、「これで今日は解散する」と時を移さず一同に挨拶した。すると土工達は、「こゝまで人を連れて來てこのまゝ解散するとは卑怯千萬だ。」とヒドク闘争的な態度で詰め寄つたので、この權幕は主謀者の方が寧ろ辟易して、逆に逃げ出すやうな始末だつた。（『荊逆星霜史』八三頁）

西川ら党員が、完全に主導的な立場を欠いてしまうほど。市民は暴徒化してしまったということか。

明治三十九（一九〇六）年三月十七日の夜、日本社会党は臨時評議員会を加藤病院で開いた。善後策を協議した。十三人の評議員のうち残ったのは堺利彦、片山潜、森近運平、加藤時次郎、幸内久太郎、田添鉄二の六人。結党わずか半月で有力な活動家十人が検挙されてしまった。

同じ十七日、内務大臣の原敬は、電車賃値上げ出願に関して警視総監、東京府知事、内務次官のほか、警保、土木の両局長らと協議。結果、五日後の二十三日、警視総監は、ことの事態を重くみた内相原敬の命令を受けた。東京府知事立ち会いのもと、電車会社三社の重役に対して申し渡しをした。

「値上げ理由を是認せず」

翌二十四日の「東京朝日新聞」は「市民凱歌を揚ぐ」「市民の勝利」と伝えた。

日本社会党は、運賃の値上げ申請が却下されたことを受けて、後日談「電車問題の落着」を「光」第10号（四月五日発行、二頁）に載せた。

市内の三電車會社があらゆる醜陋の運動をなして、議員を籠盖し、新聞記者を買收し、官吏に結び、一擧して之を遂げんと期したる賃銀引上問題は去月廿三日を以て一と先づ落着を告げたり。

是より先、三會社が値上願書を警視廳と東京府知事に差出すや知事は之を市會に諮問し、市會は四錢均一を可決し、知事は之を具して内務大臣に進達したりしなり。

此間にありて、三會社の貪婪と不法とを憤るの士は決然として立ち、演説に文章に、力を極めて市民を警醒し、去月十一日、十五日、十八日の示威運動及各區々會の反對決議を見るに至りぬ、されば、さしもに強き三會社が十萬の買收費を投じて市民に挑みたる戰も、今は却つて其侮れる敵の爲に敗られんとするの形成を現じたり。

果然、二十三日に至りて警視總監は内務大臣の命令により、斷然願書を却下するに決し、午前十時吉田幸作（街鐵）牟田口元學（東電）濱政弘（外濠）の三氏を警視廳に呼出し、府知事及第二部長立會の上、値上げの理由を是認せずと言渡して願書を却下したり、傳ふる者は曰く、初め三會社は百方手を廻して遂に原内相の周圍の空氣迄も腐敗せしめ居りて、心窃かに事の必成を期したりしに、突如内相の英斷に遇ふて亦如何ともする能はず、口アングリの體なりと。

吾人は都下多數の新聞記者諸君と共に原内相の勇斷に感謝すべし、然れども思へ諸他の問題に就いて優柔不斷の聞へある原内相が、何が故に此問題に就てのみ而かく勇斷なりしか、資本家内閣の而かも番頭上りの原内相が、能く資本家の私利を抑へて一般平民の公益を確保し得たりしか、之れ云ふ迄もなく輿論の後援を有したるに因れり、更

> に適切に云へば、猛然として立つたる平民の力は内相なる形式を透して一部資本家の私心を抑へ得たりしなり、此點に於て吾人は市民の覺醒に力めたる諸氏と、之に應じたる市民諸君に向つて更に大に感謝する所なかるべからず。

記事中に「去月十一日、十五日、十八日の示威運動」とある。

これまで見てきたなかでは、三月十一日と十五日の市民大会が行なわれたとするのみ。実は、十八日に予定されていた「電車賃銭値上反対東京市民大運動会」は警察の命令で中止となっていた。

同じ「光」第10号（七頁）で、大会の予定と中止を報じている。

> 第三市民大會は第二大會の決議に基づき、木下尚江氏會主となり、上野公園より日比谷公園に至る途上に於て開會の筈なりしが、警察より禁止を命ぜられて之を果さゞりき。

七月二十日、日本社会党は主張をより強固にするため、パンフレット「電車値上反対意見」[39]を発行した。片山潜の「電車値上反対意見」、堺利彦の「反対運動の方法」、森近運平の「市内鉄道の性質」の三編を収めている。堺の文章に大会の中止が記されていた。

> 次に十八日の午後一時より、更に第三市民大会を開くの計劃がありまして、其会場は上野公園より日比谷公園に至る迄の途中といふ面白き趣向でありましたが、是は警察より禁止を命ぜられました。
>
> （『平民社コレクション第2巻堺利彦』四二三頁）

では、なぜ禁止処分を受けたのか。

一七日午后三時過ぎ会主の木下は、下谷警察署へ届出をもっていったが、待ち受けていた署長からは禁止命令が交付された。「厳粛なる威厳」を示してやろうとした「運動会」は、一五日の騒擾により禁止されてしまった。

(『明治社会主義政党史』一八二頁)

警察は、十五日の第二回市民大会の状況を見て、十八日の申請を認めなかった。予定していた第三回大会は、幻に終わった。それでもわずかに記述を見つけた。十五日、第二回市民大会があった夜。『荊逆星霜史』の筆者、吉川守圀は十八日の準備を始めていた。

筆者は駒込富士前の樋口の家まで出掛けて檄文を書いた。其の當時の富士前は附近一帯が麥畑で、その畔の五軒長屋の端に樋口がゐた。十八日に又々市民大會を開く事に決つてゐたからである。

「起てよ市民、強盗白晝天子の膝下に現はれたり、三電車會社之れなり。腐敗墮落せる市會議員及び新聞記者は、皆會社に買收され市民を××せんとす。吾徒起つて市民大會を開き市會を半ば×へり。されど彼等毫も反省せず、因て來る十八日三度市民大會を開かんとす。各自に××、×××、××を用意して來る勿れ云々」と書き捲つた。

(『荊逆星霜史』八四頁)

ところどころ過激な言葉が伏せ字になっている。伏せ字部分を開いている資料もあった。

腐敗堕落せる市会議員および新聞記者は、皆会社に買収され市民をゴウトウせんとす。吾徒起って市民大会を開き市会を中ばウバえり。されど彼ら毫も反省せず、よって来る十八日三度市民大会を開かんとす。各自にセキユ、まつち、コンボウ、を用意して来るなかれ云々。(『土民の思想』六五頁)

昭和 39 年 7 月、兇徒聚衆事件時の記念写真。中央の背広姿が幸徳秋水、右の紋付袴姿が堺利彦、後列中央には大杉栄がいる（『うめ草すて石』巻頭写真）

吉川はこのあと、床屋や湯屋の壁にビラを貼り十二時頃に帰宅。待ちかまえていた警察官に連行された。樋口も、吉川が去って間もなく拘引された。警察は党員たちの行動を監視していたのか。十八日の示威行動は却下され、さらに吉川、樋口の二人を含む日本社会党七人が捕まった。大会の開催は不可能になった。

一度は却下された電車運賃の値上げだった。実は、その裏で電車会社三社は、合併の仮契約を六月十一日に調印、二十八日には株主総会を開き合併を決議、合併の契約を成立させていた。

日本社会党は仮調印から一週間後の十八日、株主総会を見越した評議員会を開いた。再び電車賃値上げ反対運動を起こす決定をする。二十五日には、アメリカから戻ったばかりの幸徳秋水を含め、片山潜宅で同志茶話会を開いた。主だった人物が顔をそろえた。七月四日、幸徳秋水が静養のため故郷の高知中村に帰省。翌五日には、同じ片山宅で電車賃問題に関する評議員例会を開催した。保釈で出獄した田添鉄二を除く全員が出席した。

また、合併と値上げの申請を受けて、反対講演会も開かれた。

七月四日、国家社会党、新紀元社共催の電車賃値上反対講演会が、神田錦輝館で開かれた。国家社会党の山路愛山、山口弾正、新紀元社の木下尚江らのほか、日本社会党の片山潜も登壇した。

七月九日には、国家社会党、新紀元社、日本社会党共催の連合演説会が、日本橋常盤木倶楽部で開催された。十三日には片山潜が三回目の渡米をはたした。

八月一日、東京府知事は三電車会社の合併を認可。受けて内務大臣の原敬は、合併後の電車賃を四銭均一とするように指示した。電車会社三社が合併し、九月十二日より運賃が三銭から四銭に値上げされることが決定した。

八月二日の「中外商業新聞」が、認可までの流れを伝えた。

三社の合併認可、東京鉄道会社に統一

東京市三電車社長より七月十六日附を以って、内務大臣に出願したる電車、街鉄、東電の三会社を解散し、その特許権は今回新設すべき東京鉄道会社に継承するの件は、東京市内交通機関の統一を計るに於いて必要と認められ、昨一日、東京府知事を経て、合併認可の指令ありたり。

合併後の運賃は四銭均一と内務大臣指令

三電車合併認可の指令と同時に、内務大臣は東京府知事を経て、三社が七月二十六日付を以って出願せる乗車賃率に対し、左の指令を下せり。

合併以後の賃率は四銭均一とし、午前七時までは学生、労働者のために割引して半額二銭とし、この時間は往復切符を発行し、後の切符は何時にても適用し得べきこと。(『明治ニュース事典 第七巻』三八四頁)

八月五日、日本社会党は三社合併と運賃値上げの報を受けて評議員会を開いた。堺利彦の発意により、新たに電車に「乗らぬ同盟」のボイコット運動を計画。電車に乗らないボイコット運動を進めることになった。

値上げ実施を一か月後にひかえた八月十日、十四人の同志がチラシ数万枚を配布。ボイコットを呼びかけた。十日の「朝日新聞」は、日本社会党有志による反対趣意書の大略を掲げた。

東京市民の大多数が電車値上げに反対なれば、種々の方法をもってこの反対意見を発表し、政府当局、三電車に反省を求む。しかも彼等にしてついに反省する所なく、いよいよ値上げを実行するならば、種々の方法をもって最後の「電車に乗らぬ同盟」を作り、値上げ実行当日より数日間乗車せず。もし乗るものあらば絶交す。我々はこの絶交運動をもって、適当にして最も有効の方法と確信す。日本社会党有志。（『ニュースで追う明治日本発掘8』一五九頁）

十日夜には、社会党同志十五人が「日本社会党」と銘打つ赤提燈を手に持った。本郷、両国、下谷、品川、新宿の五隊にわかれ、それぞれに出発。五隊は日比谷公園で落ちあい一隊となった。さらに銀座通りに出てチラシを配布した。雨が降り人出も少ない。野次馬騒ぎもなく、無事に運動を終えた。

続けて二十日にも「日本社会党有志」の名で数万枚のチラシを配布。市民は同情を寄せ、「二六」や「都」など諸新聞も賛意を表わした。運動以降、ボイコットという言葉が流行して大いに使われることになった。

三社合併と運賃値上げの認可がおりた。ひとたび鎮静化していた市民運動が再燃した。

八月七日の午後四時から、電車賃値上げ反対市民大会が開かれた。皇室社会主義を唱える松本道別らの発起だった。会場は日比谷公園。来集者のなかには、電車のため職業を奪われた人力車夫も少なからずいた。

各区議会や各区の連合も運動を推し進めた。八月下旬には紅湖倶楽部、国民倶楽部、同志記者倶楽部、理想団などのほか、弁護士や市会有志が参加する「電車問題連合同志会」が結成された。府知事や警視総監、内相や首相のもとを訪問。反対決議を申し入れた。順次、活発な運動が繰り広げられた。

八月二十九日には、社会党員の菊江正義が日本橋で、電車値上げ反対の小冊子を配り演説。千人の聴衆が集まった。

明治39年9月5日、日比谷公園にて市民大会が開かれ、正門を出た群衆は示威運動を行なった（『明治社会主義史料集　第2集「光」』巻頭写真）

電車を襲い警官と衝突した。

そして値上げ一週間前の九月五日には、これまでにない示威行動が起きた。

三電車会社合併の前提である乗車料値上げに対する、値上反対市民大会が日比谷公園に開催され散会後、数千の群集は激怒し、警官隊と各所で衝突一部は市街鉄道会社を襲い、付近に停車中の電車に、投石破壊するの騒擾事件起こる。

（『都電60年の生涯』一九六頁）

先頭に立ったのは、八月七日に開かれた市民大会発起人の一人、松本道別。松本主導のもと、これまでと同じ日比谷公園で市民大会が開かれた。反対する市民たちの気勢は衰えることを知らない。暴動は広がるばかりだった。

松本は一五時半頃姿を現し、事実上の焼打煽動を行なって公園外へ繰り出し、一六時五〇分頃解散した（時事九・六）。この時も会衆は松本の制止を聞き入れず暴動化した。

（「一九〇六年の電車賃値上反対運動再考」三二二頁）

三月十五日の第二回市民大会を煽動したとされる、西川光二郎と同じ結果になった。ともに、暴徒化する市民を押しとどめている。にもかかわらず松本は兇徒聚衆罪で捕えられた。西川光二郎より重い二年半の刑が言い渡された。

九月五日の市民の怒りは、三月の第一回、第二回市民大会よりも大きな広がりをみせ、最高潮に達した。じつは、この日の騒擾行動の広がりには理由があった。前年明治三十八(一九〇五)年九月五日、日露戦争のポーツマス講和条約締結のときに起きた、日比谷焼き打ち事件[40]の一周年にあたる。集まる市民の高揚が最大の要因となった。拘引者は百六十余人に及んだ。七日までに電車五十四台が破損。八日には市街電車の夜間運転が中止になった。事態を重くみた原敬内相は、寺内陸相に軍隊の出動を要請。二百人を出動させ、やっと鎮圧するという事態に発展した。八日までに器物破毀や電車妨害で検挙された者は、九十四人にのぼった。

九月五日、日本社会党は内部のくすぶりで動きが鈍っているなか、新しいビラをつくり配布した。

電車に乗らぬ同盟

諸君、内務大臣と電車會社とはグルになつて東京市民の輿論を蹈付け、いよいよ電車の値上を實行する様子でります

此上は最早や議論は駄目です。我々は只だ實行を以て反對するより外ありません

そこで我々は九月十一日(値上實行當日)より三日間を限り、先づ第一回のボイコット(乗らぬ同盟)を試みます、若しそれでも聞かねば更に第二回、第三回のボイコットを行ふは無論の事です、敢て諸君の賛成を乞ふ。

(「光」第21号七頁)

九月五日、本郷座では日本社会党を除外した、諸団体連合の電車値上げ反対市民大会が開かれた。市民として出席していた社会党員の森近運平は、進行の途中「乗らぬ同盟」の緊急動議を提出。電車ボイコットを提案し、無理矢理な形で大会の可決を得た。多数のチラシが配布された。

九月十日、十五人の党員は赤提灯を持ち、本郷、両国、下谷、品川、新橋の各方面から五隊にわかれて出発。ボイコットのチラシを撒いた。

値上げ実施の前日、九月十一日には「電車に乗らぬ同盟」が組織された。日本社会党は独自の不乗電車同盟大会を日比谷公園で開こうとした。雨がひどく、また警察の威圧が激しく開会できなかった。不成功に終わった。そこで党員は、神田の錦輝館で開かれていた、諸団体連合の第二回市民大会に市民として出席。前回の大会で可決を得た「電車に乗らぬ同盟」の発言を求めた。許されず、退場させられた。

電車ボイコット運動開始の当夜、私たちが市中宣伝に出発する前に日比谷公園に集合した際、やや遅参した堺さんに誰かが「先生、どうして来ました」と問うと、平然として「電車で来たサ」と答えたものだ。そして「今日から電車に乗らない約束じゃありませんか」といわれて、「やあ、そうだったなア」と頭をかきかき哄笑した。

(『寒村自伝（上）』一九八頁)

堺は自身の発案で進めている運動にもかかわらず電車で来た。日本社会党は、堺を絶交したのか。「東京朝日新聞」はボイコット運動の模様を報じた。

投石に恐れてか、ただしは又「乗らぬ同盟」に加担してか、昨日は、車庫に急ぐ、東電、街鉄の電車は共に乗客至って少なく前日の光景より推せばすこぶる異様の現象を呈し、三台に一台は必ず空車進行せり。

(『日本の歴史26』三四二頁)

原因がどこにあるかわからない。それでも結果的に乗客は減少した。ボイコット運動は一応、成功のうちに終わったといってよいかもしれない。

九月二十四日、日本社会党は荒畑寒村、安成貞雄、原霞外ほか数十人の党員が赤たすき、赤提灯でボイコット運動の宣伝行進をした。「光」の号外として「貧富の戦争」を配布した。署名人の山口孤剣は起訴された。朝憲紊乱（ちょうけんびんらん）となり軽禁錮一か月の刑を受けた。

のちに山口は三つの裁判をかけ持ち、あわただしく争うことになった。「貧富の戦争」のほか、「光」第28号（十一月二十五日発行）に掲載した論文「新兵諸君に与ふ」（大杉栄訳）、また、のちの日刊「平民新聞」第59号（明治四十〔一九〇七〕年三月二十七日発行）に掲載した「父母を蹴れ」が筆禍にあう。山口は裁判を繰り返すことになった。一日に二つの裁判に出廷することもあった。

盛り上がりを見せた一連のボイコット運動は、結局、日本社会党の運動としてではなく、有志によるチラシ配布に留めた。三月十五日の兇徒聚衆事件は日本社会党に大打撃を与えた。党員十人が拘束され、全七回に及んだ公判は、七月九日に東京地方裁判所で全員無罪の言い渡しを受けた。それでも検事の控訴により謹慎処分に。また運動費などの支出もかさみ、活動の規模を縮小せざるを得なかった。

以降、日本社会党は派手な行動を控えるようになった。

今後、更なる行動を起こしてトラブルがあった場合、それを口実に結社を禁止させられる恐れがあった。他の団体と協調しての運動も取りやめた。反対運動を拡大させて、寛容な西園寺内閣が総辞職になり、新たな内閣が日本社会党を禁止するという事態もまぬがれない。先々の党運営を考えてのことだった。

そこで党としては、独自のボイコット運動という、穏便な方法に出るしかなかった。しかし、ボイコットは理解されることなく不穏な行動とされた。運動の流れからはずれていった。民衆のエネルギーを吸収して組織化することもできない。ほかの諸団体の運動とも連携がままならなかった。運動は終焉を迎えようとしていた。

日本社会党は、九月二十六日の夜に両国広小路の両国館で、二十七日の夜には芝区兼房町の玉翁亭で講演会を開催。電車運賃値上げ反対運動の幕を下ろした。

明治 39 年の秋、戸山ケ原にて運動会が開かれたときの記念写真（『唖蝉坊流生記（顕彰会版）』巻頭写真）

明治三十九（一九〇六）年の秋に撮られた一枚の写真がある。戸山が原で催された、運動会での記念写真。時期的には、九月二十七日に開かれた玉翁亭での最後の講演会より後になるか。反対運動の慰労会として行なわれたのかもしれない。運動会は唖蟬坊の発案とも伝えられる。

写真は、顕彰会発行の『唖蟬坊流生記』の巻頭口絵に収録されている。説明文を見ると、戸恒保三、渡辺政太郎、岩崎吉勝、南操子、吉川操、師岡千代子、安成貞雄、中里介山、柴田三郎。堺利彦、堺ため子、福田英子と千秋、西川文子と満児ら親子がいる。ほかに添田唖蟬坊、添田たけ子、そして竹久夢二や竹久彦乃の名が挙がっている。

前列右側で腕を組み、しゃがんでいるのが唖蟬坊。また、前列左側の竹久のマントのなかには唖蟬坊の息子、四歳の知道がいる。

ボイコット運動には、演歌師の唖蟬坊や妻のたけ子も参加していた。

「光」第19号（明治三十九年八月二十日発行、七頁）、「同志の運動」の「電車ボイコット運動」記事に唖蟬坊の名がある。

八月十日の運動　日本社會黨の最初の計劃にては、同志數十人赤旗を押立て、隊を作り、行く行く右のチラシを配りて東京市中を風靡するの考なりしが、人民多数の利害を顧みずして只管資本家の利益擁護に勉むる警視廳は必死となりて種々の制限束縛を彼等に加へたりしかば、彼等も此度は状態を警察の云ひなり次第に其計劃を縮少し、最も静粛の運動を爲す事となれり、即ち八月十日午前九時、黨の本部に集まりたるもの、森近運平、野澤重吉、添田――、村田四郎、堺利彦、菊江正義、幸内順一、坪井隆吉、藤田四郎、堺ため子、添田たけ子等の諸氏十餘名にして、男子は赤色の布片を其徽に纏いて帽章と爲し、一行粛々として進みつつ兩側の家々と通行の人々とに悉く彼のチラシを配布し、電車の通行する道筋にては大抵の電車内にチラシを投込みたり、其の行動の順路は凡そ左の如し

　神田三崎町本部、九段坂、麹町富士見町、市ケ谷見付、市ケ谷堀側、四谷見付、麹町通り、元園町由分社にて晝飯、半蔵門、三宅坂、日比谷公園、内幸町、烏森、新橋、銀座、京橋、日本橋、須田町、萬世橋、下谷五軒町（マヽ）、上野、本郷切通し、本郷通り

　斯くて午後五時頃、本郷三丁目に至り所持のチラシを配り儘したりしかば、一行は茲に無事解散を告ぐる事となれり、以上當日運動の大概にして警戒尾行の警察官等は彼等の力が如何に社會黨の運動を制限し得たるかを想ひて得々たりしなるべく、視察の爲に來れる新聞記者等は其の好奇心を滿足せしむるに足るべき騒ぎの無かりしを見て稍や失望したるなるべけれど、我同志の十餘名は、此のジミなる運動の爲めに其手足を勞して、倦まず飽かず一日を費したる事を以て衷心深く滿足を覺えたるなるべく、殊にチラシを受取る市民の多くが、或は『是は面白い、賛成々々』と叫ぶもあり或は『やるべしやるべし大いにやるべし』と勵ますもあり、或は又丁寧に『どうも御苦勞様で御坐います』と我同志の勞を謝するもあり、何れも大いに此運動に感ずるの色あるを見ては我同志も爲に疲勞を忘るゝの感ありたるなるべし。

「添田――」は、唖蟬坊こと添田平吉。「添田たけ子」は唖蟬坊の妻で、「堺ため子」は堺利彦の妻のこと。
九月五日に諸団体連合による、電車値上げ反対市民大会が本郷座で催されたときも、チラシを配布した。

社会黨はこれを機として更に新しいチラシを作り、原霞外、谷村釣雪、松崎源吉、安成貞雄、竹内善作、荒畑寒村、堺利彦、森近運平、座間鍋司、添田平吉、坪井隆吉、添田たけ子、堺ため子の諸氏は本郷座の内外において盛んにこれを配布。(『日本社会主義運動史』一五五頁)

さらに「光」第22号(九月二十五日発行、七頁)「同志の運動」の「吾黨の電車運動」の記事が伝えていた。

十日夜の運動　前號の第二頁に略記したる如く、去十日の夜、同志十五名は『日本社會黨』と銘打ちたる赤提燈を手に手に持ちて、本郷、兩國、下谷、品川、新宿の五方面より五隊に分れて出發し、ボイコット運動のチラシを撒きながら各々電車線路に沿ひて行進し、遂に日比谷公園に落ちあひて一隊となり、それより更に銀座通に出でゝ猶ほ盛んにチラシ配布を行ひたり、當夜は微雨降りつゞきて人出も少かりし爲め幸ひに彌次馬の騒ぎもなく、無事に運動を終るを得たり、同志姓名左の如し

△原霞外、谷村釣雪、宇都宮卓爾(本郷方面)
△藤田四郎、荒畑勝三、安成貞雄(兩國方面)
△添田平吉、座間鍋司、菊江正義(下谷方面)
△坪井次郎、安仲一平、野澤重吉(品川方面)
△森近運平、竹内善作、堺ため子(新宿方面)。

啞蟬坊は五コースのうち、下谷方面から日比谷公園に至るルートを任された。十五人のうち、堺ため子は唯一の女性で、このとき啞蟬坊の妻たけ子は参加していない。

啞蟬坊が「社会党ラッパ節」の件で堺利彦を訪ねて以降、二人の関係はわからない。それにしても啞蟬坊が八月、九

月の日本社会党有志によるボイコット運動に、かかわっていたのは確かなようだ。『唖蝉坊流生記』の巻末に年譜がある。明治三十九（一九〇六）年を境にして、妻たけ子、息子知道ともに、浅草区北清島町一一六番地から下谷区中根岸一三番地へ引っ越している。

北清島は現在地として、上野駅の北上野一丁目の交差点から東へ、清澄橋通りを越えた源空寺の北側あたり。また中根岸は現在の鶯谷駅から言問通りの鶯谷駅前交差点を越えた根岸小学校裏、永稱寺の左ライン下あたりと思われる。

浅草区から下谷区に移った日付まではわからない。ただ、九月十日の運動で唖蝉坊は、下谷方面を出発地として、日比谷に向かうコースに参加している。このときにはもう浅草区から下谷区に、引っ越しをしていたとも考えられる。

唖蝉坊の妻たけ子は、ボイコット運動のチラシを配布して検挙された。「光」第22号「同志の運動」の「吾黨の電車運動」にあった。

△十一日の運動　此日吾黨の同志は日比谷公園に於て不乘電車同盟大會を開くの豫定なりしが降雨甚だしき爲と、兵力警察力の威壓甚だしき爲とに依り、終に開會するに至らざりき、別に錦輝館に於ては此日第二市民大會の開會ありしに依り、森近運平、堺利彦、竹内善作等の諸同志は之に出席したり、然るに同大會は漠然たる決議を爲したるのみにて、前回の決議たる『不乘電車同盟』の事につき一言をも發せざるに依り森近氏は立つて賛同を試みんと欲し、演壇に向つて進みたりしが、會長は遂に其の發言を許さゞりき、蓋し發起人等は社會黨を憎み（若しくば恐れ）て、更にボイコツト運動の決議を爲すを避けたりしなり、此に於て吾黨の同志は大聲を發して彼等が前回の決議に服從するの義務あるを責め、何故に前回の決議を無視するかを詰り、此の如き會に列するを屑しとせざるを告げ、皆な一齋に退場したり△此日同志荒畑勝三、安成貞雄の二氏は日比谷公園に於て、堺ため子、添田たけ子、宇都宮卓爾の三氏は錦輝館前に於て、チラシ配布の任に當りしが爲め、一夜警察に檢束されたり△猶ほ同志中の某々諸氏は此日『電車に乘らぬ同盟』と書したる赤色の小旗千本を準備したりしが、降雨と檢束との爲に之を用ひる事

を果さゞりき。

同じ検挙の記事が「読売新聞」九月十二日付の朝刊にも載った。

堺爲子の検束　昨日正午頃錦輝館の前にて堺爲子(二十五)外三名は群集にボイコットを配布する所を警官に認められ神田署へ検束されたり。

「読売新聞」には「堺爲子外三名」とある。しかし「光」では、「堺ため子、添田たけ子、宇都宮卓爾」の三人としている。妻たけ子が拘引されたとき、啞蟬坊は記した。

この日は別な来訪者があって私は家にゐた。妻は一人出た。夜まで帰らない。おそいおそいと思ってゐるところへ座間止水氏が来た。電車値上反対の演説会があった。会場の外で、堺為子夫人と妻とが、値上反対のビラを配り歩いた。そのため検束された、と、その事のためにわざわざ知らせに来てくれたのであった。

(『啞蟬坊流生記』一五四頁)

明治三十九(一九〇六)年九月十一日、東京の鉄道会社三社、東京電車鉄道と東京市街鉄道と東京電気鉄道が合併。「東京鉄道株式会社」が発足した。同時に乗車賃が三銭から四銭に値上げ。翌九月十二日から実施となった。

さらに明治四十四(一九一一)年八月一日には、東京市が東京鉄道会社を買収。東京市電気局が開設され、念願の東京市電となった。のちの東京都電の誕生となる。

この時点での営業距離は約九九キロ、一〇五四両の電車を保有し、一日に約五十一万人の利用者があった。距離的には一周三四・五キロの山手線の三周分より若干少ないといったところか。

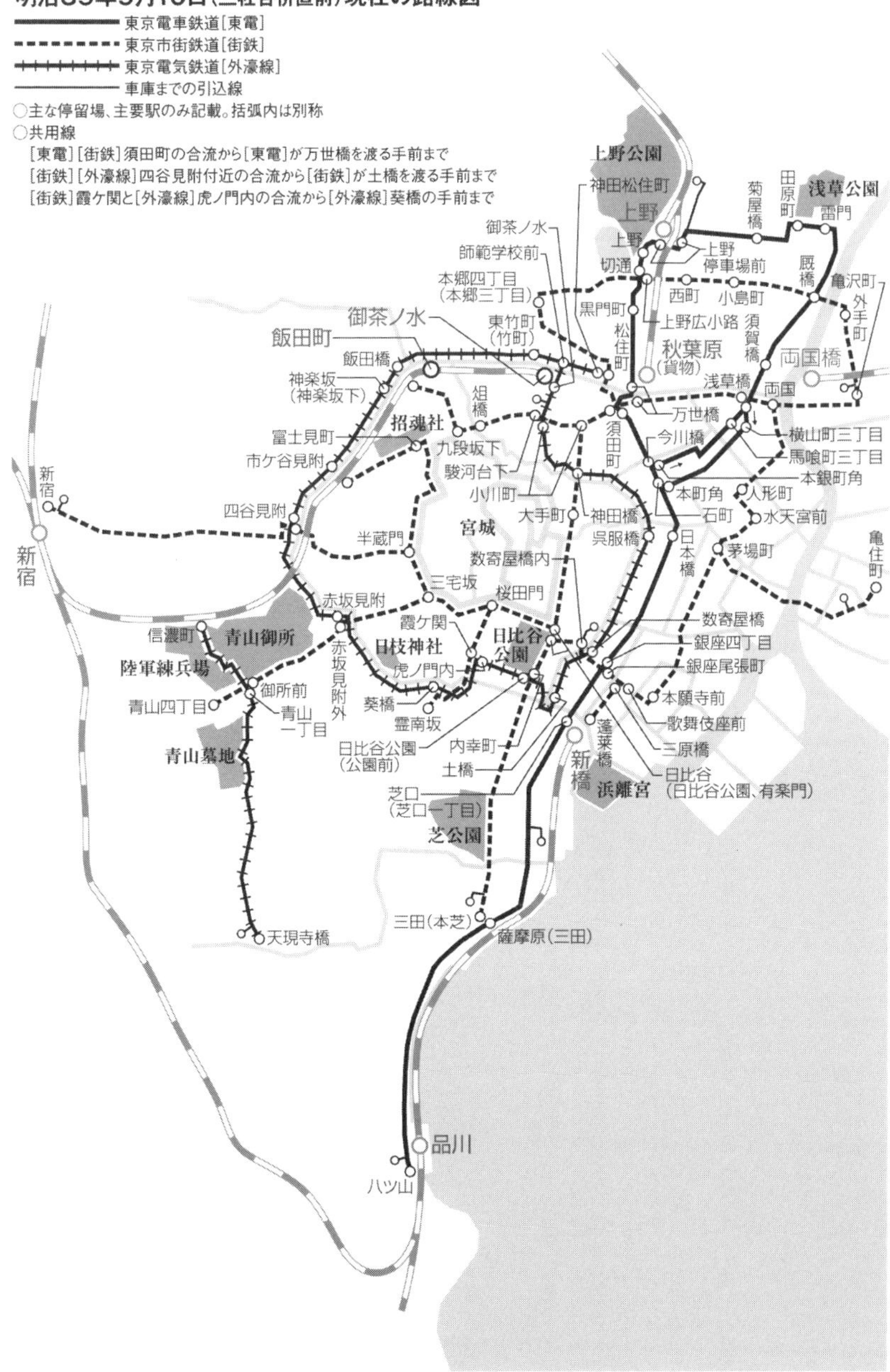

明治 39 年 9 月 10 日（三社合併直前）現在の路線図（著者作成）

日本社会党は、単に運賃値上げに反対する運動を展開していただけではない。「光」第13号（明治三十九年五月二十日発行）の二頁紙面には、そこに働く労働者の車掌や運転手をねぎらう記事もあった。

従順なる車掌運轉手　去月二十九日より三十日に亘りて、東京市内の電車が終夜運轉をなしたるは前號に報ぜり、彼等の劇務は尚これに止まらず、本月一日より七日に至る靖國神社大祭の爲め、毎日早朝より深夜に至る迄乗客頗る多く車掌運轉手等の多忙なること實に人をして氣の毒の感を起さしめき。

△然るに會社は如何なる方法を以て彼等を慰勞したるか、これ何人も聞かんと欲する所なるべし、今街鐵の一例を示せば、終夜運轉慰勞の酒肴料は一人前二十錢、本月初めの多忙期間は缺勤を防ぐ爲め缺勤者に對する減給を倍加したるのみなりと云ふ、車掌の語る所によれば市中の雜閙甚しき時は、速力も弱め、停車も多きを以て點數（回數と距離により算出する勞働の高）は平素の七割位なり從て賃銀は減少す、加之常に滿員となり仕事の苦痛は平日の比にあらず、危險さへ多きに會社は少しも顧る所なしと。

彼等は平素も其劇務の爲め健康を損じ、日一日と貴重なる生命を短縮しつゝあるに、一朝多忙の時期に當りては殆んど見るに忍びざるの酷使に甘んぜざるべからず、嗚呼、從順なる勞働者よ、諸君は何時迄か斯る虐待に耐へ得べきぞ。

また電車運賃の値上げ問題が、表沙汰になるより以前のこと。「光」第4号（明治三十九〔一九〇六〕年一月一日発行、一頁）には、「運轉手を憐れむ」なる詩が掲載された。作者は「一讀者」。

鞭の響に我が胸の　破れしことも幾ぞ度
悲しき駒のいななきを　再び聞かぬ嬉しさに

乗りてめぐれば街電車　實に心地よき早さかも
内なる人はほゝえみて　ひとりたのしく見ゆれ共
見よ戸の外に梶とりて　雪に時雨に夏の日も
呼びて疲れて休む日も　眠る間もあらぬ労働や
かくても道は明らけたる　人道の世といふか君
老いも若きもおしなべて　雇の名こそ悲しけれ
彼につとめの長時の　鞭より痛き制限あり
彼に得堪えぬ労働の　駒より深き怨恨あり

鉄道馬車から電車に移り変わろうとしている時期。運転手に対する憐れさを歌にしている。運転手は風雨風雪に耐えて仕事に従事した。それは馬に打つ鞭よりも痛い労働だった。

初期の電車の運転台には、前面に窓がない。床板から運転制御装置がつく高さ九〇センチほどの、ダッシュボードがせり上がっているだけ。また、乗客の乗降口が運転台と同じ位置にあり扉がない。屋根は客室からひさしが伸びているだけ。完全な開放運転台だった。雨の日も風の日も吹きさらしの状態だった。冬の日には運転手は真綿の腹掛けをし、首から手袋を吊して運転をした。それでも一往復で手足の感覚がなくなり、ときには運転を取りやめることもあったという。

二軸四輪の単車で運転台に風防窓がつくのは、東京電車鉄道、東京市街鉄道に次ぐ三社目、明治三十七（一九〇四）

年十二月八日に開業した東京電気鉄道の車両からとなる。「運轉手を憐れむ」と同じ時期、巷では「東京地理教育　電車唱歌」[41]が流行なっていた。明治三十八（一九〇五）年十月一日に初版が発行された。当時の東京人気に拍車がかかった。翌年七月五日まで九版を重ねた。歌詞には日比谷からぐるりと巡り、靖国神社に至る車窓に映る東京の風景が織り込まれた。全五十二番まで続く。「運轉手を憐れむ」の詩を「電車唱歌」のメロディで口ずさむと、なんとなく当てはまる。もしかしたら作者の「一讀者」は「電車唱歌」を意識して、替え歌として作ったのかもしれない。

電車運賃値上げ反対の問題をまとめていて、一つの大きな疑問にあたった。資料には何回も「兇徒〇〇罪」「兇徒〇〇事件」という言葉が出てくる。ただ、「兇徒」に続く言葉が「嘯衆」「嘯集」「嘯聚」「聚集」「聚衆」というように、資料によって五種類の表記があった。なぜ、たくさんの言葉がばらばらにあるのか。辞書をひいた。

正しくは「兇徒聚衆罪」だけで、ほかにはない。「きょうと・しゅうしゅう・ざい」と読む。明治十五（一八八二）年一月一日施行の旧刑法で、多人数の集団的な暴動を称した罪名のこと。自由民権運動弾圧のために制定された。多くの人数を集めて暴動を起こして官吏を強迫したり、官吏の説諭に服さないで、人を殺害し家屋などを破壊、焼失した罪をいう。なぜ五種類の表記があるのかわからない。

(2) 市民と会社

最初に挙げた「社会党ラッパ節」の歌詞は、唖蟬坊の息子添田知道による『演歌の明治大正史』（一一七頁）に記載されている。しかし、同じ知道の『流行り唄五十年』（五六頁）に載る「社会党ラッパ節」は、少し歌詞が違う。

あわれ車掌や運転手　十五時間の労働に
車のきしるそのたンび　我と我身をそいでゆく　トコトットット

つらい勤めも金ゆえの　車掌や旗ふり運転手
月給はいつも居すわりで　高くなるのは株ばかり　トコトットット

轢けばひいたで罪を着る　止めれば止めたで遅くなる
どちら向いても攻撃の　中に車掌は板ばさみ　トコトットット

昭和三十年発行の『流行り唄五十年』の「社会党ラッパ節」では、歌は右の三節から始まっている。対して昭和三十八年十月発行の『演歌の明治大正史』の「社会党ラッパ節」では、歌詞の最後に「あはれ車掌や運転手〜」が一つあるだけ。同じ知道が著していながら、あとに出版された『演歌の明治大正史』は、なぜ歌詞を二節省いたのか。

「光」に載った「社会党ラッパ節」には、抽象的な投稿作品が多くみられる。そのなかで、具体的に電車を題材とした右の三節は、ことのほか目立つ。じつはこの三節の歌詞は、唖蟬坊が作ったもう一つの歌、「電車問題・市民と会社」に大きく結びつく。歌詞を『演歌の明治大正史』（一一五頁）から見てみる。「市民」と「会社社員」の対話形式で進められている。

唖蟬坊が不知山人の名で作った。「社会党ラッパ節」と同じく「ラッパ節」の替え歌としてうたわれた。

（市民曰く）
天下の公道を利用して　不当の暴利を占めながら
尚飽き足らで嘘をつき　値上げするとは太い奴　トコトットット

（会社曰く）
雨の降る日も風の夜も　あちらこちらへ乗りかへて
広い市中を乗り廻し　それで四銭じや安過ぎる　トコトットット
（市民曰く）
勝手なむだ口きくよりも（牟田口は社長）　外国（よその）電車の例を見よ
安くて広くて清潔で　人をひき殺すこともない　トコトットット
（会社曰く）
我利々々亡者と呼ばれよが　詐偽よ泥棒と譏（そし）られよが
痛くも痒（かゆ）くもありやしない　金になりさへすればよい　トコトットット
（市民曰く）
市民の権利をふみつけて　すむと思ふか間抜ども
なんぼ大きな会社でも　市民を除けば客はない　トコトットット
（会社曰く）
三社合同したからは　もはや動かぬ大資本
素直にして居ちや癖になる　ぐづぐづぬかせば又上げる　トコトットット
（市民曰く）
市民が不乗総同盟　すれば会社は立ち行かぬ
会社がぶつ潰れりや汝等も　可愛い妾を囲はれぬ　トコトットット
（会社曰く）
反対なんぞと騒いでも　まるで蚊の泣く様なもの
七十五日が関の山　実に市民は馬鹿ばかり　トコトットット

（市民曰く）
弥次馬さわぎや投石が　なくなりゃ其儘泣き寐入り
などと市民を馬鹿にする　はら（内相原敬）の憎さよ愚かさよ　トコトットット
（会社曰く）
何のかんのと騒いでも　金の力は強いもの
去れよ弱虫めくら共　汝等の名は市民なり　トコトットット
（市民曰く）
不義の暴富を鼻にかけ　時を笑顔のでくのぼう
金の奴隷よ意気地なし　汝等の名は社員なり　トコトットット
〇
狭い車内へドシドシと　無闇に客をつめ込んで
歳暮の鮭ではあるまいし　つるへぶらんこさしておく　トコトットット
〇
つらい勤めも金ゆゑの　車掌や旗ふり運転手
日給はいつも居据わりで　高くなるのは株ばかり　トコトットット

歌詞の三節目「勝手なむだ口きくよりも（牟田口は社長）」は、牟田口元学のこと。東京馬車鉄道の時代、明治二十四（一八九一）年五月の臨時株主総会で、それまでの谷元道之社長が辞任。副社長の牟田口が新社長に就いた。以来、東京電車鉄道会社から三社合併後の東京鉄道会社を経て、明治四十四（一九一一）年八月の東京市営化まで、二十年にわたり社長を歴任した。

最初に掲げた「あはれ車掌や運転手〜」「つらい勤めも金ゆえの〜」「轢けばひいたで罪を着る〜」の三節の歌詞がある。どちらかというと「社会党ラッパ節」よりも、「電車問題・市民と会社」の方が、あてはまるような感じがする。ただ、先の三節は互いの意見、各々への批判を主張しているわけではない。電車会社に勤める者の哀れさや悲惨さを切々とうたい上げている。そのため「市民」と「会社社員」の対話形式で進められる「電車問題・市民と会社」に含めなかったのか。『演歌の明治大正史』の歌詞のなかでも、「つらい勤めも金ゆえの〜」は「狭い車内へドシドシと〜」とあわせて、一連の対話のあとに「○」で仕切られている。本編とは別に、付録的な扱いをしているようにも見受けられる。

問題の三節「あはれ車掌や運転手〜」「つらい勤めも金ゆえの〜」「轢けばひいたで罪を着る〜」は、ともに、機関紙「光」に掲載された投稿作品。投稿作品二十五節のうち電車を題材にした三節となる。唖蟬坊は「社会党ラッパ節」同様に、投稿作品から一つを抜き出して「電車問題・市民と会社」に入れ込んだ。

ではなぜ「電車問題・市民と会社」に見合う歌詞を「社会党ラッパ節」に入れていたのか。

もしかしたら唖蟬坊は、はじめ、電車会社の社員の苦悩する歌詞を「社会党ラッパ節」に含めていた。のちに事件が拡大し、独立した対話形式の「電車問題・市民と会社」を作り上げたのかもしれない。あくまでも憶測の話。その違いは、冒頭であげた、『流行り唄五十年』と『演歌の明治大正史』では歌詞が違う、という問題ともかかわってくる。『流行り唄五十年』(昭和三十年発行)に「電車問題・市民と会社」は収録されていない。「ラッパ節」に併載して、タイトルなしの「社会党ラッパ節」を加えた。そのため「あはれ車掌や運転手〜」「つらい勤めも金ゆえの〜」「轢けばひいたで罪を着る〜」の三節は、タイトルなしの「社会党ラッパ節」に収めた。しかし、『演歌の明治大正史』(昭和三十八年十月発行)には、独立した「電車問題・市民と会社」が収録された。そこで「社会党ラッパ節」には、ひときわ哀愁漂う「あはれ車掌や運転手〜」を加えただけにしたのかもしれない。二冊目を著した知道の意識が、八年を経てより明確になった結果のあらわれのようにも思える。

それでは「電車問題・市民と会社」は、いつ頃に作られたのか。答えは、歌詞のなかにあった。二節目の（会社曰く）に「〜それで四銭じゃ安過ぎる」とある。乗車賃が三銭から四銭に値上げするのは合併と同時。会社は四銭でも安いといっている。また六節目の（会社曰く）に「三社合同したからは〜」と合併が過去形で示されている。三社が合併するのは、明治三十九（一九〇六）年九月十一日のこと。さらに七節目の（市民曰く）にある「市民が不乗総同盟〜」は、日本社会党の有志らが八月初旬から取り組んだ、ボイコット運動「乗らぬ同盟」のこと。

以上のことから歌は八月以降、九月十一日の三社の合併前後に作られたと思われる。「社会党ラッパ節」よりも後に作られたという結果が導き出せそうだ。

ただ、『日本の革命歌　増補改訂版』を見ると、「電車問題・市民と会社」は、「社会党ラッパ節」より前に作られたと記述している。

一九〇六年（明治三十九）三月の東京市電値上げ反対運動でした。これは市内を走っていた三つの電車が会社を合併し、乗車賃を値上げしたことに憤激した市民が立ち上がったもので、『ラッパ節』は早くもこの動きをとらえて『電車問題・市民と会社』として、次のように歌っています。（略）その反対闘争は、日比谷における市民大会、そしてデモから電車の焼打ち事件と非常な盛り上りをみせ、遂に軍隊まで出動してやっと鎮圧するという大きなたたかいになりました。この『ラッパ節』の発展の基礎となったのは、民衆のたたかいの力であり、この力はやがて唖蟬坊という専門家の思想をも変化させて、『社会党ラッパ節』が生れることになるのです。

（『日本の革命歌　増補改訂版』二六一頁）

歴史が、これまで見てきた流れと異なる。

まず、「三つの電車が会社を合併し、乗車賃を値上げした」のに対して、三月に「憤激した市民が立ち上がった」とある。しかし、これまで見てきた流れからすると、三月の時点では、まだ合併も値上げもしていない。三月の初めに三電車会社が「運賃の値上げをしますよ」と発表。対して、すぐさま反対運動が起きる。会社側の「値上げ」申請は却下される。そして「早くもこの動きをとらえて『電車問題・市民と会社』」を作ったと記述されている。さらに「軍隊まで出動してやっと鎮圧」としている。原敬内相が寺内陸相に軍隊出動を要請するのは、九月五日からはじまった松本道別主催の騒擾事件のときのはず。

また、民衆の「力はやがて啞蟬坊という専門家の思想をも変化させて『社会党ラッパ節』が生まれる」とある。啞蟬坊は値上げ反対運動を起こした民衆に、感化されて思想を変化させたわけではない。日露戦争に向かって進もうとする流れのなかで、啞蟬坊は反体制となる非戦論という立場を知った。そして社会主義、堺利彦を知って「社会党ラッパ節」をまとめるに至る。啞蟬坊のその表現は、それまでの自身の戦意昂揚歌を、否定したうえでの成果だったはず。

以上のことからも、「電車問題・市民と会社」が作られたのは、早くても三社の合併が認可され、電車賃が四銭均一になると決定し、ボイコット運動が始まった八月上旬。もしくは実際に三社が合併し、運賃が四銭に値上げした時期と考えられる。

さらに知道の資料にあった。

東京市で、電車会社が三社で競争していた時代で、乗車賃を三銭から四銭に値上げしようとした。その申請が却下されたあと、値上げをかちとるために競争し合っていた三社が、東電を加えて猛運動をして成功した。これで日比谷に値上げ反対の市民大会が、電車焼打ち事件にまで発展したが、このさわがしい時には、市民と会社の対話形式のラッパ節になった。（『演歌師の生活』一〇〇頁）

「市民と会社の対話形式ラッパ節」とは、まさしく啞蟬坊の「電車問題・市民と会社」のこと。この「ラッパ節」が「電車問題・市民と会社」になった「さわがしい時」が問題となる。反対運動が盛り上がりをみせるのは、明治三十九（一九〇六）年の三月と九月の二回。文章では、値上げの「申請が却下されたあと」での「電車焼打ち事件にまで発展」

する「さわがしい時」としている。申請が却下された三月二十三日以降、電車が焼き打ちにあうのは九月五日。「さわがしい時」は、九月五日の値上反対市民大会になる。やはり、八月下旬から九月上旬の頃、特に九月五日前後に作られたとみるのが自然だろう。

『唖蟬坊流生記』の巻末に、唖蟬坊の年譜がある。「演歌作品抄」の明治三十九（一九〇六）年の項に「社会党ラッパ節」はあるが、なぜか「電車問題・市民と会社」のタイトルがない。

「電車問題・市民と会社」は、『流行歌明治大正史』（二三二頁）にも収録されている。しかし、いちばん最後の歌詞は「社会党ラッパ節」の「名譽々々と煽てあげ　だいぢな伜をむざむざと　砲の餌食に誰がした　もとの伜にしてかへせ」になっている。

これの歌詞は「社会党ラッパ節」のなかでもかなり思想的な色が濃く、読む人、聞く人にインパクトを与える。「電車問題・市民と会社」の事件とは、まったく関係がない。では、なぜ唖蟬坊は『流行歌明治大正史』の「電車問題・市民と会社」の歌詞末に「名誉々々とおだてあげ～」を含めたのか。

一つ言えることは、『流行歌明治大正史』の初版が出版された時代背景にあると思われる。『流行歌明治大正史』は昭和八（一九三三）年十一月に発行された。この年の二月には作家の小林多喜二が拷問により虐殺。三月には日本政府が国際連盟を脱退した。軍隊の動きは活発化し、日本の方向性が決定づけられていく。そういう時代に「社会党ラッパ節」のタイトルやそのままの歌詞では、到底、本に記載できるはずがない。発禁は目に見えている。そこで強烈な意味あいを持つ「名誉々々とおだてあげ～」だけでも後世へ伝えるべく、「電車問題・市民と会社」を隠れ蓑として忍ばせたのかもしれない。

(3)「高島炭礦の惨状」

「光」第13号に発表された「社会党ラッパ節」の全二十五編。なかには、電車の運賃値上げ問題のほかにもう一つ、具体的な事象にからんだ歌詞がある。

二十五編のなかに、特定の地名が盛り込まれている作品が二編ある。一つはアメリカの「ロッキー山下の民主國〜」[42]、もう一つは、日本の長崎。東京から直線にして約九六〇キロの距離にある長崎。さらに先の離島、軍艦島の名で有名な端島の隣、高島にある炭坑[43]がうたわれていた。

高島炭坑の惨死人、一人あたまが五十圓、
塵やあくたと棄てられる、人の命は安いもの　トコトットット

外国はアメリカの「ロッキー山下の民主國〜」を省いても、二十四編のうちの一編。ではなぜ、二十四分の一が長崎なのか。しかも長崎は東京から遠く離れた、日本の西の果てにある。なぜキーポイントとして「社会党ラッパ節」の歌詞の一つが、長崎の離島、高島の炭坑なのか。九州、長崎、高島でなければならない、特別な理由があったのか。

高島の炭坑の歴史を遡ってひも解いてみる。

江戸時代、元禄八(一六九五)年[44]のこと。肥前平戸の領民五平太が高島の広磯で黒い石を発見した。野焼きをしていると引火して燃え出した。五平太は石炭を領主に献上、炭穴を開き採掘を始めた。

享保元(一七一六)年、領主深堀直営の採掘が始まった。さらに本藩佐賀鍋島の知るところとなる。文化十四(一八一七)年頃には、佐賀藩の直営となった。天保年間(一八三〇〜四三)、立派な粘結炭であるとして、中国地方や四国地方の製塩に利用された。相当の生産高を記録した。

時代は江戸から明治へと移り変わる混乱のまっただ中。慶応四年の閏四月十三日〈一八六八年六月三日〉に、佐賀藩肥前藩士の松林源蔵が、長崎にいたトーマス・グラバーと共同経営の契約を結んだ。高島に合弁会社をつくった。

明治三（一八七〇）年八月七日には、会社の経営をオランダ商会が肩代わりすることに。そして明治四年十一月十四日〈一八七一年十二月二十五日〉、廃藩置県に続く第一次府県統合で伊万里県の管轄となる。明治五年一月、旧深堀領が伊万里県から長崎県に統合され、長崎県の直轄下に置かれた。

明治六（一八七三）年九月、日本坑法令が公布。政府は石炭の活用を重要視し、採掘権の中央集権化を図る。明治七年一月十六日には国が買い上げ、官営の工部省鉱山寮の直轄に。さらに十一月十日には、後藤象二郎の蓬莱社に払い下げられる。明治十四（一八八一）年三月三十一日、今度は、後藤から岩崎彌太郎の三菱に譲渡された。

以後、三菱経営下の高島炭鉱となる。昭和六十一（一九八六）年十一月二十七日の閉山まで、一〇五年にわたって続いた。明治時代初期の急速な移り変わりを見ることができる。

炭坑の島、高島には明治時代「鬼が島」の通称があった。筑豊の者たちでさえ、高島の名を聞いただけで身を震わせた。

当時、高島炭坑では旧来の請負制を踏襲した、納屋制度が脈々と受け継がれていた。納屋頭が坑夫の募集や管理をする。賃金の中間搾取や苛酷な十二時間に及ぶ労働などが問題になった。

炭坑会社と坑夫との間に、直接の関係はない。坑夫の賃金は、炭坑会社が納屋頭に一括で支払われた。さらに納屋頭は、賄賂や需要品、前借り金などを差し引いた上で坑夫に払った。上前を跳ねられ、坑夫たちが受領する金額は、曖昧で不明朗だった。

坑夫は誘拐同様の手段で雇い入れられた。しかし、奴隷的な労働をおそれ、長崎近郊ではなり手がない。遠く京阪神地区から、九州鉄道や佐世保の人夫だと嘘をついて連れてくることもあった。肉親は高島行きをやめさせるように努めた。それでも「行く」とふり切るときは、今生の別れと水杯で惜しむこともあった。一度、島へ渡ると二度と帰れない場所、それが高島だった。

坑夫たちの絶望的な反抗は、暴動という形で繰り返された。新聞紙上を賑わしたこともあった。特に明治初期から中頃まで、抗夫虐待や賃金値下げに反対する暴動は、絶え間なく続いた。

▽明治三年三月三日〈一八七〇年四月三日〉 日雇い坑夫数百人が、賃金の引き下げに激昂して人夫頭を襲撃。

▽六月十九日〈七月十七日〉 合理化による失業不安が高まり、坑夫三百から四百人が浜辺に集合。異人部屋や機械などを破壊して逃亡した。

▽明治五年十一月十六日〈十二月十六日〉 坑夫二百人が社員、外国人技術者に迫り、監督者を襲撃する暴動事件が発生。死傷者が出る。

▽明治六(一八七三)年二月中旬 坑夫四百人が暴動を起こし家屋を破壊、死者四人を出す。「新聞雑誌」第八一号(三月発行)が報じた。

「二月中旬長崎高島炭坑の職人共沸騰し、数百人を嘯集し、家宅を毀ち、其他暴動に及びしに付、官員邏卒出張の上、雇人の洋人ポットル一同種々説諭を加へ、二、四日を経て漸く鎮静に至り即死一人手負四人、又一、二日を経て死せる者二人、浜辺に傷きたる死骸二人あり、巨魁の者三十名許りは脱走して、今に行衛相分らざるよしなり」(『三菱高島炭砿労働組合十年史』二頁)

▽明治七年 囚人による労働が始まる。

▽明治八年十二月四日 ガス爆発で四十人が死亡、三十一人が負傷する。

▽明治九年八月頃 原因不明の怪火により坑中で出火。

▽明治十一(一八七八)年二月頃 暴動が発生。

▽七月二十七日 それまでにない暴動が起こる。賃下げに反対した二千人以上の坑夫が立ち上がり、巡査に暴行。炭坑本局へ乱入した。八月九日付の「東京日日新聞」が伝えた。

「坑夫等はにわかに走り立ち、木石を投げ、棒を提げ、巡査をおっ取り込めて数人に疵を負わせ、勢いに乗じて鯨波（とき）を作り、我先にと炭坑本局に乱入すれば、局員等は防ぐ術（すべ）なし。いずれも船に打ち乗りて島を立ち退きたり」（『ニュースで追う明治日本発掘 2』一九六頁）

翌二十八日には暴徒の勢いが盛んになるなか、六十余人の巡査が高島に上陸。納屋頭宅への乱入を阻止した。二十九日の朝には百人余を捕縛し、三十日に沈静化。

▽明治十三年四月四日　ガス爆発事故で四十七人が死亡。

▽十一月四日　坑夫数百人が三か月余の不払い賃金の支払いを要求したが拒否され、暴動を起こす。社宅、事務所、雇外国人住宅など十七戸を破壊し坑内へ放火。騒動に紛れ、島を脱走する者も。

▽明治十四年三月　経営が三菱に移る。

この頃までは、囚人も坑夫として使役していた。納屋制度のもとに、狭い家屋に坑夫を押し込め、中間搾取を繰り返すばかり。その虐待は監獄部屋と変わらなかったという。

▽三月　暴動が発生、死者七人。

▽明治十五（一八八二）年八月　坑夫による賃金一人当たり二十銭から三十銭に賃上げ要求。一部が達成され妥結。

▽十月二十六日　解散した一部納屋が坑夫の前借金を棒引きしたため、別の納屋の坑夫も前借金の割引を要求。納屋間の対立に至り騒擾が発生、二十人負傷。納屋頭が鎮圧する。

▽明治十六年九月二十四日　坑夫数百人がにわかに蜂起して騒擾発生。鎮圧の際、死者七人。

▽明治十八年十一月　地元の抗夫が、外部からの抗夫雇入れによる賃金減額に反対し紛議が発生。妥協解決する。

▽同年　赤痢や腸チフスなど伝染病が流行。高島炭坑内では坑夫八百七十五人が死亡する事態に。

▽明治十九（一八八六）年一、二月　痘瘡が流行。坑夫の労働条件がさらに悪化する。

他にも大なり小なりの、たくさんの争議がなされたことだろう。ただ、争議といっても当時は「判然とした団結と、統一した行動、指揮系統は無く、いわば一揆的なものであり、むしろ圧政に耐えかねた労働者の自衛の暴動と見るのが正しい」(『三菱高島炭砿労働組合十年史』一頁)ようだ。この時期、まだ労働運動にはなり得ていない。ストライキが自衛暴動という形で表わされた。

そんな高島炭坑の労働問題がクローズアップされたのは、明治二十(一八八七)年十一月のこと。福岡の国権派日刊紙「福陵新報」[45]が、高島炭坑坑夫の処遇を問題視した。「福陵新報」の記事は「大阪日報」など複数の新聞に転載。発刊間もない「東雲新聞」[46]でも紹介された。「東雲新聞」は明治二十一(一八八八)年二月十六日、十七日の紙上で、「福陵新報」の「高島炭坑々夫の惨状」を掲載、その後に発表される記事の原型をなすことに。四月には、国粋主義系の政治評論団体、政教社が結成され、同時に雑誌「日本人」[47]を創刊。第6号(六月十八日発行)で松岡好一の潜入体験手記「高島炭礦の惨状」[48]を五頁にわたり掲載した。壮絶なその内容は、高島炭坑の労働問題を日本全国に知らしめることになる。国民にショックを与え、全国的にセンセーショナルを巻き起こした。

ちょうど明治二十年の十二月二十五日、東京では自由民権運動の防御策として保安条例が制定された。翌日から自由民権派の人物五百七十人が、皇居三里(約一一・八キロ)以遠に退去させられた。そんな時期だった。

「日本人」主筆の三宅雪嶺は、三菱資本を厳しく非難した。

欧米の奴隷は異邦人よりなりしが、奴隷禁止のわが国において、同邦人、同種族を奴隷とするものあるは、そも何の怪事ぞや。(『長崎労働組合運動史物語』四七頁)

「日本人」第7号(明治二十一(一八八八)年七月三日発行)に雑報を掲載。一号おいた第9号(八月三日発行)では、「高島炭坑」を特集。のち第14号まで次々に特集を組み込んだ。

雑誌「日本人」は、人道的見地から坑夫救済を呼びかけた。「東京日日新聞」「東京朝日新聞」「時事新報」など各新聞も取り上げ、社会問題としてクローズアップされた。

ほどなくして「日本人」で特集を組んだ一連の高島問題は、さらに大きな物議をかもすことになった。

明治二十一（一八八八）年七月十七日、「朝野新聞」の犬養毅は福岡、熊本、佐賀、長崎を巡遊する友に同行して、九州に向かった。自身の病気療養と、会社の地方産業視察を任とした。新聞を賑わしていた、高島炭坑の調査報告を第一に考えた。犬養は八月九日に高島へ渡った。そして四十一日間の旅から帰ると取材記事にまとめた。「高島炭坑の実況」[49]を、八月二十九日から九月十三日まで連載した。

「余が記事は事実の最も正確なるものと信ず」と前置きした十一編にのぼる長文の報告記は、高島炭鉱の惨状を否定。松岡らの体験手記に反ばくするものだった。

「世評の如き酷烈の弊害ありというにはあらず、世評の非難するところは往々過大に失し、事実に違いたるところ多し、とわが輩は観察せり。惨状論者のいうところは、単に人を非難するに急なるがため、往々事実を誤伝したるところ多し。圧制あらば巡査派出所に圧制に関する訴えあるべきはずなのに、未だかってその訴えをなしたるものあらざる由を考えれば、かかる風説は全く無根の説たることを知れり」（『明治百年　長崎県の歩み』一二二頁）

犬養は、松岡好一などの体験を真っ向から否定した。三菱に近い「朝野新聞」は、「日本人」や「東京日日新聞」などとは、正反対の論調を打ち立てた。さらに「郵便報知新聞」も、犬養と同様の記事「高島炭坑視察録」を、十月十日から十三日まで連載した。

松岡は、犬養の記事を三菱の代弁ではないかと憤る。三宅雪嶺らを介添人に立て「正義に対する最後の決を、刃をもってとるべし」と、犬養に決闘状を突きつけた。犬養毅は「朝野新聞」紙上で反論した。

決闘騒ぎは、本来の納屋制度に対する問題提議を欠いた。話題はあらぬ方向へ拡大した。

松岡と犬養の決闘騒ぎと前後して、黙っていた政府が登場する。

明治二十一(一八八八)年八月十六日、内務省が真相究明に乗り出した。警保局長の清浦奎吾をはじめ、長崎控訴院検事長や検事、三池集治監典獄、長崎県警部長、警察署長らを高島に派遣、調査活動をはじめた。そして、結果を炭坑幹部に厳重に警告、九項目の改良を求めた。

(1)納屋頭が坑夫を賃金を偽り甘言で誘ってはならない。(2)坑夫の負債を償却するため積金補助制を考える。(3)納屋頭が不当に高く坑夫に物品を売付けないよう炭坑社が監督する。(4)納屋頭と坑夫間の帳簿を正確にする。(5)炭坑社より納屋頭に対する決算は1年3回を改めて一か月ごとにする。(6)坑夫の故郷との音信を親切に、親族の面会も容易にする。(7)帰郷のための旅費積立てをする。(8)坑夫の徳義心を養成する。(9)雇入れ坑夫の戸籍を作成する。(『三菱鉱業社史』六六頁)

清浦は高島の取り締まりを強化するために県と交渉した。警部を島に常勤させた。帰京後の九月十三日、清浦は内務省官邸に都下の各新聞記者を招き「視察報告」を発表した。高島問題は一応の決着をみた。

しかし諸問題の根源となる納屋制度は、問題すり替え騒動のあとも続いた。明治三十(一八九七)年十二月になって、ようやく改められた。それまでの納屋制度は廃止された。坑夫の諸般は炭坑会社と直接行なわれるようになった。

高島をうたった俚謡がいくつか残っている。労働問題に関連する歌を見つけた。

礦山も礦山なら
ガリバーさんの礦山も

汐にほげたら皆殺し（『高島町文化史』六五頁）

タイトルはない。歌詞に続く解説は「明治初年、北溪井坑開鑿當時にうまれたものであろう」としている。「ガリバーさん」とは、スコットランド出身の貿易商人トーマス・グラバーのこと。北渓井坑が開かれたのは明治二（一八六九）年四月。日本初の蒸気機関による立坑開坑だった。

次の詞にもタイトルはない。明治七（一八七四）年十一月から明治十四年三月まで、後藤象二郎が管理していた蓬莱社の時代。坑夫は仕事をしながら、あるいは酒を飲みながらうたった。

金でかためたグラバーさんの納屋も
ひとつ間違やみなごろし
アラショカネ、ショカネ

金でかためたグラバーさんの庭も
炭坑崩れでグーラグラ
アラショカネ、ショカネ

官のお山じや炭坑は立たぬ
もとのグラバーに戻しておくれ
アラショカネ、ショカネ（『花と霜』三七頁）

一節目の歌詞は『高島町閉町記念誌』（平成十六〔二〇〇四〕年十二月発行）に載った「高島節」の五節目の歌詞と同じ。

歌詞は過激でも、現在も歌い継がれているということか。

島と名の附けや何の島もかわい、
まして、まして高島なを可愛い、
アラショカ、ショカネ。

わたしや高島なよ竹そだち、
潮に、潮にもまれてなよなよと、
アラショカ、ショカネ。

わたしや高島の埋れ木娘、
いつは、いつは世に出て炭となる、
アラショカ、ショカネ。

わたしや高島の三五郎さんの娘、
嫁に、嫁にとるなと状が廻る、
アラショカ、ショカネ。

金でかためたグラバさんの納屋も、
ひとつ、ひとつ間違やみなごろし、
アラショカ、ショカネ。

どうしゅか御亭どん、五月の月とん、
孕（はら）まにやよかとん、孕（はら）めば田植の　邪魔になる、
アラショカ、ショカネ。（『高島町閉町記念誌　高島町の足跡』一七六頁）

二節目の「なよ竹」と四節目の「三五郎さんの娘」の意味が、『高島町文化史』に説明されていた。

「なよ竹」の海風に揉まれながら、能くその忍耐強い所を土着人にたとえて謡ったもの、或は三五郎の娘の品の良きを意中にふくめて、却ってその姿体のなよなよしたる処を、謡ったものであろう。

高島炭礦初期百万崎の地に、三五郎という納屋頭があって、その勢力は旭の昇るが如く島中の者から注目されていた。隅々その息女があって三五郎がこの娘を愛すること俗にいう、目の中に入れても痛くないという程で、高島には不似合な衣粧着付けをさせて育てていたので、人々はこれを羨み、且つは三五郎の暴威をきらってこんな謡をうたったものであろう。（ともに『高島町文化史』六五頁）

『高島町文化史』（六三頁）には「炭坑節」[50]が載っている。

竪坑三千尺
下れば地獄よ
野郎やったね
ついに廢坑のドント

土になる
ソコズンズン
ケントカイノアンニヤサン

歌詞に続いて「本村の老婆などが口吟んでいたのを耳にしたが、現在では殆ど耳にしない、したがってその曲もどんな風に謡われていたのかも記憶しない」とある。特徴的な「ソコズンズン、ケントカイノアンニヤサン」に、なにがしか解明する手がかりがあるかもしれない。もう一つ「炭坑節」がある。

朝も三時から　弁当箱下げて　坑内降りるも　親の罰　どんどん（『長崎労働組合運動史物語』四一頁）

いつの時代にうたわれたのかわからない。ただ、「朝夕の入出坑時に、裸体に僅か腰に布をまとったままの坑夫達が、腰に弁当箱をつりさげ、こんな『炭坑節』をうたいながら、大納屋や小納屋（大納屋とは現在の寮の前身であり、小納屋は妻帯者の社宅）などから出入りする姿を見かけ」（『高島町文化史』四四頁）たと伝えている。

長崎で見つけた二つの「炭坑節」。全国津々浦々の炭坑で作られうたわれた歌の総称で、それぞれの土地でうたい継がれていたのかもしれない。

（4）　高島炭坑爆発事故

高島を題材にした「社会党ラッパ節」の核心にせまる。

高島炭坑の惨死人、一人あたまが五十圓、

塵やあくたと棄てられる、人の命は安いもの　トコトットット

じつは高島で、大きな招魂碑をお祀りするほどの、悲惨なガス爆発事故が起きていた。それは、地元長崎市民でもほとんど知ることのない悲しい事故だった。

高島は長崎港大波止ターミナルから、高速船で三十数分の距離にある。平成十七（二〇〇五）年一月四日、高島町は長崎市に編入合併された。桜の名所を地元の人は、「弔祭場（ちょうさいば）」と呼ぶ。その起源は、一大惨事となった事故の慰霊のための祭場にあった。

招魂碑が建つ高島神社[51]は、権現山公園の展望台に近い小高い山の上に鎮座している。招魂碑は、拝殿を正面にみて、境内右隅の奥に建つ。白亜の八代白石で、塔面高が一〇尺（約三メートル）、幅が二尺（約〇・六メートル）、台石高が五・八尺（約一・七五メートル）の大きさとなる。

高く聳える罹災者招魂之碑（著者撮影）

碑の四面に文字が刻まれている。正面の文字は大本山永平寺の第六十四世大休悟由（だいきゅうごゆう）禅師の書による。

「蠣瀬坑罹災者招魂之碑
　勅持賜性海慈舩禅師永平悟由応嘱」

裏面には、東京大学教授で文学博士の重野安繹（しげのやすつぐ）撰、若林常猛（わかばやしつねたけ）書による漢字がぎっしりならぶ。全四百三十文字の碑文を写す。文頭の題目と文末の日付、撰者と書者の名前を除く本文は、途中四行目と最後の行を除い

て一行四十五文字、計九行にわたり記されている。

「蠣瀬礦罹災者招魂陰記
嗚呼炭礦爆発之惨忍道之乎哉天歟命歟人事之至此其誰不惻□（判読不明）痛悲継之以流涕長大息者歟三菱合資会社
拓炭礦于肥前高島也業務日隆産出歳増工役夫日夜従採掘者常数百千人何料天降災厄今茲三月二十八日
其蠣瀬礦者俄然火気爆発煙燄塞竇執事於礦中者遁走不暇赴救無力相枕藉而死盖三百有七人云於是社長
岩崎君久彌礦長大木君良直等收瘞遺骸惟謹撫恤族眷惟勉以欲使死者無憾存者有慰事達
宸聴特遣侍従來察其状且賜優恤資四方聞者亦寄弔詞或贈金幣以表哀悼之意乃卜六月十日新営祭場於山
腹堂広六間裏二十間設壇於奥室中央樹一大卒堵婆置霊牌於前綴幃四垂紫幄高張香花氤氳鐘鼓鏗鎗儀飾
極為荘厳導師皓台寺王仙師率法徒数十人読誦経呪以追弔霊魂是日会者死者遺族及長崎県知事以下地方
諸子凡五百余人各致虔敬粛然愾然修善追福之誠不覚襟袖白濡矣死者而有知其亦可以瞑歟又建碑於其地
請永平寺悟由師題其面玉仙師書偈於左側且來請碑陰記於予予不敢辞也愀然援筆叙其梗概如此
明治三十九年七月　　正四位勲三等文学博士　　重野安繹撰　　若林常猛書」

右側面には、長崎市寺町にある皓臺寺（こうたいじ）の第二十七代住職、金峰仙の漢詩が刻まれている。

「無端業火逼人天　蠣瀬坑既惨憺烟
三百七名呼不答　子規啼過月正圓
丙午夏日　皓臺寺金峰仙并題」

「子規」は、夏の季語の「ほととぎす」、三行目の「丙午（ひのえうま）」は十干十二支で明治三十九年のこと。金峰仙が文をしたためたのは、事故半年後の明治三十九年夏ということになる。裏面碑文と同じ頃になろう。

左側面には「明治四十年三月建之」と刻まれていた。

高島炭坑の蠣瀬坑は、明治三十四（一九〇一）年に二つの立坑が開坑、操業をはじめた。明治三十九（一九〇六）年三月二十八日の朝、[52]大爆発とともに坑口から炎が立った。黒煙を吐き出した。坑内施設のほとんどが崩れ落ち、三百七人の入坑者全員が死亡した。十二時に鎮火が確認され、十四時には捜索に着手し入坑。長崎県は保安課長、巡査二十余人、医員、看護婦数人、梅香崎警察署長らを派遣した。

この日は旧暦で三月四日にあたる。爆発は、節句の祝酒に酔った者のタバコの火の不始末か。それとも安全灯の破損か。原因は不明としている。

「高島坑瓦斯爆発ニ係ル臨時報告」の第一報が伝えた。

「今回爆発ノ原因ハ入坑員全部ノ死亡ニ依リ何等推定ヲ下スコトヲ得スト雖トモ其場所ハ今日迄探見ノ模様ニ依レバ十八尺層二卸ノ下部ニ於ケルモノノ如シ」。（『三菱鉱業社史』二五八頁）

地元長崎の「東洋日之出新聞」[53]は、事故翌日三月二十九日の第一報以降、続々と伝えた。

高島炭坑の大爆發　生死不明者二百五十餘名

昨日午前九時五十九分三菱所有港外高島炭坑蠣瀬坑内に於て突然瓦斯爆發なし坑口よりは盛んに黒煙を噴出して坑員必死の防禦も其効なく折柄入坑採炭中なりし社員三名、坑夫二百三十二名、其他二十餘名都合二百五十餘名は突嗟の大爆發に逃げ出す猶豫もなく生死不明に陥りたりとの慘報高島分署より縣第四部に達したれば救助の爲の不取敢宮村保安課長は巡査二十餘名と醫員、看護婦等數名を率ゐ梅署よりは署長江口警視等三菱炭坑社の小蒸汽船にて現場に急行したるが猶一面福岡鑛山監督署にも電話を以つて照會するなど第四部は今後の救助手段等に就いて非常の混雑を極め居れりと何様近來の椿事と云ふべく精探の上詳細は次號にて報道すべし。

さらに三月三十一日の「東洋日之出新聞」が詳細に報じた。

高島炭坑　爆發詳報

大略は前號の本紙上にて報道せしが今其詳報に接□（判読不明）しこと左の如し

▲白煙濛々　蠣瀬炭坑にては當日も早朝より坑夫入坑して採炭に従事中突然午前九時二十分過とも思しき頃大音響を發しければさてこそ珍事起りたれと坑夫等は一同坑外まで駈けつけたる□（判読不明）坑内瓦斯の爆發の爲に第一のパイジを切斷し同通風機を破損し白焔は第一第二の坑口より盛んに噴出し居れる事とて如何とも手の附け方なく防禦の方法も救助の手段もなくして只だ傍觀して腐心喧騒するのみなりしぞ是非なし、斯くて午前十時二十五分頃稍々下火となりしも再び白焔噴出し午前十一時頃に至り漸次終熄し正午に至り第二坑に於て瓦斯の試驗を行ひたるに使用のランプ消滅せざるに依り全く鎭火したるを確め午後二時頃より入坑捜索に着手せしが坑口より直下の底面に達せしのみにて其他に捜索するを得ず其入坑者の數は三百七人なりしが坑内の爆發とて勿論一人も生存者なく尚入坑の社員にし災厄に罹りし者は技師田島虎衞（三十五）技師補根岸運之助外三名なるが其他の坑夫も悉く坑中に埋められぬるぞ憐れなれ

▲慘憺たる坑内　元來竪坑即ちシヤフトは二ありて各五百尺の地下に合して一となり東西南北に横坑を通じその間には壁もあり煉瓦積もあり車道水管ポンプ板圍ひ等幾多の仕切りある事とて一度何れかのケ處にて瓦斯爆發せんか煉瓦壁板圍ひの差別なく粉碎して跡を止めずこれ迄夕張炭坑その他の例に由るもその附近にあるものは身体紙の如く各處に吹付られて慘憺たる光景を呈し蜘蛛の巣の如くに各方面に延長する坑道は幾哩と云ふ廣さなれば唯一の竪坑口よりして通風し漸次各坑内に波及し全然新鮮なる空気を新陳代謝せしむる容易の事にあらず三百有餘の死体を悉皆收容せん事は思に數日の後なる可きかと云々

▲安全燈の破損乎　瓦斯爆發の原因に就ては如何なる動機に依り發せしものなるか取調中にして未だ不明なるが何分坑内に在りし者は悉く窒息死亡せしを以て原因を取調ぶるに困難なるも多分安全燈の破損より發火せしものならんかとも云ふ或は節句にて祝酒に醉ひしものもありければ彼等が煙草の吸殼を棄て□（判読不明）に原因せしにはあらずやとも云へり

▲慘死者救護の手配　前期の急報に接して派遣されたる赤十字社支部醫師以下藥劑師、看護婦等は坑口附近の平坦なる地上に五間に十間位の縄張りを回らし其中央に戸板を敷詰め其上には救護用の藥品、機械、繃帯用の木綿等山の如く積立て只管（ひたすら）被害者の救助に盡瘁（じんすい）し居りしが坑内にて發見して擔ぎ上げたる被害者は何れも窒息したる者のみにて絶□（判読不明）て蘇生の見込ある者なく又醫師藥剤師並に看護婦の半數は同病院に在りて助勢せしも死体のみなるが故に其實何等の救助看護を施す術なき故遂に半數の看護婦は殆んど休憩同様の姿なりきされど坑内より死体の擔ぎ上げられし時は一應病院に送り身体を洗滌して負傷あれば之に繃帯を施し置き夫々巡査をして警戒せしめたり尚ほ死屍全部の捜査は到底一兩日中に終るべき見込なき由にて實に近來稀有の大慘事なりといふべし。

爆発の翌日、三月二十九日には、早くも「東京日日新聞」が第一報を伝えた。

炭坑爆發（長崎）　今朝六時五十分三菱會社所有高島炭坑中の貝瀬（ママ）炭鑛瓦斯爆發し坑内より黒煙噴出して防ぐに由なく坑内に在りし役員三名、抗夫百三十二名、其他廿一名、總計百五十六名は慘死せしものと認めらる。

速報のためか、爆発の発生時刻や死者の数が違う。三十日には、「東京朝日新聞」が詳報を伝えた。

高島炭坑の慘状を見んため七里の海上を渡り棧橋に着く鐵道線路に沿い遭難現場に向ふ慘死者の家族頻に往復するに遭ふ爆發せし二シヤフトは各五百尺の地下に合して一となり抗のゲーヂを切斷して通風器を損じ漸次一坑より

二坑に火炎を傳へて各坑より盛に噴出し一時火炎の薄弱となるや間もなく爆然たる音凄じく夫れと共に一昇降機は坑内より吹き出され一昇降機も亦要をなさず之より先坑内の抗夫二百二十二名は朝五時入坑し引續き小頭十一名雜役六十九名社員五名計三百七名（此數正確）は坑内に在る事とて通風の手當を爲すも延長數哩に渡る各部は壁、煉瓦、板構ひ一面に破損せしと見え通風の功少く午後に至り二百尺の箇所迄通風し三時までに二名の死體を出せり尚引續き死體を運び出しつゝあり抗夫の中には全身黒焦となり人相不明の者多く死體は入棺又は遺族に引渡し手當は能く行届けり目下猶引續き通風し死體捜索中なるも悉皆引出す迄には數日を要せん、技師の談によれば坑内に生存者なき爲め爆發の箇所判明せざるも工夫（ママ）のランプより發火せしに相違なし先年も一度爆發せし例ありて空氣安全ランプを使用するも誰かの過失にて火の瓦斯に移りしものならん而して復舊工事竣り作業するは一ケ月の後ならんといふ、シヤフト口には遺族集まり子を亡へる親、親を呼ぶ子などの状況酸鼻を極む。

「読売新聞」は、三月三十一日の朝刊で報じた。

高島炭坑の爆發　三百餘名の慘死

一昨廿九日午前六時五十分三菱の所有なる高島貝瀬（ママ）の炭坑内なる瓦斯爆發し三百餘名の慘死者を出したるがさて爆發せし二シヤフトは各五百尺の地下に合して一となる一坑のゲージを切斷して通風機を損じ漸次一坑より二坑に燃移り各坑より盛んに火焔を噴出したる次第にて此日坑夫二百廿二名小頭十名雜役六十九名社員五名都合三百七名早朝より坑内に入り居り咄嗟の間逃出づることもならず遂に無慘の最期を遂げしぞ哀れなる右死体を引出すに就てハ各坑ハ壁、煉瓦、板圍等ハ悉く爆發せし爲め通風の効なく午後に至り二百尺の個所迄通風し三時頃に至り僅かに二個の死体を引出せしのみにて目下引續き捜索中爆發の原因に就てハ未だ判明せざるも瓦斯ハ坑内全体に亘れる事とて或ハ坑夫の燈火が移りしものならんと云ふ。

死亡者数の内訳は、「東京朝日新聞」は坑夫二百二十二人、小頭十一人、雑役六十九人、社員五人の計三百七人。「読売新聞」は、坑夫二百二十二人、小頭十人、雑役六十九人、社員五人の計三百七人としている。計算すると一人少ない三百六人となる。

「時事新報」（三月三十日付）は、長崎二十九日午後の特電のなかに「坑内に在りし工夫二百二十二名、雇い人六十九名、小頭、見習い十一名及び役員五名、都合三百七名のものは今に生死不明にして、一人も坑外に逃げ出せしものなければ、たぶん皆悲惨の最期を遂げたるものならんか」（『明治ニュース事典　第七巻』二八六頁）と伝えている。「読売新聞」の小頭十人は、十一人の間違えと思われる。

三月三十一日には、「読売新聞」と「東京日日新聞」が、二十八、二十九日の公電（官庁が出す公務の電報）を載せた。爆発当日の夕方、事故の一報が内務省に届いたという。

炭坑爆發公電

高島炭坑瓦斯爆發の件に關し長崎縣知事より内務省に着したる公電左の如し

其一　（廿八日午後四時廿五分發）

本日午前九時五十五分縣下高島炭坑の蠣瀨坑内瓦斯爆發坑口より黒煙噴出防禦の手段なく入坑の抗夫約二百三十二人、役員其他二十餘名生死不明の旨特報ありたり

其二　（三月廿九日午後零時四十三分發）

昨日電報したる蠣瀨炭坑内瓦斯爆發の原因未だ不明なるも同坑は瓦斯氣最も多きに付或は安全ランプ不完全の爲か又は誤つて火を失したるに因るか抗外に於ては推定し難し其状況は最初爆發に依り第一坑のケージ切斷し同通風器械は破損して用を爲さず火焔は第一第二の坑口より噴出し防禦の手段を施すに術無かりし昨午前十時二十五分頃に至り稍々火焔薄弱となりしも再發し同十一時頃漸次終熄正午第二坑に於て瓦斯の試驗を行ひ全く終熄したることを確め午後二時頃より入坑し得る個所に向け漸次捜索を行ひ今朝六時迄死体卅七を發見し引揚げたり只今迄の状況に

よれば坑内にありし者は爆發に觸れ或は通風器破損の爲め窒息する等一人も生存者はなかるべき見込坑夫數は全部三百七人にして内社員三名、然して應急修理中の通風器昨午後七時頃より通風を開始したれば救護捜索に多少便宜を得たり。（「東京日日新聞」三頁）

四月一日、長崎の「東洋日之出新聞」が詳報した。

高島炭坑爆發續聞

其後も引續き社員坑夫等總掛りとなり殆んど必死の有様にて修繕工事と入坑々夫の屍体捜索に盡力し居れど一昨三十日までは通風未だ思ふやふならざりし爲め全部の捜索を行ふ能はざりしと▲一昨日午後一時二十分まで□（判読不明）第二坑片盤昺落爆發の個所取片附を終りたるが同時刻までに屍体の發見せられたるものは慘死者三百七名の内漸く六十二名に過ぎざりしと▲發見されたる六十二名の死体中重立つ者は社員田島虎衞、同江副爲作の兩氏を始めとし坑夫小頭屋作要作、大工小頭八坂定市、棹取小頭心得内野全恕等なり▲慘死者三百七名の内家族携帶者は百三十九名、獨身者は百六十八名なり▲慘死者家族の内にては大事の稼ギ人を爆發の爲めに奪はれたるより差詰め今日の衣食に窮し居る向もありて右等の扶助方に就ては目下同社に於て取調中なるが普通同社の坑夫扶助金は百圓内外なるも今回の如き大變事に際しては可及的同社に於ても遺族今後の生計上に便利を與へん方針なるも何分當時大木坑長上京中の事なるより歸島を待つて着手すべき筈なりと▲爰に氣の毒至極なるは客月二十六日入社したる社員黒木彌四郎氏なり同氏は同月廿二日福岡工業學校を卒業して直ちに三菱社に入り高島炭坑蠣瀬坑附を命ぜられて未だ漸く三日目に瓦斯爆發の爲め慘死を遂げたるなりと▲瓦斯爆發状況及び善後策調査の爲め福岡鑛山監督局よりは山口、有吉の兩技師現場に出張中なるが猶ほ一昨日には同局の目黒技師長出張し來れり▲筑前鯰田炭坑主松田武一郎、佐賀縣相知炭坑主坂本恵次の兩氏は現場視察として出張中なり。

記事中「坑夫小頭屋作要作」は「尾崎要作」の間違いと思われる。

三月二十二日に福岡工業学校を卒業した黒木弥四郎は、二十六日に三菱に入社したばかり。高島炭坑蠣瀬抗に配属された。その三日後に悲しい犠牲者の一人になった。

「読売新聞」は、日をあけて四月四日の朝刊に詳報を伝えた。

高島炭坑惨状詳報

高島炭坑其後の状況を聞くに、坑主に於ても全力を擧げて死体の収容に盡せる結果去一日未明までに
△九十八個の死体　を發掘しえたる由總じて斯種の慘事にあつてハ一度び爆發せし瓦斯ハ通風のため處々の空氣稀薄となり再び爆發を演ずるを普通とすれども今回ハ幸ひ老技師坑夫盡力の結果其虞もなく僅かに一坑夫の捜索中誤つて坑底に顚落したるに止まれるのみさて慘死したる兩技師田島、江副兩氏の葬式も既に遺族故舊立會の上滞ほりなく營み濟みとなりたるが最も可憐なりしは
△福岡工業學校學生　黒木彌九郎（ママ）氏にして其死体の遺族に引渡されたる際の如きハ殆ど眼も當てられぬ慘状を呈したりと云ふ斯くて去二日までに發見されたる屍ハ幸ひ腐敗を免がれ居たるも爾來海水の坑内に漏れ出づるもの尠からずと謂へバ今後完全に死体を収容せん事も到底不可能なるべく元來同地の火葬場は規模小なれバ短時日の間に全体の始末を終へんも六ケ敷かるべしとて新たに
△十五ケの竈　を新設したるも尚ほ足らず腐屍は其周邊に堆積せられて悪臭を發するものさへあり坑の内外悉皆復舊するまでにハ尚ほ一ケ月を要すべしと。

入社早々に事故の犠牲となった黒木の名が、「東洋日之出新聞」では弥四郎、「読売新聞」では弥九郎としている。

さらに四月五日、長崎の「東洋日之出新聞」が続ける。

高島炭坑爆発餘聞

▲惨死者の遺族扶助料支給方に就ては目下同社に於て精々取調中なるが多分社員は別とし坑夫に對しては扶助料最高額貳千五百參拾圓より最低額百六拾五圓の間に於て夫々支給すべきやに聞く▲屍体捜索に従事し居る坑夫に對しては特別割増給を行ひ普通の賃外に五拾錢宛を給與し居れり▲一昨日よりは端島炭坑よりも屍体捜索の應援として二十餘名の坑夫出張し來れり▲一昨日迄に捜索せし屍体は最初よりの分を合せて二百餘名に達したり。

新聞は、刻一刻と変化する状況を続けて報じる。「高島坑瓦斯爆発ニ係ル臨時報告」は、四月三日までに遭難者の遺体百六十八体を収容したと伝えた。

「探見ノ状況ニヨレハ遭難者ハ悉ク直接ニ間接ニ爆発ノタメ死ヲ免レサルモノ」と考えられ、全員収容には「何等見込ミ立タサル処ナリ」。（『三菱鉱業社史』二五九頁）

四月十二日には遺族に対し扶助と弔祭料が交付される。同じ四月十二日付「臨時報告」第二報では百九十九体を収容したと伝えている。四月十三日の「時事新報」は、事故の損害額を概算で報じた。

損害額は五十万円に達する模様

高島炭鉱の損害額　過般坑内瓦斯爆発のため数百の人命を失いし高島炭鉱の損害額に就き、当時状況調査のため出張せる小花鉱政課長の報告によれば、何分被害区域も広大なれば、坑内の掃除その他の整理結了の後ならでは明瞭ならざるも、大約五十万円に上るべく、内十万円は惨死遺族の救恤金に充てらるべきものなりと云う。（ママ）

（『明治ニュース事典　第七巻』二八六頁）

さらに同じ四月十三日の「時事新報」は、事故復旧と遺体捜索の急務を伝えた。

二百の死体を発見、復旧工事を急ぐ

高島炭坑復旧工事　十日、高島炭鉱山元より帰京せし三菱鉱山部長南部球吉氏の視察談によれば、今日まで発見したる死体はすべて二百人に達したるが、坑内は危険なお多くして深く進入するを得ず、残部百七名の死体捜索をも遂行するあたわざる次第につき、目下全力を挙げて破損個所の復旧工事を取り急ぎ居れりといえども、このたびの損害は実に非常のものにして、復旧までに二十日を要すべきか一ケ月を要すべきか全く見込みも付かず、従ってこの後の死体発見も思うように捗々しからざるべきにより、自然時日を経過し、折角発見せし死体もその何人たるや判然せざるに至らん、残念ながら目下の所なんとも致し方なき次第なれば、すべての死体発見を待ちてそれぞれ手当をなす訳にも行かず、よって既に発見せし二百名の分は病院に於いて死体を清め、一々検視に付し、かつその年功、等級等の順序に従って最低百五十円より最高二千五百円までの扶助料、及び十五円乃至三十円の埋葬料をそれぞれその遺族に渡し、その他諸所よりの同情扶助金等は、すべての死体発見を待って配附する都合となり居れり云々。なお同氏は一両日中、再び同地に向け出張するはずなりと。（『明治ニュース事典　第七巻』二八六頁）

爆発事故から一か月後の明治三十九（一九〇六）年四月、侍従の日根野要吉が、被害状況を視察するため長崎に向かった。長崎に着いたのは二十六日午前〇時三十六分。そのまま三菱の社宅に入り、午前中には県庁へ。侍従は、御下賜金千円と御沙汰書一通を事務官に伝えた。

午後には高島へ渡るつもりだった。風雨のため翌日に延期となった。

二十七日、侍従は十時出港の汽船大浦丸に乗船、高島へ向かった。馬淵事務官をはじめ、大木炭砿長、青木炭砿社長、南部博士、松永西彼杵郡長、江口警視ほか属官らが従った。十一時には高島の波止場に上陸、炭砿社員や被害者遺族ら一同が出迎えた。江口警視の先導で式場の納涼所に入った。

知事代理の馬淵事務官が、陛下の御沙汰書を朗読する。

「去月廿八日其県下蛎瀬炭坑に於て瓦斯爆発の為め多数の死亡者を生じたる趣、憫然に被思召、聖上皇后両陛下より金千円下賜候条罹災者救恤の補助に充つべし　明治卅九年四月十九日　宮内省」

列席した遺族をはじめ一同が声をつまらせた。遺族総代の根ノ井斤が礼辞を述べた。

「此の恩典に浴したる遺族を始め列席一同悉く叡慮の優渥なるに感泣嗚咽せざるはなし」。

（ともに『炭坑誌　長崎県石炭史年表』一六三頁）

青木炭砿社長が、侍従に災害状況を伝えた。正午、侍従一行は帰りの船に乗る。社員や遺族らは波止場で見送った。一行は船中で昼食をすませ、午後二時、大波止に戻った。任務を終えた日根野侍従は、翌二十八日の午前七時五十二分発の列車で長崎をあとにした。

五月七日の「東洋日之出新聞」が伝えた。

死体発見２１０余名　遺族扶助料十余万円、復旧工事20余万円、原因未ダ不明。（『炭坑誌　長崎県石炭史年表』一六三頁）

六月六日付の「高島坑瓦斯爆発ニ係ル臨時報告」第四報では、六分の五の探索を終了した旨を報じた。二百五十二体が発見収容されたと伝えた。この間に燻臭の濃い個所や発熱のある天井などに、非常用の予備パイプを利用して注入。冷却に成功している。

爆発事故から復旧した蛎瀬坑の様子（『炭坑誌』巻頭口絵２頁）

六月十日の午後二時半から、古遠見に新築した弔祭堂で霊魂弔祭会が開かれた。僧侶が数十名、霊前に荒川義太郎県知事、有志者、岩崎家、南部鉱山部長、各組有志のほか遺族を加え、総勢五百名が出席した。三菱合資会社高島炭坑長の大木義直、荒川義太郎長崎県知事、岩崎男爵、役員、遺族総代らが弔辞を述べた。

七月十一日、捜索工事のかたわら、七、八か所に切羽を加え、事故以来、初めての採炭が開始した。日産は百トンに過ぎなかった。

爆発から一年後の明治四十（一九〇七）年三月二十八日。蠣瀬炭坑罹災者の一周忌大施餓鬼法会が、午後二時から高島の公会堂で営まれた。僧二十一名、来賓として遺族五百余名、知事代理、郡長ほか数名、また社長の岩崎久弥、坑長、支店長が列席した。

先の「蠣瀬坑罹災者招魂之碑」は、このときの建立となる。爆発事故のあった蛎瀬坑の第一立坑と第二立坑は、その後も操業が続いた。大正十二（一九二三）年をもって廃坑となった。

事故の模様は、日本社会党の機関紙「光」も報じた。第11号（明治三十九〔一九〇六〕年四月二十日発行、二頁）で「高島炭坑の大惨事」を伝えている。

三月廿八日午前九時五十五分蠣瀬炭坑に於て瓦斯爆發し、數名の役員と三百名許りの坑夫とを合して三百七名の死者を出せり、

△同月二十九日發長崎縣知事の報告に曰く、瓦斯爆發の原因未だ不明なるも同坑は瓦斯氣最も多きに付或は安全ランプの不完全か又は誤つて火を失したるに因るか坑外に於ては推定し難し、其状況は最初爆發に依り第一坑のケージ切斷し同通風器械は破損して用を爲さず火焔は第一第二の坑口より噴出し防禦の手段を施すに術無かりし昨午前十時二十五分頃に到り稍や火焔薄弱となりしも再發し同十一時頃漸次終熄正午第二坑にて瓦斯の試驗を行ひ全く終熄したる事を確め午後二時頃より入坑し得る個所に向け漸次捜索を行ひ今朝六時迄に死體卅七を發見し引揚たり云々

其後の報導によれば、死體の引上げのみにても數日を要し、引上げたる死體の誰なるやを、識別する能はざる者多く、坑口には遺族相集まりて、號泣し其状見るに忍びずと云ふ。

去月佛國クリエールに於て炭坑の爆發あるや、四萬五千の勞働者は同盟罷工して資本家の反省を促し、議會に於ては當局大臣をして『調査の上會社に過失あらば嚴重に處分すべし』と公言せしむるに至れり、之を日本の現状と比較する時、吾人は益々其任の重大なるを感ずる也。

フランスで起きた、炭鉱爆発事故後の対処を例に出している。また「高島炭坑の内面――三菱会社の亡状」（五頁）と題する記事も組まれた。

去月廿八日、瓦斯爆發の爲め三百餘の人命を奪ひたる、高島炭坑の内面は如何。吾人は、同志加藤留吉君の視察に

より、茲に其事實を明かにするを得たるを喜ぶ。

（一） 高島炭坑

高島は長崎を距ること西方約十浬の沖にある一小島にして、往昔五十戸許りの小村なりしが、安政年間、英人某、炭層を發見して採掘に從事し、明治初年に至りて三菱の手に移り現今に至る迄、盛んに經營せる日本最古の炭山なり。

高島には多數の抗口を有し、中には既に採掘し盡して休抗或は廢坑となれる者少なからず（ママ）、今回爆發したる蠣瀨炭坑の如きは、去三十五年頃より坪口を堀り始め、現に高島第一の抗口なり、高島炭坑は他所と異り海底を堀り下るものにして、水面下淺きは五六百尺、深きは千尺より二千尺に至る、されば通風隨つて不充分にして、最底に下る時は呼吸頗る苦痛を感じ、餘程熟練したる者にあらざれば耐ふべからず、殊に夏期に於ては、温度非常に高く華氏の百度乃至百二十度に及ぶ、斯かる坑内に於て作業する坑夫の困難察するに餘りあり。

元來高島炭坑は炭層重厚にして瓦斯頗る多く、會社も注意怠りなしと雖も、前述の如く通風を充分ならしむる能はざる深坑なれば、動もすれば爆發の恐れありて危險云ふべからず、且つ、坑内の傾斜甚しく、少くも二十五六度より多きは四十度に及ぶ、されば蒸氣力により搬出する採炭箱も、日に數回顛覆或は脱線し、人を殺傷し或は坑内の支柱を害ひ天井の落下を導く等、危檢なること擧げて數ふべからず。

斯る狀態にて、平素瓦斯の爆發せざる時に於ても、一日として慘死を見ざることなし、坑夫の語る處によれば、一日二名の死者は會社の豫期する所なりと云ふ、嗚呼恐るべき資本家、彼は勞働者の生命を殞すことを以て、一塊の石炭を棄つるよりも輕しと思へるなり。

（二） 坑夫の募集

會社の坑夫募集員は、目當ての地方（重に伊豫、出雲、丹後、安藝、備後等）に出張し、其地の口入れ人をして巧みに貧家の子弟を誘惑せしむ、彼等の言ふ所は『お前方は生れた土地で貧乏して居るよりは、少し稼ぎに出て儲けてはどうだ、今募集して居る處は働きは自由で、賃銀は初めは一圓内外で、女子でも一日五六十錢位働く、病氣の時は藥代は取らずに親切に療治する、食料は一日十八九錢で、雜品も會社から廉価に拂下げる、一ケ月精勤した者には、二圓、廿八日ならば一圓の賞與を呉れる、三年の契約で、勤續した者には其間の賃金の百分の三を給する、五年勤續した者には旅費を與へて歸省せしむる』など、實に抜け目なき話なり、斯くて口入れ人は一人につき一圓五十錢乃至二圓の手數料を得て應募者を社員に引渡すなり。

社員は、愚直なる田舍の青年をして、疑惑を起さしめざる様、三菱會社が日本一の資本家にして、勞働者を待遇するの親切なること炭坑勞働の有利なることを説明し、茲に三ケ年の勞働契約書に調印せしむ、而して其人員の豫定に達する迄、數日間旅宿に滞在せしめ、十圓廿圓の金錢を貸與へて蔭に酒色に親しましめ、以て益々依頼の念を強めしむると共に地獄の底に葬るべき準備をなすなり。應募者等は只だ前途の幸福を夢想し、之を此世の名殘とは露知らず徒らに一時の快樂に耽り、少くも二三十圓、多きは五六十圓の負債をなすなり。

應募者の數豫定に達すれば、社員は本社に通信して滊船の廻航を求めて之に乘らしめ、風波と雖も寄港することなくして高島若くは其附近の小島に直航す、之れ多數中或は逃走者の出でんことを慮ればなり。

(三) 坑夫生活の開始

斯くして連れ來られし青年等は、身體檢査を受け、『相當の勞働に適す』てふ形式的の診斷書を認めらる、なり、檢査終るや會社の規則なる者を讀み聞かせ(ママ)られ更に契約書に記名調印し茲に初めて坑夫生活は開始す、彼等は其採炭夫たると雜役たるとに論なく、勞働に要する一切の器具は、一切自己の物たらざるべからず、曰く鶴嘴、曰く棒、笊、石鑿、金槌其他二人につき一枚の夜具に至る迄、彼等の負債として計上せらるるなり。

彼等は固より携へ來れる物とては一個の行李をも有せず、多くは着の身着の儘、寒天と雖も衣を重ぬる能はざる者亦珍しからず、多少の金錢に見積り得べき物を所持するは、會社の好まざる所なりと云ふ、何となれば、彼等が會社の虐待に耐へ得ずして辭し去るを防ぐべき口實は『會社に對する負債の未償却』てふ一事にあればなり、嗚呼無一物、これ奴隷制度に缺くべからざる要件也。

此新參者は『二等後山』の稱號を與へられ、古參の坑夫より輕蔑を受けつゝ、採掘したる石炭の搬出に從事す。

（四）勞働と賃銀及手當

坑夫の勞働は一日十二時間なり、十二時間の勞働は普通の工場に於ても随分長き方なるに、困難他に比類なき高島炭坑に於て此長時間の勞働を強ふ。今より七八年前迄は一晝夜三回の交代にて八時間勞働なりしも現今は小頭以上のみ八時間にして普通坑夫は十二時間なり、而かも此延長に對する賃銀の増加なしと云ふに至つては、資本家の暴戻眞に驚くに耐へたり、坑夫の賃銀は最初は一日三十八錢位にして、半年間精勤する者は二錢三錢の増給を得べし、其内より一ケ月五圓の食料と、器具等に要する雜費、負債の利子、強制積立金を引去る時は酒も煙草も嗜まざる眞面目の坑夫と雖も一ケ月一圓五十錢を剩すと容易ならず、勤續三年にして僅かに三四十圓の負債を償却すべき計算なれども、これさへ叶はざる事情あり、病氣と懲罰と之なり。病氣の際は會社醫の診察を受け、一日六錢の藥價を負擔せざるべからず、直接に作業の爲に受けたる負傷は藥價を要せずと雖も其間の生活費は固より自辨なり、爲めに一肢を失ふ者も手當金二十圓乃至五十圓に過ぎず、若し些少にても過失の爲め會社に損害を及ぼしたる時は、其責に任ぜざるべからず、其外疲勞より來る當然の結果たる怠惰に對しては、嚴酷なる懲罰を課せられ、積立金を没收せらるゝの恐あり、彼等が豫期せし『稼ぎ溜めて歸る』は愚か、終生會社に對する負債を完濟する能はざる者比々皆然りと云ふも過言に非ず、茲に至つて讀者は、吾人が先きに言ひし地獄の底てふ語の理あるを見るなるべし。

（五）懲罰

勞働の場所は危險にして其時間は斯の如く長し、而かも勞働者をして其業に安んぜしむべき報酬は與へず、是に於て會社の以て勞働者に臨む所のものは、周密なる監督と嚴酷なる懲罰とあるのみ、會社は「小頭」「附屬」等の監督者を多數に配置し、坑夫が其意に滿つる丈けの勞働をなさゞる時は『見込』とて之を懲罰に附す罰の最も輕きは『合立』と稱して、日給の幾割を減ず、『合立』三日に至る時は、賞與を與へず、無斷出抗する者は一日分の給料を引き去る、無斷入坑せざる者亦同じ、而して如何なる事情ありと雖も容赦せず、之等の懲罰も最初一二回は、社員の面前に引出して説諭するのみなれど、三四回に及ぶときは、事務所に連れ行きて打つ蹶る踏む等の暴行を加へ、殆んど見るに忍びざる者あり。

罰の最重きは彼等の間に『鮪（しび）』と稱へらるゝものなり、其法は双手を背にて縛し、趾端の纔かに地に觸るゝ位を度として吊し上げ、抗口の人通り多き場所に曝すなり、其状鮪を吊したるに似たるとて之をしびと稱す、（しびは鮪の方言なり）之れ生き乍らの獄門にして他に其例を見ざる所なり、會社にては之を『見せしめ』と稱す。

讀者は坑夫等が何故に反抗若くは逃走せざるやを疑ふならん、然れども思へ、不法に對して反抗せんには相當の氣力と準備とを要す、無智なる勞働者が、一孤島に於て三菱てふ強大にして思慮ある資本家に囚はる、如何んぞ能く氣力を有し準備することを得んや、又見よ、高島は孤島なり陸地を距ること少なくも三里あり、誰か能く泳ぎ去るべき、島の周圍にある大小の船は悉く會社の船にして加ふるに小蒸氣船を巡邏せしめて常に逃亡を警戒せり、多數の坑夫中には水泳に馴れたる者も少なからざるが故に、死を決して三里の海を泳ぎ出す者、毎月二三十人を下らざるべし、然れども彼等は大底海中若くは對岸にて捕へられ、島に引還されて恐るべき鮪刑に處せらるゝなり、されば會社の虐待に耐へ得ず、さりとて逃ぐる能はざるを知り進退谷まつて縊死する者其數幾何なるやを知るべからず、彼等は會社の虐待に耐へんよりは、海に溺れ、木に縊れて死するの安樂なるを思ふなり、見よ資本家が營利の爲めには、人を虐待して死に至らしむるも何等の咎めを受けざる也、嗚呼之れ恐るべき無政府にあらずや。

（六）無政府、無警察

會社は自己の利益を保護せんが爲め、多數の抗外取締員を置きて坑夫の逃亡に備ふと雖も、勤勉なる坑夫が數年の勞働によりて負債を償却し退島する者に至つては、會社の之を引止むべき口實なきを以て、會社は成るべく勞働者を貧困と迷蒙の地に置かんが爲醜業婦と賭博を奬勵するの状あり、坑夫等が悪酒を煽り、醜業婦に戯れ、賭博に耽るの間は、會社にとりて泰平の時なり、斯くて三年は五年となり十年となり、遂に長からぬ一生を此島に送る者甚多し。

尚茲に驚くべき一事は、坑夫中の犯罪者の處分之なり、賭博の殆んど公許せられあるは前既に述べたり、窃盗ありたる時は其地の巡査が逮捕して相當の手續を履行すべき筈なれども、若し犯人にして會社に負債を有する時は、之を監獄に送ることなく、前途の觧刑にて事濟みとするを例とす、故に坑夫は此苦界を逃れて監獄に行かんことを欲するも能はざるなり、法律の禁ずる罪を犯す者にして法律に規定せる刑罰を受けずと云はば、一見犯罪者に對する寛容なるが如しと雖も、彼等坑夫は平素牢獄以上の苦痛を嘗めつゝある者なり、會社の利益を保護するが爲めに、刑法を施行せざるの觀あるに至つては斷じて恕すべからざるなり、借問す、西園寺内閣の諸公、高島は日本帝國の版圖にあらずして、三菱王國の領土なるか。

一頁五段のうち、途中にこま絵が入りながらも三段半にわたり、内情を伝えている。記事のなかには、激しい表現を見ることができる。

「坑夫の語る處によれば、一日二名の死者は會社の豫期する所なりと云ふ、嗚呼恐るべき資本家、彼は勞働者の生命を殞すことを以て、一塊の石炭を棄つるよりも輕しと思へるなり」。人の命よりも石炭の方が大事という。檄文で三菱会社を糾弾し、資本主義批判をしている。

日本の流行歌の歌詞を紹介する資料にも綴られていた。

鉱山労働者の生活もまたみじめであった。仕事そのものが命がけであったので、三井の三池炭鉱では一日平均二人半の死亡者を出し、三菱の高島炭鉱でも一日平均二人の死亡を見こんでいた。（『新版日本流行歌史（上）』二四頁）

十日で二十人、一か月で六十人、一年で七百三十人が死ぬ計算になってしまう。決して許されることではない。

高島炭坑の二つの記事を載せた「光」の二号あとに「ラッパ節」の投稿作品が掲載された。月二回発行の機関紙「光」が、いつの号から「ラッパ節」の替え歌の募集をはじめたのかはわからない。もしかしたら紙面での募集はせず、党員内、あるいはそれに近い人たちの間だけ、口伝えにより募っただけなのかもしれない。投稿作品掲載号の一号前、「光」第12号（五月五日発行、七頁）に見つけた。

社會黨ラッパ節（一名トットコ節）此頃流行の俚謡「ラッパ節」に合はして謡ふべく、同志數名作歌に苦心中なり、乞ふ次號の本紙を待て。

作品を発表したのが、第13号（明治三十九年五月二十日発行）。作品を選んだのが十日前の五月十日。その一か月半前の三月二十八日の痛ましい爆発事故。高島の事故は、誰の心にもまだ生々しく、話題性も十分で、いちばんの関心事だったに違いない。結果的に三菱会社を、さらに資本主義社会体制を批判糾弾するに値する事故になった。歴史の一事象として、堺利彦らは「ラッパ節」に推し掲載したのかもしれない。

あわせて先にあげた電車運賃値上げ問題にしても、同じ年の三月に社会党員自ら行動を起こした運動といえる。「電車運賃の値上げ反対」「炭坑の爆発」という、二つの具体的な事象が、ともに「社会党ラッパ節」ができる間近にあった事件、事故なのだ。あわせて、取り上げるべくして取り上げられた内容なのだろう。

4　男三郎とそゑ

日露戦争を前に、東京で猟奇的な殺人事件が起こった。後に、別の殺人事件から一人の容疑者が浮上する。その容疑者に、もう一つの殺人事件の容疑がかかり、初めの殺人事件と関連づけられた。日本中を衝撃の渦に巻き込んだ。

三つの殺人事件の容疑者とされたのは野口男三郎。野口と妻のそゑ、それぞれの心情を題材に演歌が生まれた。曲は「ラッパ節」ではない。当時、日本中の誰もが口ずさみ親しんだメロディに歌詞がのった。

(1) 三つの殺人事件

明治三十五（一九〇二）年三月二十七日の夜。麹町区下二番町に住む十一歳の少年河合荘亮が、母と湯屋に行なった帰り道。午後九時頃、少年は母と別れ砂糖店に寄った。そして十時頃、少年は一人でいるところを何者かに殺された。直接の死因は、鼻と口への圧迫による窒息死。ただ少年の臀部には、不可解な傷跡があった。長さ六寸（約一八センチ）、幅四寸五分（約一三・五センチ）ほどが、お椀型にえぐり取られていた。

新聞は事件の凄惨さを報道した。ナイフで切り取ったのではなく、犬が噛みとったのではないかと伝えられた。また、事件は過失か迷信による犯行かとも推理された。犯人は誤って少年を殺し、捜査を撹乱させるために、わざと臀部を切り取ったのではないか。人肉が何かの病に効ありという説を信じ、人肉を得たいがために少年を殺したのではないか。

様々な憶測が飛び交うなか、警察の捜査は難航した。解決の糸口が見つからないまま月日は過ぎて、迷宮入りかと思われた。

事件の五年前、明治三十（一八九七）年のこと。

十八歳の武林男三郎（たけばやしおさぶろう）は、東京の学校に入学するため大阪から上京。生物学者の石川千代松宅に寄宿した。近く麹町区三番町に住む、詩人の野口寧斎（ねいさい）宅との付き合いが始まった。慶応三（一八六七）年、長崎諫早生まれの寧斎は、漢詩人で儒者でもある森槐南（もりかいなん）門下の鬼才といわれた。ただ、寧斎は不治の病とされていたハンセン氏病を患い、床に伏していた。

男三郎は、そんな寧斎の妹そゑに誠意ある青年として近づいた。恋仲になった。そゑは「三番町小町」とも噂される美人だった。男三郎は寧斎に尽くし信用を得た。しかし寧斎は妹のことだけは許さなかった。ハンセン氏病の家系として、兄弟妹ともに結婚はしないと決めていた。

明治三十二（一八九九）年九月、男三郎は東京外国語学校露語科に入学。成績が悪く進級試験に失敗、落第を重ねた。明治三十五年九月には、除籍退学処分になった。そんな男三郎は、自分をよく見せようと卒業証書を偽造した。一通を大阪の実家に送り、一通を野口家に示した。それでも男三郎の就職先はない。野口一家は、あやしく思い始めた。男三郎は、いったん神奈川県の知人宅に身を潜めた。一方でそゑとの逢瀬は続いた。

明治三十七年八月上旬、そゑの妊娠が発覚した。男三郎は婿入りが許された。野口姓を名乗るようになった。野口家でそゑとの生活が始まる。寧斎は日が経つにつれ、男三郎の人間性に不信感を募らせた。ぶらぶらしている男三郎に「通訳官となって従軍するか、あるいは他に職業を求めるようにせよ」と強くすすめた。男三郎の態度が一変した。言い争いの末、十二月末には家を飛び出した。男三郎は麹町区下六番町の魚店の二階に下宿した。復縁の画策をする。それでも、寧斎の頑なな反対は続いた。許すどころか、より嫌悪の念を強めていった。

そんななか、明治三十八（一九〇五）年五月十二日、寧斎が自宅で急死した。家人は事情を表沙汰にすることをはばかり、死因を脳溢血として埋葬。男三郎は、ここぞとばかり復縁をはかった。親族からは離婚を迫られた。

男三郎は、清国の日本語学校に教師の話を見つけた。しかし日本を離れるための資金がない。そこで嘘の話をでっちあげた。寧斎の病気を通じて、懇意にしていた薬店主の都築富五郎を誘い出した。

五月二十五日、午前七時頃。豊多摩郡代々幡村字代々木の山林で、男の縊死体が見つかった。所持品から、麹町区麹町四丁目の小西薬店主、都築富五郎と判明。首を荒縄で絞めたような跡があった。初めは自殺かと思われた。捜査が進むにつれ、他殺の線が濃厚になった。事件の前日、富五郎は貯金三百五十円を引き出し、カバンに入れて外出していた。しかし、カバンも現金も死体近くからは見つからない。捜査の結果、定職もなく生活に困窮していた野口男三郎が容疑者として浮上した。

男三郎は富五郎と親しく、二十五日以降、急に金遣いが荒くなっていた。二十八日の午後六時、麹町署の刑事二人が、甲武鉄道の飯田町停車場から列車に乗ろうとしていた男三郎を逮捕。取り調べにより、現金二百七十円余りが見つかる。下宿先からカバンが見つかった。男三郎は検事局に送られた。

六月三十日、事件は思わぬ方向に進展した。収監中の男三郎は、薬店主殺しとは別の、二つの殺人事件の容疑者としても追起訴された。

義兄野口寧斎の死に対して殺人の容疑がかかった。さらに野口寧斎殺しと関連性があると思われる、三年前の少年臀肉切り猟奇事件にも及んだ。男三郎は取り調べの結果、二つの殺害をほのめかす自供を始めた。ニュースは全国に広がり、衝撃を巻き起こす結果となった。

男三郎は、七月十六日から八月十一日までの約一か月、東京監獄から警視庁の留置所に移された。

警視庁の担当主任係官は、少年と義兄寧斎の二つの殺人事件を、男三郎の犯行に結びつけようとした。自供を効果的に運ばせるため、留置所にスパイを送り込んだ。「歌代佐平太」と名乗ったスパイは男三郎に近づいた。「予審で意地を張りとおすかぎり、拷問をまぬがれることはできないから、たとえ虚偽の自白であっても申し立ててしまう方が得策である」（『幻景の明治』二〇九頁）と諭した。留置所で、佐平太と男三郎の創作活動が始まった。連日のようにリハーサルが行なわれた。そして男三郎は、二つの犯罪を自分の犯行として演じきるまでになった。

男三郎は寧斎の感心をひこうと、看護につとめた。当時、ハンセン氏病に効く薬はない。図書館に通い医学書を読み、治療法を研究した。少年の人肉を煮つめて食べるのが一番いい、という俗説を耳にした。

明治三十五(一九〇二)年三月二十七日の夜、男三郎は砂糖袋を持つ少年に出会い、犯行に及んだ。次の日、海釣りを装い東京湾に船を出した。船の上で少年の肉を煮つめてスープをつくった。帰り道、肉屋で鶏のスープを買って混ぜ合わせ、鶏のスープと偽り寧斎とそゑに飲ませた。

二年後に結婚をした。しかし、男三郎はなかなか生業に就こうとしない。寧斎に自身をよく見てもらえないまま時は過ぎた。進退に窮した末、義兄寧斎の殺害を決意。魚店の二階に下宿していた男三郎は、明治三十八(一九〇五)年五月十二日未明、野口宅に忍び込んだ。静かに母とそゑが布団をならべる寝室を通り抜けた。

予審調書に記された。

「八畳室ナル一太郎ノ寝所ニ至リ(中略)一太郎ガ病気ノ為メ手足ヲ以テ抵抗スル能(アタ)ハザル上、触覚ノ神経麻痺シ居ルニ乗ジ、手ヲ以テ其寝衣ノ襟(エリ)ヲ攫(ツカ)ミ脚ヲ以テ其胸部ヲ圧迫シ、力ヲ極メテ頭部ヲ緊扼(キンヤク)シ以テ同人ヲ窒息死ニ至ラシメ」。(『事件で知る明治100話』二三五頁)

臀肉切りからはじまる一連の犯罪は、怪奇を極めた。明治時代の巷間事件のなかで、猟奇趣味満点の事件となった。極悪の殺人鬼男三郎のイメージが人々の心に焼きついた。

七月六日付の「東京朝日新聞」が伝えた。

詩人、才媛、好男子、癩病、毒殺、人肉斬り、これらの人物風説をもて編みなされたるこの大事件の、いかに暗澹たる小説的事実に富めるや。記者は筆をすすめて事件の形相を報ずるごとに、男三郎が悪人としての好手段は、

悪人として故に作り出されたる小説中の人物にも優れるを知る。（『ニュースで追う明治日本発掘8』一八七頁）

事件の新聞報道は過熱した。東京地方裁判所は、予審に関する秘密を漏らした各新聞社を、新聞条例違反として起訴。起訴をまぬがれた新聞社は、「国民新聞」と「中外商業新報」の二紙のみだった。

男三郎は警視庁の留置所から、再び東京監獄に戻された。佐平太が友人と語った作家の徳富蘆花に手紙を書いた。歌代佐平太なる人物は知らぬという返事が戻ってきた。男三郎は、警視庁の留置所にいたときの興奮が一気にさめた。

明治三十九（一九〇六）年三月十九日、控訴院第三号法廷で第一回公判が開かれる。ちょうど三月十一日と十五日には、電車運賃値上げ反対の市民大会が日比谷公園で開かれた。事態を重くみた東京府は二十三日、運賃の値上げ申請を却下。そんな時期のことだった。

男三郎は少年臀肉切り、寧斎殺し、薬店主殺しの三つの容疑のうち、最後の薬店主を殺し金を奪った件だけを認めた。他の二件については否認した。

公判を伝える報道では、男三郎の色男ぶりが取りざたされた。色男が少年の臀肉を切ったと、多くの者が関心を持つようになった。「朝日新聞」は男三郎の風貌を「頭髪を奇麗に刈り、鼻下八字髭を残して、他を悉く剃りしかば其風姿立派なる一個の紳士なり」（『幻景の明治』二〇二頁）と描写している。

四月六日の第二回公判を、四月七日発行の「東京朝日新聞」が伝えた。

「開廷毎に傍聴席の満員、殊に婦人の傍聴者頗る多く、階上階下庇髪にリボンの風姿、万緑叢中の紅一点に非ずして、紅千点位の割合也、以て本件の人気を察すべし」。（『明治大正の新語・流行語』一九〇頁）

六回の公判を重ねた裁判は、明治三十九（一九〇六）年五月十六日に、大審院法廷で結審した。花井卓蔵による巧みな弁護の結果、少年殺しと野口寧斎殺しは無罪。男三郎から自供をとった警察のスパイ行為は、裁判官の心証をそこねた。最終的には、男三郎本人が自供した小西薬店主都築富五郎殺しと、卒業証書偽造のみで死刑判決が宣告された。明治四十(一九〇七)年七月二十三日の控訴判決も死刑、十月十日に上告が破棄された。

明治三十八(一九〇五)年五月の入獄から、三年一か月が過ぎた明治四十一年七月二日の早朝、刑が執行された。男三郎は獄中で作成した紙撚(こより)の煙草入れ一筒を、そゑとの間にもうけた娘君子に遺した。

男三郎は獄中で社会主義者の堺利彦、大杉栄や労働運動家の南助松に出会っていた。

堺は、明治四十一(一九〇八)年一月十七日の屋上演説会事件で軽禁錮一か月半の判決を受けた。巣鴨監獄に入獄していた。そのとき男三郎と再会した。二人は約二十年ぶりだった。堺は明治二十二(一八八九)年の夏から、明治二十六(一八九三)年の二月まで、大阪の天王寺高等小学校の英語教員を勤めた。教え子に男三郎がいた。

その頃の男女の生徒の中に、まざまざと私の記憶に残っている人たちが少くない。それらが皆、今どうしてどこにいるやら。多少、消息を伝え聞いたのもあるが、大部分は私にわからない。人生はさようにわからない。しかしただ一つ、最も著しい人物がある。それは武林男三郎、即ち後の野口男三郎君である。彼は当時、たしか古本屋の息子として、可愛らしい生徒であった(私は後に彼と、獄中で最後の交わりをした)。(『堺利彦伝』一三八頁)

また、男三郎は東京の市谷監獄で、大杉栄の身辺の世話を焼いた。お礼に大杉は本を差し入れた。

男三郎とは(略)その後二年余りして彼が死刑になるまでの間、ろくに口もきいたことはないのだがだいぶ親しく交わった。(略)既決囚になっている不自由な身の時には、ずいぶん男三郎の厄介(やっかい)なった。男三郎自身の手からあるいは雑役という看守の小使のようになって働いている囚人の手をへて、幾度か半紙やパンを例の食器口から受取った。僕もそとへ出たたびになにかの本を差入れてやった。(『自叙伝・日本脱出記』一九三頁)

ごく気の弱い男なんだ。その女の寧斎（ねいさい）の娘や子供のことなぞを話す時には、いつも本当に涙ぐんでいた。子供の写真は片時も離したことがないといって、一度それを見せたこともあった。（同書一九四頁）

「その女の寧斎の娘」ではなく「寧斎の妹」ならば辻褄は合う。さらに、大杉は男三郎のことを記した。

ある日外の運動場で散歩していると、男三郎が二階の窓から顔を出して、半紙になにか書いたものを見せている、それには

「ケンコウヲイノル。」

と片仮名でおおきく書いてあった。僕は黙って頷いて見せた。男三郎もいつものようににやにやとさびしそうにほほえみながら、二、三度お辞儀をするように頷いて、しばらく僕の方を見ていた。

その翌日か、翌々日か、とうとう男三郎がやられたといううわさが獄中にひろがった。（同書一九五頁）

男三郎は、死刑執行の直前に三通の書信を残した。大阪にいる実母と時事新報社員の某、そしてもう一通は南助松にあてた。

労働運動家の南助松は、明治四十年二月四日に、足尾銅山で起きた暴動事件の首謀者とされた。南は男三郎と同じ監房にいた。自然と懇意の間柄になっていた。

それでは、当時のメディアは男三郎の事件に対して、どのような役割をはたしたのか。

明治三十八年に野口男三郎（おさぶろう）という男の臀肉切り殺人事件という陰惨な事件が起こります。この男はどちらかというと弱々しくて精神脆弱者といった人間なのですが、はじめは民衆から憎まれたこの男が、ほかの犯罪の犯人に仕

立てられて法廷でしどろもどろになるのが新聞に伝えられると、民衆のイメージが「おかわいそうに」と変っていく。しかも、獄中の男三郎をうたった「夜半の憶出（ママ）」という演歌……「嗚呼世は夢か幻か」ではじまる演歌ですね……がはやりだすと、男三郎は国家権力の犠牲者という伝説的人物に転化していきます。（『明治メディア考』一八八頁）

初め「悪人」だった男三郎は、正反対の「あわれな男」に変わった。犯罪者は報道によって善くも悪くも、イメージが操作され形作られる。

日本中を震撼させた事件は、事実とはかけ離れたところで、噂だけが一人歩きを始めた。実際の薬店主殺しが二の次になった。極悪非道の殺人鬼という作られたイメージが、のちのちまで伝えられた。新聞報道による影響はいつまでも揺るがなかった。

そんな男三郎を、さらに伝説的偶像という枠にはめ込んだのが演歌だった。一連の三つの殺人事件を結びつける男三郎とその妻そゑは、二つの演歌「夜半の追憶」と「袖しぐれ」の流行により、大きくクローズアップされた。

（2）二つの歌詞

男三郎の事件をうたった演歌は二編ある。

一編は、収監されている容疑者男三郎の立場からうたった「夜半(よは)の追憶(おもいで)」。もう一編は、容疑者の妻そゑの立場からうたい上げた「袖しぐれ」。二編は一世を風靡した。

明治四十一（一九〇八）年、「やまと新聞」の記者八雲山人(やくもさんじん)が、小遣い稼ぎのつもりで「夜半の追憶」を作った。「男三郎の歌」とも呼ばれた「夜半の追憶」を、『演歌の明治大正史』（一三七頁）から写してみる。

あゝ世は夢か幻か　獄舎(ごくや)に独り思ひ寐の
夢より覚めて見廻せば　四辺(あたり)静かに夜は更けて

月影淡く窓に差す　あゝ彼の月の差す影は
その墳墓を照らすらん　又世を忍び身を忍び
同じき影は宿るらん　あゝ夢なりき夢なりき
懺悔の涙はらはらと　袂に濺ぐ村時雨
はや秋来ぬと告ぐるらし　花咲く春の手枕の
草葉に置ける夕露の　それにも似たる我が命
せめて月をや眺めんと　獄舎の柱に倚り添ひて
眺むる由も荒磯に　砕くる波のそれの如
斯も衰へ果んとは　さもあらばあれ明日来なば
置く露しげき青山に　静かに眠る兄君の
夜を終夜泣き明かす　愛しき妻の袂にも
兄君宥し給ひてよ　妻よ我子よ宥してよ
折しも颯と一陣の　吹き入る風は身に沁みて
短き夢も覚めぬ間に　早や秋風は立ちけるか
零れて消えん日は何日ぞ　軈て窶れし身を起し
伸び上れども如何せん　鉄窓高く身は低く
後へに撞と倒れたり　あゝ我ながら思ひきや
果敢なく消ゆる露の身の　今はた何か悶えてん
…………（略）

歌詞は途中で省略されている。この歌は『流行歌明治大正史』（二五三頁）にも載っている。なぜか同じ個所で終わり「（略）」とある。『新版日本流行歌史（上）』（一九五頁）を見ても、同じ個所で「（以下略）」となっていた。理由はわからない。実際の歌詞は「楽しき春」「懺悔の涙」「刑場の訣別」の、長大三部作[54]からなる。

タイトルの「夜半の追憶」は「よはのおもいで」と読む。だからか、ときたま「夜半の憶出」と表記している資料を見かけることもある。

昭和十七（一九四二）年十二月、音楽評論家の堀内敬三が『音楽五十年史』を発行した。昭和四十三（一九六八）年九月には、『音楽明治百年史』を記した。堀内は二冊とも「夜半の追憶」ではなく、「夜半の憶出」のタイトルをつけている。『音楽五十年史』では、タイトルに「よわのおもいで」とルビをあてていた。のちに『音楽五十年史』は文庫本二冊に分けて復刻された。その下巻（二二六頁）の後記には「流行歌については添田唖蟬坊著『流行歌明治大正史』が信頼できる」とある。『流行歌明治大正史』を見た。すると、「夜半の追憶」ではなく、もう一つのタイトル「男三郎の歌」で紹介されていた。堀内は、「夜半の追憶」を確認せず、読み方だけで判断してしまったのかもしれない。

八雲山人が作った「夜半の追憶」は、池村松陽堂から三五判の小本で出版された。それを演歌者の神門安治が、そのまま刷り物にした。そして唱歌「美しき天然（うるわしきてんねん）」の曲でうたった。唱歌を演歌に転用した。神門の本はよく売れ流行した。するとまがい本がたくさん出るようになった。

世に謂ふ歌の赤本である。そしてどんどん値を落として競争してゐたが、松陽堂の「夜半の追憶」はどこまでも紙質も落とさず、値もくづさなかった。一銭五厘か六厘の原価であった（『啞蟬坊流生記』一六四頁）

誰もが、神門が八雲山人だと思い込んでいた。しかし、実の八雲山人は「やまと新聞」の記者。神門はニセモノだった。神門は八雲山人にも版元にも無断で歌本にしていた。「美しき天然」にのせたニセモノが売れたことになる。併せて松陽堂のもとの小本も売れて大喜び。ことの発覚をさとった神門は姿を消した。

啞蟬坊もだまされた。神門は、よく自転車に乗って「夜半の追憶」と「袖しぐれ」を交換してくれとやってきた。そして、もう一曲、妻そゑの立場からうたい上げた「袖しぐれ」。この歌にも裏話がある。

「袖しぐれ」は、曾恵子が獄中の男三郎にあてた書翰を歌にしたものだと傳へられ、信ぜられてゐた。其の書翰は、當時山崎今朝彌の主宰する「法律新聞」に掲載されたのであるが、實は其の書翰なるものは赤羽巖穴が曾恵子の心情になつての創作であつた。それを私が七五調にしたのが袖しぐれの歌である。（『流行歌明治大正史』一五四頁）

歌のもとになる「法律新聞」に載った書翰は、犯人男三郎の妻そゑの手によるものと思われていたが、じつは違った。社会主義の赤羽厳穴による創作だった。そして、「私」こと啞蟬坊が歌の詞にした。作り物にもかかわらず、新聞に書かれた手紙が独り歩きしてよく売れた。庶民の間で流行し、啞蟬坊の代表曲の一つに数えられるようになった。

「夜半の追憶」に「男三郎の歌」と別のタイトルがついた。同じように、「袖しぐれ」にも「野口曾恵子の歌」という別のタイトルがつく。「男三郎の歌」で殺人犯の男性側から事件歌としてうたい、「野口曾恵子の歌」は殺人犯の妻として、女性側から心理的にうたっている。タイトル的にも内容的にも、互いに対をなしていた。

死刑囚の妻が獄中の夫に送る手紙という内容は、創作でありながらも涙を誘う要因となった。いつまでも感傷を誘った。演歌者の倉持愚禅は、こみ上げてくるものがあり、泣きながらうたい続けた。

「袖しぐれ」の歌詞を『演歌の明治大正史』（一三七頁）から抜いてみる。終盤の四か所に君子という名が出てくる。男三郎とそゑの間にできた娘の名だ。

桐の一葉に秋ぞ来て　はや二月も過ぎ去りぬ
日々にそれのみ気にかゝり　夜もおちおちと眠られず
枕も熱き涙にて　うるほすこともあまた度
照る日まばゆく輝けど　燃ゆる妾のこの胸の
瑠璃と澄みたる大空に　鳴く雁を聴くにつけ
聴くにつけても我身をば　鳴くかとばかり思はれて
此世に郎君と妾ほど　思へば奇しき運命に
冷たき掟に隔てられ　世の淋しきを味はいつ
世をも人をも呪ひつつ　すごすべかりし身なりしを
初めて出づる女気や　味気なき世も恋すれば
花の朝に月の夜に　嬉しく楽しく暮せしも
罪を犯して囚はれの　憂身となりし悲しさよ
獄に在す郎君が身は　如何に淋しきことならむ
過ぎ越し方や行末を　思ひ出でては独り寐の
秋も漸う暮れかゝり　四方の山々紅葉して
赤き思ひに比べては　いづれも色の数ならず
獄の郎君のなつかしく　籬にすだく虫の音を
庭の小草に打臥しつ　泣きにしことも幾度ぞ
糾はれたる者はなし　旧き道徳や人の世の
心ならずも石女よ　恋知らずよと歌はれて
一たび郎君の温かき　情の血汐に触れてより
斯くも楽しきものかやと　長の迷ひの夢も醒め
小鹿の角の束の間や　恋しき郎君は忌はしき
あゝ肉身の兄上を　殺されしかとひと時は

憎み怨みもしたれども　これ皆妾を愛でたまふ
恋に刃向ふ刃なし　二人の間に結ばる丶
情もなどか及ぶべき　たとへ別れて住めばとて
他に男のあるが如　根もなきことを言触らす
互に心変らずば　縁の糸はいと堅く

もはや郎君には刑場の　露と消えぬる運命に
情の絆を切り離す　むごき法律のうらめしや
妾も郎君の後追ふて　胸の悶えを癒さなむ
人の譏りを受くるより　罪人なれば罪人と
かくは覚悟をせしものの　風さへ浪さへ荒き世に
親はなくとも子は育つ　とはいへ育ちし其後に
さがなき口に罵られ　如何に肩身の狭からむ

憂きに悩めるこの胸は　などとく死なむと身をぞ責む
妾が此世に生存ゆる　罪をば許し給へかし
惜しくもあらぬ生命をば　惜しむも君子のあるがため
妾のみにもあるまじき　あゝ嘆くまじ嘆かじと

深き心と知られては　怨み憎みも消え失せぬ
清き情に較べては　親の情も骨肉の
昔も今も異ならぬ　妾が心を知りもせで
人の口こそ恨めしや　さはさり乍ら未来永遠
二世も三世も解けやらぬ　天下晴れての夫婦仲

陥りたまふことなるか　聞くも悲しき音信や
恋しき郎君に先だたれ　何楽しみに生存へむ
つれなき浮世に只ひとり　淫奔者よ罪人と
手を取合ふて死出の山　三途の川を渡らなむ
君子一人を残しなば　誰が手に如何に育つべき
淫奔者の子よ孤児よ　極悪非道の鬼の子と
思へば死ぬにも死なれぬ身　さても君子を如何にせむ

されど死なれぬ苦しさを　郎君よ量りて今暫し
棄つるに易き此世をば　棄てぬも君子の為にして
限りも知れぬ此世には　辛き運命に泣く人の
思ひ返せど止まらぬ　涙をあはれ如何にせむ

「夜半の追憶」と「袖しぐれ」の二曲が流行する。要因の一つにメロディがあった。ともに当時流行した「美しき天然」のメロディが使われた。「天然の美」とも呼ばれた「美しき天然」は、明治三十五（一九〇二）年、長崎県の佐世保で誕生した。

明治二十二（一八八九）年七月一日、日本海軍の佐世保鎮守府が開庁した。それまでの寂れた寒村が一転。村は瞬く間に活気づき、人々は佐世保の村に押し寄せた。そして明治三十五（一九〇二）年四月一日、市制が敷かれた。佐世保市が誕生した。

通例ならば村から町、そして市へと順繰りに変遷を積む。それが村から町を飛び越して一挙に市になった。佐世保市と「美しき天然」は、同じ明治三十五年というスタートラインに立ち、肩をならべて歩みはじめた。

「美しき天然」の作詞は武島羽衣、作曲は田中穂積。日本人が初めて作った三拍子のワルツともいわれている。

佐世保海兵団の第三代軍楽長の田中は、開設したばかりの佐世保女学校で、嘱託教師を務めていた。田中は毎日のように目にしている九十九島の美しい風景を教材にしたい、女学生たちが愛唱できるような歌を作りたいと考えていた。

そんなとき、明治三十三（一九〇〇）年に発表された、武島の詩を入手した。田中は思い描いていた烏帽子岳や弓張岳から望む、九十九島の風景にふさわしい曲をつけた。

「美しき天然」は、教材として女学生の間で愛唱されるようになった。ところが、明治三十七（一九〇四）年の大晦日、田中は四十九歳で病死。翌明治三十八年十月、東京神田音楽社から一枚楽譜の「唱歌　美しき天然」が発表された。

空に囀る鳥の聲、峰より落つる瀧の音
大浪小浪どうどうと、響き絶えせぬ海の音
聞けや人々面白き、この天然の音樂を
調べ自在にひきたまふ、神の御技の尊しや
春は櫻の綾錦、夏は涼しき月の衣(きぬ)
秋は紅葉の唐錦、冬は眞白き雪の布(ぬの)
見よや人々美はしき、此の天然の織物を
手際見事に織り給ふ、神の工みのたふとしや

薄雲ひける四方の山、紅香ふ横がすみ　海邊遙かに打ち續く、青松白砂の美しさ
見よや人々たぐひなき、此の天然のうつし繪を　筆も及ばず畫き給ふ、神の力のたふとしや
あしたに起る雪の殿、夕邊に懸る虹の橋　晴れたる空を見渡せば、青天井に似たる哉
仰げ人々珍らしき、此の天然の建築を　斯く廣大に建て給ふ、神の御技のたふとしや

（『流行歌明治大正史』二五〇頁）

「ジンタ」を広辞苑でひくと「サーカス・映画館の客寄せや広告宣伝などに、通俗的な楽曲を演奏する小人数の吹奏楽隊及びその吹奏楽の俗称」とある。明治時代初期、軍楽隊の音楽として日本に入ってきた西洋音楽は、中頃になると民間の楽団や音楽隊に引き継がれた。楽隊が宣伝広告やサーカス、映画の余興などで奏でられた。全国に広がる。「ジンタ」の始まり。そして「ジンタ」でよく耳にしたのが「美しき天然」だった。

今日、「ジンタ」の語源には三つの説が挙げられる。

▽明治二十九（一八九六）年の巌谷小波の作品『明治お伽噺』の記述から。
▽明治三十五（一九〇二）年にできた「美しき天然」の演奏が、「ジンタッタ、ジンタッタ」と聞こえるから。
▽明治三十八（一九〇五）年二月に森下博薬房が発売した、仁丹の宣伝を盛んに行なったから。

「ジンタ」の言葉が最も早くあらわれるのは、『明治お伽噺』の説となる。『明治東京逸聞史1』（二九一頁）は明治二十九（一八九六）年の項で、巌谷小波の『明治お伽噺』を紹介していた。

この年、小波（さざなみ）の作った「僕の観兵式」という短篇の中に、少年が口で音楽のまねをしながら、兵隊の絵を描くと

ころがある。

「ヂンヂン、ヂンガラカツタ。ヂンヂン、ヂンガラカツタ。ヂンカヂンカヂンガラガツタ。ヂンガヂンガヂンガラガツタ。ヅンヅンヅン。」

音楽が、かようにまねせられて、それから音楽隊のことが、ジンタと呼ばれるようになる。

また、音楽評論家の堀内敬三は、『ヂンタ以来』（昭和十〔一九三五〕年発行）で、ジンタについて言及している。

「ヂンタ」と云ふ術語が出來たのは大正初期であるらしい。長いあひだ彼等は「樂隊」と呼ばれて多少尊敬されてゐたものだが、つひに『あいつはヂンタだよ』と輕蔑されるまでに到つた。此の術語の發明者が、ヂンタを遂つた優勝者、映畫館のオーケストラ樂士である事は云ふまでもないであらう（そのオーケストラ樂士も今はトーキーに遂はれてしまつた。有爲轉變）。

続けて堀内は、二つの説を打ち出している。

「ヂンタ」と云ふ名は『ヂンタ、ヂンタ、ヂンタカタッタ』と鳴る其の特異な音響から出たものらしいが、異説として是が仁丹の廣告用の映畫伴奏に使はれたからだと云ふ事も云はれてゐる。仁丹が賣出されたのは大体日露戰爭後で、急激な宣傳に依つて清心丹とゼムと清快丸とを壓倒したのだから大にヂンタを利用したと云ふ事も考へられる。（ともに二二四頁）

『ヂンタ以来』では、作家の徳川夢声も同じ二つの説としている。しかし、この時点では、堀内も徳川も巌谷の『明治お伽噺』について触れていない。『ヂンタ以来』発行の頃、巌谷の『明治お伽噺』説は、まだ知られていなかったということか。徳川は最後に、「どつちも眉つば説には違ひないが、まあ其んな所かと思はれる」(『ヂンタ以来』三〇頁)と結んでいるだけ。

堀内敬三が記した『音楽五十年史』(昭和十七〔一九四二〕年十二月)のなかに、興味深い記述を見つけた。

ジンタの全盛期は日露戦争の後まで続いた。しかし明治四十一年一月の財界恐慌が手ひどく商工業者の気を滅入(めい)らせた。それに当時世間の一部に危険思想が起って明治三十九年の電車値上げ反対の焼打ち事件、明治四十一年の赤旗事件からついに明治四十三年の幸徳秋水事件まで惹(ひ)き起したので警察当局は集会と行列を取締る必要を感じ、広告行列の人数や方法にも制限を加え手続を厳重にした。その結果まず町廻りのジンタが著しく減少しかつ編成も小さくなり、他の場合においてもジンタの需要は尠(すくな)くなった。(『音楽五十年史(下)』五一頁)

電車運賃値上げ反対運動、赤旗事件、幸徳事件と、社会主義運動の行き過ぎた行動が原因で、楽隊の規模が縮小したとしている。

啞蟬坊の息子知道は、ジンタと「明治の音」について記した。

子女に愛唱された唱歌の曲が、ジンタ【サーカスなどの客寄せの音楽・楽隊】にも乗り、演歌にも乗って、市中の空気の律動となり、波動となってゆるく日本中にひろがっていった。これはこの頃の「時代音」ともいえるものである。歌詞がいかによくても、それだけでは流行しない。リズムが時代感覚にマッチしてこそ流行もする。「天然の美」はその典型的な例で、まさしく「明治の音」である。(『流行り唄五十年』八七頁)

（3）発禁という烙印

「光」第23号（明治三十九年（一九〇六）年十月五日発行、二頁）に「發賣禁止の續來」がある。「光」号外の「貧富の戦争」や西川光二郎の「改革者の心情」に続き、啞蟬坊の「寸鉄」について触れていた。警察から日本社会党本部に命令書が届いた。

二十九日早朝郵便來る、開いて見しに又之れ
二十八日發行の筈なりし同志添田平吉君著「寸鐵」は發賣頒布を禁ぜられ製本一千九百九十八部を差押へられたりと傳ふるにてありけり、「寸鐵」は市民の聲と横暴極まる電車側の理屈とを對照したる俗曲なりと云ふ
噫秋冷と共に災厄來る、吾黨の意氣揚がるの時は又之れ迫害の毒手が活動するの時なるが如し

「寸鉄」は、啞蟬坊の作品のなかで、最も早い明治三十九年九月二十七日に処分された。

ただ、「寸鉄」のタイトルや歌詞は、『演歌の明治大正史』『流行り唄五十年』『流行歌明治大正史』の、どれにも掲載されていない。処分を受けたからか。それとも、たとえば啞蟬坊の歌「雪紛々」のように震災で失ったのか。啞蟬坊は、自著『流行歌明治大正史』（昭和八（一九三三）年十一月発行）に、私信を交えて存在の有無を問いかけた。

三十五年三月、青森第五聯隊が八甲田山に斃れた雪中行軍の歌を出して歓迎を受けた。「雪紛々」と題したものであるが、生憎震災に失つてしまつてどうしても手に入らない。若しどなたかお持ちの方が、何年振りかの対面をさして下さるならば有難いと思ひます。（『流行歌明治大正史』二一五頁）

「寸鉄」について同じような記述は見当たらない。一つ気になるのは「光」の記事で「寸鉄」の歌詞内容を「市民の聲

と横暴極まる電車側の理屈とを對照したる俗曲」としている。まるで「電車問題・市民と会社」そのもの。

それでは「寸鉄」と「電車問題・市民と会社」が、どうつながるのか。じつは、二つの結びつきを裏付ける資料が『社会主義者沿革　第三』[55]にある。

「寸鉄」をみると発行が明治三十九年(一九〇六)年九月二十八日で、処分日が前日の九月二十七日となっている。ちょうど二十四日に、日本社会党有志の荒畑寒村、安成貞雄らがボイコット運動「乗らない同盟」の宣伝行進をする。二十六日の夜には両国広小路の両国館で、二十七日の夜には芝区兼房町の玉翁亭で、それぞれ講演会を開催。しかし、ボイコット運動は市民権を得ることなく、不穏な行動とされる。運動の流れからはずれていく。そして日本社会党は、電車運賃値上げ反対運動から手を引いた。そんな時期だからこそ運動を盛り上げるべく、啞蟬坊は作ったのか。

「寸鉄」を『啞蟬坊流生記』巻末の年譜で探すと、「明治三十九年」の項にある。一方、「電車問題・市民と会社」は、年譜には載っていない。ただ「電車問題・市民と会社」は、明治三十九年に作られている。

『社会主義者沿革　第三』では、「寸鉄」の著作者名は「添田平吉(不知山人)」となっている。「電車問題・市民と会社」の作者も、『演歌の明治大正史』(一一六頁)や『流行歌明治大正史』(二三一頁)によれば、同じ「不知山人」。

時期、名前ともに偶然の一致なのか確証はない。それでも「寸鉄」イコール「電車問題・市民と会社」と思えてならない。もしそうであるならば、なぜ二つのタイトルがあるのか。「寸鉄」とは「小さな刃物」のこと。なにかの譬えだったのかもしれない。

「寸鉄」を作った明治三十九年、啞蟬坊は「あきらめ節」を作っている。

「平民あきらめ賦詩」の歌本の表紙には「平民あきらめ賦詩」とある。表紙を開いた中のタイトルには「あきらめぶし」とあった。

○ぢぬしかねもちはわがまゝもので、やくにんなんぞはいばるもの、
　こんなうきよへうまれてきたが、わがみのふうんとあきらめる。

○をまへこのよへなにしにきたか、ぜいやりそくをはらふため、
　こんなうきよへうまれてきたが、わがみのふうんとあきらめる。
○くるしからうがまたつらかろが、『ぎむ』はつくさにやならぬもの、
　『けんり』なんぞをほしがることは、できぬものだとあきらめる。
○たとへしゆうとがをにでもじやでも、よめはすなをにせにやならぬ、
　どうせ『ちやうゑき』するよなものと、なにもいはずにあきらめる。
○かりたをかねはさいそくされて、かしたをかねはとれぬもの、
　どうせうきよはこうしたものと、わたしやいつでもあきらめる。
○こめはなんきんをかずはひじき、うしやうまではあるまいし、
　あさからばんまでこきつかはれて、しぬよりやましだとあきらめる。
○どうせこのよはよはいものいじめ、びんぼうなかせだぜひもない、
　こんなうきよへうまれてきたが、わがみのふうんとあきらめる。
○あせをしぼられあぶらをとられ、血をすいとられたそのうへに、
　ほうりだされてふんづけられて、これもふうんとあきらめる。
○ながいものにはまかれてしまへ、なくことじとうにはかたれない、
　びんぼうはふうんでびようきはふこう、ときよじせつとあきらめる。
○あきらめなされよあきらめなされ、あきらめなさるがとくであろ、
　わたしや『じゆう』のどうぶつだから、あきらめられぬとあきらめる。

八節目に漢字の「血」がある。ほかはすべて平仮名で記されている。もしかしたら検閲を考慮して、意図的に平仮名にしたのかもしれない。それにしても、いちばん伏せ字にしなければならないと思われる「血」の字を、象徴的に漢字

にしている。皮肉なのか、反抗的な意識のあらわれか。

能川泰治は、「あきらめぶし」の平仮名表記について見解を示している。

リテラシーの低い下層社会を聞き手（読み手）として想定していることが窺える。

（「『冬の時代』の社会主義と都市下層社会―演歌師・添田唖蟬坊の活動を中心に―」『近代日本都市下層社会の歴史的研究』一五二頁）

リテラシーとは「読み書き能力」のこと。それもあるかもしれない。ほかの資料に載る「あきらめ節」と歌詞を比較してみる。

『流行り唄五十年』（七八頁）では、八節目の「汗を絞られ膏をとられ～」を省いている。『演歌の明治大正史』（一三〇頁）では、六節目の「米は南京、おかずはひじき～」、七節目の「どうせこの世は弱い者いじめ～」、八節目の「汗を絞られ膏をとられ～」の三節を省いている。『流行歌明治大正史』（二四五頁）では、四節目の「たとえ姑が鬼でも蛇でも～」、六節目の「米は南京、おかずはひじき～」、七節目の「どうせこの世は弱い者いじめ～」の三節を省いている。

平成十七（二〇〇五）年四月十六日、北海道で死去したフォークシンガーの高田渡も「あきらめ節」をうたっていた。全十節を、アメリカのフォークソングの曲に組み合わせている。ただ九節目の「泣く子と地頭には勝たれない～」の「地頭」を「資本家」にかえている。七節目「どうせこの世は弱い者いじめ～」の全文を、新たに「おらが一票でうかった議員　今じゃ　汚職の　だいべん者　おらあ　どうしよう困ったな　これも不運とあきらめる」と差し替えてうたった。

また、十節目の「あきらめなさるが得であろ～」の「得であろ～」は、『新流行歌集』、『流行り唄五十年』、『演歌の明治大正史』、『流行歌明治大正史』、そして高田渡の詞もすべて「無事であろ～」に差し替わっていた。「得であろ～」は、「平民あきらめ賦詩」だけに見られる表現となる。見てきた資料すべてにおいて「平民あきらめ賦詩」が元になっている。

歌本「平民あきらめ賦詩」の奥付をみる。

明治三十九年十二月二五日十印刷（ママ）　明治三十九年十二月二十九日発行
内務省納本済
東京市下谷區中根岸町十三番地
著作兼發行印刷人　添田平吉
東京市下谷區中根岸町十三番地
發行所　うしほ會

奥付と同じ裏表紙には、宣伝広告の文章が添えられていた。

本會發行の印刷物を賣らんと欲する人は
來れ來つて（ママ）詳細の説明を聽け

ものすごい剣幕、命令口調だ。売りたくても恐ろしくて、なかなか受け取りに行けない。

明治四十三（一九一〇）年六月、大逆事件（幸徳事件）の発端となる事件が起きた。事件を受けた九月、政府は社会主義者など「過激派其他危険主義者」が発行する印刷物の取り締りを始める。たくさんの出版物に対して、いっせいに発売禁止の処分を下した。

『社会主義者沿革　第三』によれば、いちばん多く処分されたのは、明治四十三（一九一〇）年九月三日。全百八十五文献のうち、五十六文献、約三分の一がこの日に集中して処分を受けている。[56]

それでは全百八十五文献のうち、いちばん数多く処分を受けたのは誰か。

名だたる社会主義者の幸徳秋水ではない。はたまた堺利彦でもない。

なんと演歌師の添田唖蟬坊が、いちばんの処分を受けていた。数は、添田武子や不知山人名義を含めた「添田平吉」の十三。以下、木下尚江と堺利彦（枯川）の十二。幸徳伝次郎（秋水）の十、西川光次郎の九、井伏太郎と田岡佐代治（嶺雲）の五、永岡鶴蔵の四と続く。

では、なぜ演歌師の唖蟬坊がトップを飾ったのか。明確な答えはわからない。

一ついえることは、演歌の場合、一作品で何十、何百頁になる本とは形が違う。一つの作品は、ペラ一枚で二折り、四折りのみで完結する。歌本一枚には一曲から二曲が収録される。曲を作れば本も増える。おのずと処分の対象となる数も増えてしまうのだ。

はじめ『社会主義者沿革』は、〈みすず書房版〉を、唯一の資料として見ていた。しかし、『演歌師の生活』（添田知道、一二六頁）にも、唖蟬坊の十三の処分作品が掲載されていた。『演歌師の生活』と〈みすず書房版〉を比較してみる。十三作品のうち五曲、延べ七か所にわたって違いを発見した。あわせて、『演歌師の生活』には、〈絲屋寿雄蔵版〉から書き抜いたと記されている。実は〈みすず書房版〉以外にも『社会主義者沿革』があった。さらに第二次世界大戦後に〈絲屋寿雄蔵版〉〈近代日本史料研究会刊〉〈明治文献資料刊行会刊〉の三つが発行されていた。〈みすず書房版〉をあわせて計四つの版となる。

〈みすず書房版〉〈近代日本史料研究会刊〉〈明治文献資料刊行会刊〉の唖蟬坊関連の記述を付け合わせた。三つの資料に違いがない。〈絲屋寿雄蔵版〉から引用掲載している『演歌師の生活』だけが違った。

そこで〈みすず書房版〉と『演歌師の生活』の問題の七つの違いを検証してみる。

▽「平民あきらめ賦詩」の発行日が、〈みすず書房版〉には「三九、一二、二九」とあり、『演歌師の生活』には「四〇・四・五」とある。同じタイトルの刷り物を確認した。明治三十九年十二月となっていた。

▽「警世諷俗　わからない」は、発行年月日と発行所の住所に違いがあった。〈みすず書房版〉では「四〇、二、一二」の「下谷区中根岸一三」。対して『演歌師の生活』では「四一・二・一二」の「下谷区入谷町三七」とあった。発行所は同じ「潮会」としている。

たとえば「明治四十年二月十二日」に発行された、もう一つの「警世諷俗　わからない　附あきらめ賦詩」の発行所は「東京青年倶楽部」となっている。「警世諷俗　わからない」の発行日を「警世諷俗　わからない　附あきらめ賦詩」と同じ「明治四十年二月十二日」とすると、発行所が「東京青年倶楽部」となる。「警世諷俗　わからない」の記述にある「潮会」とは異なってしまう。ということで、発行日は『演歌師の生活』の「四一・二・一二」。住所も『演歌師の生活』の「下谷区入谷町三七」になると思われる。

▽明治四十一年五月五日発行の「社会の燈」の発行所「中央新声会」の住所が、〈みすず書房版〉では「神田区錦町一ノ二」とあった。『演歌師の生活』では「神田区錦町一ノ三」とあった。住所の違いだけで、地図からも読み取れなかった。

▽「社会党喇叭節」は、二回発行して二回とも処分を受けた。そのうちの二回目の発行に、発行年月日と発行所の住所に違いがあった。〈みすず書房版〉では「三九、六、八」の「下谷区中根岸一三」。対して『演歌師の生活』では「四一・六・八」の「下谷区入谷町三七」。発行日が、もし「明治三十九年六月八日」ならば、住所は「浅草区北清島」となるはず。でも、住所は〈みすず書房版〉、『演歌師の生活』ともに「下谷区」となっている。『演歌師の生活』の「四一・六・八」が正解ではないかと思われる。その「下谷区」も「明治四十一年」ならば、「下谷区中根岸一三」ではなく東北、北海道から帰り、「下谷区南稲荷町」から移った『演歌師の生活』の「下谷区入谷町三七」となるはず。

▽「社会主義早わかり　平民の目さまし」の発行日が、〈みすず書房版〉では「四一、八、二五」とある。『演歌師

題号	著作者	発行年月日（明治）	処分年月日	発行者　住所	発行所　所在地
社会党喇叭節	添田平吉	39・6・8	43・9・3	添田平吉　浅草区北清島116	社会主義研究所東海矯風団　所在地不明
社会燈	添田平吉	39・6・8	43・9・3	添田平吉　浅草区北清島116	東海矯風団　所在地不明
寸鉄	添田平吉（不知山人）	39・9・28	39・9・27	添田平吉　下谷区中根岸13	うしほ会　同上
新俗躰詩　嗚呼金の世	添田平吉	39・12・29	43・8・10	添田平吉　下谷区中根岸13	うしほ会　同上
新俗体詩　あゝ金の世	添田平吉	39・12・29	43・9・3	添田平吉　下谷区中根岸13	うしほ会　同上
平民あきらめ賦詩	添田平吉	39・12・29（み）◎ 40・4・5（演）×	43・9・3	添田平吉　下谷区中根岸13	うしほ会　同上
警世諷俗　わからない 附あきらめ賦詩	添田平吉	40・2・12	43・8・10	添田平吉　下谷区中根岸13	東京青年倶楽部　同上
魔風	添田武子（唖蟬坊）	40・6・25	40・6・25	添田武子　下谷区中根岸13	うしほ会　同上
警世諷俗　わからない	添田平吉	41・2・12（演）◎ 40・2・12（み）×	41・8・3	添田平吉　下谷区入谷町37（演）◎ 添田平吉　下谷区中根岸13（み）×	潮会　同上
社会の燈	添田平吉	41・5・5	41・8・3	満倉新三郎　神田区錦町1ノ2（み）？ 満倉新三郎　神田区錦町1ノ3（演）？	中央新声会　所在地不明
社会党喇叭節	添田平吉	41・6・8（演）◎ 39・6・8（み）×	41・8・3	添田平吉　下谷区入谷町37（演）◎ 添田平吉　下谷区中根岸13（み）×	不明
我利我利亡者	添田平吉	41・6・24	41・8・3	添田平吉　下谷区入谷町37	うしほ会　同上
社会主義早わかり 平民の目さまし	添田平吉	41・8・25（み）？ 41・5・25（演）？	41・8・24	添田平吉　下谷区入谷町37	うしほ会　同上

（み）…みすず書房版、近代日本史料研究会編、明治文献資料刊行会編　（演）…演歌師の生活

並列して記述している個所は2説あるもの　◎……検証の結果、正しいと思われる記述　×……検証の結果、間違いと思われる記述　？……どちらか、分からない記述

添田平吉名義で発行禁止を受けた歌本

の生活』では「四一・五・二五」とあった。どちらの発行日も住所は「下谷区入谷町三七」となっている。前の「社会党喇叭節」の発行日「明治四十一年六月八日」の前後、日付はどちらともに当てはまりそうで可能性はある。ただ、どちらかは不明。

〈みすず書房版〉や『演歌師の生活』、〈明治文献資料刊行会刊〉〈近代日本史料研究会刊〉の「出版法による処分一覧」を見ると、どれも処分年月日を基準とした時系列に並べている。判断しづらく、発行年月日を基準とした時系列に並べ替えてみた。

検証の結果、全七つの違いのうち、〈みすず書房版〉説は一つ、『演歌師の生活』説が四つ、不明が二つとなった。〈みすず書房版〉を含む三資料より、単独の『演歌師の生活』の方が、より信憑性を持っていた。

もしかしたら『演歌師の生活』（昭和四十二〔一九六七〕年初版）は、〈近代日本史料研究会刊〉〈明治文献資料刊行会刊〉を精査修正した上で、引用したのかもしれない。そのため検証の結果も、〈みすず書房版〉を含む三資料より、『演歌師の生活』の方がより正確となった。あくまでも憶測の話。

ただ、これらの違いに関しては、何にしても大もとの『社会主義者沿革』の文字資料からの憶測だけ。正しい確証ある答えが得られた訳ではない。やはり『社会主義者沿革』のもとになる実際の発行物を見て、発行年月日や発行者・住所、発行所・所在地を確認しなければならないところだろう。

表を見ると、明治三十九（一九〇六）年の発行物は、ほとんどが大逆事件（幸徳事件）の流れを受けての処分となる。これは、政府が社会主義運動に関しての規制を最大限に強化し、それまでの発行物を見直しての規制になる。対して明治四十一年発行の歌本は、同じ年の八月に集中して発禁処分を受けていたことがわかる。

同年六月二十二日に赤旗事件が起きた。事件を原因の一つとして、西園寺内閣が総辞職、第二次桂内閣が発足した、七月十四日の半月後の処分となる。電車運賃値上げ反対運動から発した兇徒聚衆事件の保釈が取り消された。社会主義運動の取り締まりが、より強固なものになった。なにかしら新内閣の発足が関与しているように思えてならない。

『演歌師の生活』や〈みすず書房版〉〈近代日本史料研究会刊〉〈明治文献資料刊行会刊〉以外にも、啞蟬坊の発禁図書を伝える資料を、二つばかり見つけた。

一つは、能川泰治の論文「近代日本都市下層社会の歴史的研究」(平成十二〔二〇〇〇〕年)。第五章に「『冬の時代』の社会主義と都市下層社会――演歌師・添田啞蟬坊の活動を中心に――」がある。啞蟬坊の活動や作品から、都市下層社会と大正デモクラシーとの、関連性を位置づけている。また一連の社会主義運動のなかでの、演歌の存在意義を読み解いていた。

論文の章末には、「添田啞蟬坊略年譜」や「要視察人記録にみる添田啞蟬坊の活動」とあわせて「出版物発禁処分一覧」がある。明治期の十三作品に加えて、大正期の四つの作品が挙げられていた。発行者の氏名と住所の欄がない。それはよしとしても、発行所の住所が、明治期の「下谷区中根岸一三」と、大正期の「下谷区山伏町三七」の二つしかない。

大正期の出版物の発行所は、明治四十三(一九一〇)年、山伏町のいろは長屋に移ってからのもので、問題はない。ただ、明治期の発行所は「下谷区中根岸一三」だけではない。「中根岸」をはさんだ明治期の発行所として、初期の「浅草区北清島一一六」と、後期の「下谷区入谷町三七」がある。

初期の「浅草区北清島」は、関西の旅から帰ってきた明治三十八年、啞蟬坊にとっての二つ目の住まいとなる。また後期の「下谷区入谷町」は、西川光二郎と東北、北海道への遊説旅行から帰京後、明治四十一年の二つ目の住まいとなる。二つの住所でも処分を受けている。みすず書房の『社会主義者沿革　第三』のなか「社会主義ノ記事ニ依リ処分シタル刊行物一覧」の「出版法による処分一覧」にも明記されている。

もう一つの資料は、昭和十(一九三五)年に、内務省警保局図書課が発行した『禁止單行本目録』。湖北社が昭和五十一（一九七六）年七月に復刻した。明治二十一（一八八八）年から昭和九年までの処分出版物のうち、単行本を対象に収録している。「安寧」と「風俗」に大きく分け、タイトルを五十音順に並べている。さらにそのなかで、処分年月日順に並べている。少々見づらい。

処分を受けた出版物は、古代インドの『カーマスートラ』やファン・デ・フェルデの『完全なる結婚』など性を扱った啓蒙書。マルクス、エンゲレスの『共産党宣言』、レーニンの『国家と革命』など思想的な書。はたまた井原西鶴の『好色一代男』や小林多喜二の『蟹工船』、『中野重治詩集』などの文学作品、さらには漫画『のらくろ上等兵』と、幅広く記されている。なかに唖蟬坊の歌本がある。

掲載されていたのは、『社会主義沿革』の十三曲のうち、「あゝ金の世（新俗體詩）」「我利我利盲者」「寸鐵」「平民あきらめ賦詩」「魔風」「わからない（警世風俗）」の六曲。「魔風」は「安寧」と「風俗」の二つに収められている。両方で罰せられたということか。

二つの「社会党喇叭節」と、もう一つの「新俗躰詩　嗚呼金の世」や、「社会燈」「警世風俗わからない　附あきらめ賦詩」「社会の燈」「社会主義早わかり　平民の目さまし」の七曲は載っていない。単行本でないからなのか。単行本と、そうでないものの区別がわからない。

『禁止單行本目録』は、題号、著者、発行所、発行人住所氏名、処分年月日、訓令通牒番号の順に記されており、発行年月日の記載はない。唖蟬坊の記述のなかには、省略された個所もかなりあった。例えば、「発行所」の項目はすべてが空白になっている。また「発行人」の住所は「東京」とあるだけで、区名、町名、番地がない。

他の資料にはない項目として、訓令通牒番号の記載があった。

「安寧」にある六曲は「あゝ金の世（新俗體詩）」の警秘八四〇、「我利我利盲者」の訓六四九、「寸鐵」の訓七〇二一、「平民あきらめ賦詩」の警秘八四〇、「魔風」の訓五八三、「わからない（警世風俗）」の訓六四九。また「風俗」の一曲は「魔風」の警秘五八三。

問題の処分の日付は、これまでの資料と同じ記載だった。

著作が唖蟬坊の作品は十三ある。ただ、処分を受けた全百八十五文献のなかには、唖蟬坊の作品でも、著作名儀が違うものもある。

大滝寅太郎(大阪平民社)の「平民はやり歌第一集 鳴呼金の世」「平民はやり歌第二集 鳴呼わからない」「平民はやり歌第三集 平民ラッパ節」。五島鯨波の「警世風俗 四季の歌 壱号」「警世風俗 あきらめ 続篇壱号」「警世風俗 浮世」。岩田専助の「うき世」。渋井福太郎の「破棄余勢」など。

そのほとんどが作者の唖蟬坊に無断で印刷、発行した海賊版となる。ここでは、著作者に本名の「添田平吉」や「唖蟬坊」「不知山人」、または妻「たけ子」の名がある十三の文献に限り、海賊版は省いた。

唖蟬坊の十三文献は、あくまでも明治三十九(一九〇六)年から明治四十三(一九一〇)年までの四年間に、唖蟬坊名儀で処分を受けた作品となる。しかし唖蟬坊が当時、発行したすべての歌本が、発禁処分の憂き目にあったわけではない。『唖蟬坊流生記』の巻末年譜から探すと、処分を受けなかった歌本も、少なからずある。

▽明治三十九年　すべて処分作品
▽明治四十年　「四季の歌新作」「当世字引歌」「袖しぐれ」
▽明治四十一年　「増税節」
▽明治四十二年　「金色夜叉の歌」「不如帰の歌」「ゼーゼー節」
▽明治四十三年　「思い草」「さわりくづし」「むらさき節」「石童丸」「百万灯の歌」

『社会主義者沿革』の「出版法による処分一覧」を見ると、「社会党喇叭節」は、明治三十九(一九〇六)年六月八日と、明治四十一年六月八日の二回発行された。明治三十九年発行の歌本は、四年三か月後の明治四十三年九月三日に処分された。明治四十一年発行の歌本は、わずか二か月後の八月三日に処分された。処分の順番が逆のような気もする。

真偽は定かでない。

では、処分された「社会党ラッパ節」の歌詞は、「光」に掲載された「社会党ラッパ節」そのものなのか。それとも『演歌の明治大正史』や『流行り唄五十年』のように作り替えてうたった歌詞のか。まったく異なる「社会党ラッパ節」が存在したのか。はたして唖蟬坊が、どのような「社会党ラッパ節」の歌本を作り、うたい、処分を受けたのか。興味は尽きない。

二つの「社会党喇叭節」は、違う時期に発行していたことがわかった。そうすると、同じ明治三十九（一九〇六）年十二月二十九日に発行した、「嗚呼金の世」と「あゝ金の世」の違いはどこにあるのか。発行者もその住所も、発行所もその所在地も同じ。違いはタイトルの表記だけ。なぜ、同じ日に同じタイトルの歌本を発行したのか。歌詞の内容が違うのか。それとも、どちらかの発行日を間違えているのか。実物の歌本を見比べる以外に、答えを見つける手立てはない。

はじめて「社会党ラッパ節」が「光」に載った第13号は、明治三十九（一九〇六）年五月二十日に発売された。そして歌本「社会党喇叭節」の一回目の発行は、十九日後の六月八日。

それでは、唖蟬坊が堺利彦の家を訪ね、「光」に掲載された「ラッパ節」の替え歌をうたいたいと申し出た時期は、いつになるのか。

「社会党ラッパ節」の成り立ちと経緯は、いろいろな著書で、唖蟬坊と堺のやりとりを描いている。しかし、その日付までは記していない。キーポイントとなるのは、「光」第13号の発売日。このときは毎月二回、五日と二十日の発売。となると、唖蟬坊が訪ねたのは、五月二十日から次の発売日六月五日までかと思われる。

たとえば唖蟬坊は、五月二十日に発売された「光」を見て、すぐ堺家を訪ねたのか。一時おいてから訪ねたのか。それとも、次の六月五日号発売直前に訪ねたのか。憶測の域は出ない。しかし、早く了承を得たい、早くうたいたいという気持ちはあったはず。自分の思いや考えていたこと、伝えたかったことが「光」掲載の「社会党ラッパ節」に代弁されている。あせる気持ちを抑えながら、五月中に堺家を訪れたのではないか。

歌本「社会党喇叭節」の一回目の発行は、六月八日。「光」第14号(六月五日発行)が発売されて間もない。そうであれば、六月五日直前や六月五日以降の堺家の訪問はあり得ない。遅くても五月下旬、二十日が過ぎて間もない時期には、堺家を訪ねたのではないかと思われる。

唖蟬坊は、投稿作品の掲載を心待ちにしていたはず。自身のもともとの「ラッパ節」が、どのように変化して「社会党ラッパ節」になるのか、一刻も早く紙面を見たかったのではないか。その後、二回発行される歌本「社会党ラッパ節」の歌詞の内容はわからない。しかし『演歌の明治大正史』に載った「社会党ラッパ節」九節のうち、六節の歌詞を「光」から取り入れている。それだけ大事に思い、お気に入りだった。そして、自身の作品と「光」に掲載された作品とを併せて歌本に仕上げたのだろう。

「社会党ラッパ節」が載った「光」第13号を見て、すぐに堺を訪ね「うたわせて欲しい」と申し出たのではないか。

明治三十九(一九〇六)年、「社会党ラッパ節」をうたいたいと唖蟬坊が堺宅を訪ねた。二人の出会いは、そのときが初めてだったのか。それ以前には会っていなかったのか。

どうも二人の初めての出会いは、唖蟬坊の「歌をうたわせて欲しい」ではないような気がしてならない。たとえば、「ラッパ節」の歌詞を募集するにしても、堺側からの何がしかのリアクションが唖蟬坊にあったはず。

『唖蟬坊流生記』の巻末年表、明治三十八年の項に「堺利彦をたずねる」とあった。その三十八年の幅をせばめる。

木原実の『燎火の流れ』がある。二人が初めて出会った時期を示していた。竹久夢二が「直言」第二十号に挿画を発表したとする話のあとに「唖蟬坊添田平吉が、堺利彦を訪れたのも、その頃のことである」(二三七頁)と、見逃してしまいそうな一行があった。

竹久が絵を描いた「直言」第二十号は、明治三十八年六月十八日の発行。二人が出会ったのはその前後となる。さらに、このとき唖蟬坊が堺を訪ねたのは、堺が会いたいと申し出たからとする記述があった。

> 堺から会いたいとの申し出を受けて麹町元園町の家を訪ねてゆくとき、すでに敬意を抱いていたと唖蟬坊が書いているのは、反戦論を貫くために黒岩涙香の大衆新聞「万朝報」を退社して以来の堺や社会主義者たちの言動に、彼がひと通りでない関心をもちつづけていたということを告げるものであろう。（『唖蟬坊流生記』三三八頁）

関西で非戦論に目覚めた唖蟬坊は、堺の言動に関心を持っていた。堺に敬意を抱いていたことだろう。思想や活動について、幅広く聞きたかったはずだ。その堺から会いたいと誘いがあった。唖蟬坊にとって願ってもないことだった。それでは、堺から会いたいと申し出た理由は何か。もしかして、その頃にはもう流行していた「ラッパ節」に興味を持ったか。「ラッパ節」が大流行したのは「ちゃうど日露講和条約が成らうかといふ時」（『唖蟬坊流生記』一四三頁）となる。時期的には明治三十八年八月頃。八月に「ラッパ節」が流行していたということは、作ったのはそれ以前。たとえば六月頃に「ラッパ節」が発表され、先見のある堺の目にとまり、すぐに出会っていたとしたら、「直言」第二十号の発行前後とも符号する。

堺と唖蟬坊は、それぞれに興味を持っていた。お互いに引き合っていたのかもしれない。二人は出会うべくして出会っていた。

「社会党ラッパ節」の歌詞を募集するのは、二人が初めて出会ってから一年後のことになる。

『流行り唄五十年』（五八頁）では、「社会党ラッパ節」の歌詞を紹介したあとに、「こういう歌が当時発禁になるのは当然であったから、伏せ字を使って辛うじて印刷したものである。しかし歌はそれからそれと、うたいつがれていた」と記されている。

社会主義の出版物は、弾圧によって発禁という烙印が押されないよう、往々にして「×」や「○」など伏せ字という防御線を張って伝えていた。『増訂明治事物起原』[57]では、新聞雑誌上の伏せ字の起源を、慶応の時代からとした。

慶應四年四月版〔中外新聞〕第十三號に仙臺侯の建白を載す就中、慶喜の二字は、悉く□□を以て空白となすことと『就徳川□□叛逆爲追討』の如し、後ち明治七年十月發行〔雜誌〕三百卄號に極めて過激の文章なる山本克の建白書を掲げ、就中諱忌に觸るべき人名などは、代ふるに○○を以てせり、後來、新聞雜誌類にて正言を憚る場合、○○を塡することはこれ等に淵源するか、十年五月〔團珍〕九號の祝詞中に、『○○ノ未ダ世上ニ露布セザルノ前、余初メテ○○ヲ以テ人ノ姓名ニ代エタル投書ヲ得テ之ヲ世ニ公ニセリ、何ゾ圖ラン○○ノ奇禍ヲ胚胎シ來ラントハ、隠然タル○○ハ忽チ化シテ顯然タル○○ト爲ル下略、報知社鶴谷山人』。(『増訂明治事物起原』二〇九頁)

歌は出版物と違い、口から口へとうたい継がれる。庶民の心に響く歌に、伏せ字などない。心のなかで育まれ、生きた力によって伝えられていった。

5　そもそもの「ラッパ節」

明治時代の半ばを過ぎた頃から、東京での学問熱が盛んになった。学問を志して、東京へ出てくる若者が多くなる。さらに日露戦争に勝ち、青雲の志を抱いて地方から上京し、苦学をする者が増える。東京には、そんな苦学生を受け入れ、歓待する風潮があった。

苦学生はアルバイトをする。選んだ仕事の一つに演歌があった。演歌は夜を生業としている。苦学生に格好の職業となり、一時期、演歌師が増えた。

この頃、演歌師に袴をはく習慣が生まれた。あわせてこの頃から、〈壮士節〉といわれていた〈演歌〉が、〈書生節〉といわれるようになる。自由民権を鼓舞する〈壮士節〉は廃れた。時代とともに、苦学生の一種のファッションとしての〈書生節〉へと生まれ変わった。

また明治三十年代後半になると、〈演歌〉はより大衆に密着した。庶民の代弁者的な役割を担うようになった。江戸時代の瓦版的な要素も加わって、歌の形や節回しが整う。さらに流行歌などを取り入れることで、民衆の芸能的欲求を満たすようになっていった。

(1)　馬車に轢かれたひき蛙

これまで「社会党ラッパ節」「電車問題・市民と会社」と、「ラッパ節」の二つの替え歌の背景をみてきた。

それでは、これらの歌の大元になる「ラッパ節」とは、どのような歌だったのか。「ラッパ節」ができた背景には、なにがあり、なぜ市民を魅了するほどに流行したのか。

実は啞蟬坊の知り合いの一人の女性、ヨミをしていた「渋井のばあさん」の一言が、そもそものきっかけだった。ヨミは、「一つとせ」の節で三面記事的な事件歌の読売を流し歩いていた。

『増訂明治事物起原』には、読売に関して二つの項目がある。

一つは「壯士歌賣」。「東京市内縁日の盛り場などにて一寸薄暗き小影を栖にとり、流行歌を讀賣する者、之を壯士歌といふ。明治二十七年ころより行はれし如し」(三四頁) とある。

もう一つの「昔の讀賣」には、「『讀賣』とは、火事地震仇討其他奇事異聞の發生と共に、之を粗末の印刷物と爲して、市上に其概意を讀み上げながら、賣り歩きしものなり」(一七七頁) とあった。

明治三十六(一九〇三)年、啞蟬坊は妻たけ子と前年に生まれたばかりの息子知道を、茅ケ崎の実家に預けた。単身関西方面へ演歌の旅に出た。

名古屋、岐阜を歩き、伊勢路から柘植、そして大阪に出る途中。大勢の子どもたちが「ロチャコイ、ロチャコイ」と囃している。ちょうどロシアとの戦争を目前にした時期となる。征露熱などなにもわからない小さな子どもにまで浸透していた。風向きに勢いがあった。啞蟬坊は子どもたちの囃しと、土佐の「ヨサコイ節」とを結びつけた。「ロシャコイ節」が生まれた。

東洋平和に害ありなど、
無理な理窟をつけをつた　ロシャコイ　ロシャコイ
一天四海をわが物顔に
無礼極(きわ)まる青目玉(あおめだま)　ロシャコイ　ロシャコイ

今は堪忍袋の緒さへ
切れて鋭き日本刀　ロシャコイ　ロシャコイ
日本男児が血潮を流せし
遼東半島今いかに　ロシャコイ　ロシャコイ
なぜかお前は八方美人
わたしや一筋国のため　ロシャコイ　ロシャコイ
花は今だよいざ諸共に
駒に鞍おけ日本武士　ロシャコイ　ロシャコイ
黒鳩赤髯（くろばとあかひげ）もうかなはぬと
白旗立て丶青い顔　ロシャコイ　ロシャコイ（『演歌の明治大正史』一〇六頁）

大阪に出て「ロシャコイ節」をうたうと受けた。千日前、心斎橋筋、日本橋通りよりも、道頓堀がいちばん受けた。「読売新聞」（明治三十七〔一九〇四〕年二月十日、三頁）に、「ロシヤ來い節」と題した記事がある。

両三日前大坂南地の明月樓に於て加能越三州の懇親會を催したる折時局問題をヨサコイ節に作り替へて座興を添へたるが昨今南地にて藝妓どもが頻りに唄ひ居れりとか其唄ハ

『鷲の羽ばたき只だ音ばかり、今に手取りにして見せう、ロシヤコイ　ロシヤコイ』。
『クロバト殺すにや豆鉄砲よ、アレキシーフハ一ひねり、ロシヤコイ　ロシヤコイ』。
『清韓助けて露西亞をバ斃し、世界の平和を脊負て立つ、ロシヤコイ　ロシヤコイ』。

啞蟬坊が作った「ロシャコイ節」をもとに、大阪の芸妓がうたったのか。記事は明治三十七年二月。啞蟬坊はそれ以前に「ロシャコイ節」を作り、大阪で大いにうたっていたことになる。それだけ広まっていた証拠かもしれない。記事の一か月後、旅順口閉塞作戦と広瀬中佐が新聞を賑わした。

啞蟬坊は「欣舞節」の節にあわせて「軍神広瀬中佐」(58) を作りうたった。「欣舞節」は、明治二十二（一八八九）年に作られて以来、「愉快節」と対をなす壮士演歌の代表格的な存在だった。衰えを知らず脈々と長期間にわたって市民に親しまれ、人気を誇った。

啞蟬坊はほかにも「志気の歌」や「寂滅節」「露西亜兵の軍歌」を作った。「千鳥節」「長崎節」「博多節（替）」など、小唄の作り替えもした。

露西亜兵の軍歌

露西亜兵のうたふ軍歌をよくよく聞けば　実におへそが茶をわかす　進めや進め諸共に
死なぬ覚悟で進むべし　敵に出逢ふた其時は　負傷をせぬうち逃げ出だせ　わづかの月給貰ふため
負傷でもしてはあほらしい　死んでは尚更引き合はず　進むは吾等の義務なれど　逃げるは吾等の権利なり
勝手次第に逃げ出だせ　されど婦女を辱め　他人の宝を奪ひとる　事は決して怠るな
軍規もへちまもあるものか　こんな機会（とき）にはあばれ徳　強い日本の兵隊に　見付けられたらどんどんと
後を向いて進むべし　敵の居らない処へと　方角違ひに進み行け　たとへ吾等は弱くとも
敵に遇はねば負けはせぬ　呑気ぢゃないかいな（『啞蟬坊流生記』一三六頁）

演歌をうたうと人が集まる。巡査が中止を命じる。警察に何度引っぱられても、唖蟬坊は演歌をやめない。しまいには五十銭の科料言い渡しを受ける。警察で「持ち合わせがない」というと帰された。唖蟬坊は腹ごしらえをして警察に出直す。一晩泊まればいいのだからと体刑を申し出た。しかし警察から「罰金は分納でもいいから」となだめられる始末。いつのまにか罰金はうやむやに流れた。うたってても巡査は咎めなくなった。そうこうしているうちに唖蟬坊は、大阪に演歌の常場所、慣行地を設けるまでなった。

翌明治三十七年、大阪では難波新地に住んだ。ときに紀州、淡路をも巡り歩いた。帰京すると、高橋須磨男を訪ねた。高橋は青年倶楽部時代の唖蟬坊の弟子となる。浅草町の宿屋で女房をもっていた。女房は「一つとせ」の読売をしていた。唖蟬坊も同じ宿屋に泊まった。

高橋は演歌の材料がなく困っているときだった。唖蟬坊が大阪で作った作品を見せる。高橋は喜び意気込んだ。唖蟬坊は高橋の女房にも新作を渡した。

明治三十八（一九〇五）年、唖蟬坊は浅草区北清島町一七番地の、武井ランプ店二階に移った。

戦争の景気は歌の世界にも及んだ。演歌本が売れ、演歌師を志す者が後を絶たなかった。秋山米太郎、石川、祝出継尚、中林伝次郎らが弟子入りした。その中に「渋井のばあさん」がいた。渋井のばあさんは、高橋須磨男の女房の読売の師匠だった。万年町に住む香具師の亭主をもち、男女二人の子どもがいた。年寄りでもないのにヨミの古顔となり、仲間内から「渋井のばあさん」と呼ばれた。

あるとき、姉御肌の渋井のばあさんが唖蟬坊に言った。

「どうも演歌の文句はかたくるしくていけないよ先生、もっとくだけたものを作って下さいよ」

しきりにねだった。唖蟬坊自身、渋井のいうことがわからないでもなかった。そして、苦笑裡にできたのが「ラッパ節」だった。

「ラッパ節」の囃しの「トコトットット」は、寄席芸人円太郎[59]の演目からヒントを得た。明治二十年前後のこと。江戸噺家の四代目橘家円太郎は、ラッパを吹いて発着や進行の注意を促す、乗合馬車の御者を高座で真似た。円太郎は「お婆さん、あぶないよ」と、客を笑わせて人気を博した。そんなことから、当時、鉄道馬車以前の乗合馬車のことを、円太郎馬車とも呼んだ。またガタクリ馬車、ガタ馬車、乞食馬車とも呼ばれていた。唖蟬坊は少年時代の笑いを覚えていた。

息子知道の逸話も「ラッパ節」に加えられた。

> 幼ない知道が母に連れられ浅草へ遊びに行く。そのとき鉄道馬車の軌道を歩いていたらペシャンコになった蛙を見つけた。その話を帰って唖蟬坊にしたことがあり、それがヒントになったらしい。(『添田唖蟬坊・知道』四三頁)

「ラッパ節」の曲は、「ノルマントン号沈没の歌」のメロディを変調させた。「ノルマントン号沈没の歌」は、明治十九(一八八六)年十月のノルマントン号沈没事故[60]をもとに作られ流行した。その「ノルマントン号沈没の歌」のもとをたどると「抜刀隊」。さらには、ビゼーの「カルメン」に行き当たるという。

> ビゼーの「カルメン」を下敷きにつくられた「抜刀隊」のメロディは、「ノルマントンの歌」から「小川少尉の歌」を経て、添田唖蟬坊の名作「ラッパ節」にいたるまで、演歌のもっとも代表的な旋律のひとつとしてうたいつがれたという。(『幻景の明治』七八頁)

「カルメン→ラッパ節」を説いたのは、音楽評論家の堀内敬三だった。『ヂンタ以来(このかた)』(昭和十(一九三五)年発行)を見ると、「カルメン→ラッパ節」の初出は昭和七(一九三二)年四月とある。流れを時系列に整理してみる。

ビゼーの「カルメン」がパリで初演したのは、明治八（一八七五）年三月。

明治十八（一八八五）年七月、麹町区山下町の鹿鳴館で「抜刀隊」が初めて演奏された。「抜刀隊」は、『新体詩抄』（明治十五年七月）に発表した外山正一の詩に、フランスから招かれた陸軍軍楽隊教師シャルル・ルルーが曲をつけた。

そして「ノルマントン号沈没の歌」（明治二十年）、「小川少尉の歌」（明治三十一（一八九八）年）から、「ラッパ節」（明治三十九（一九〇六）年）へと受け継がれる。さらにメロディは、「松の声」「奈良丸くずし」「青島節」「ぼんちかあいや」「ストトン節」「炭坑節」と続き、第二次世界大戦時の軍国歌謡から、戦後の歌謡曲に流れていくといわれている。

もう一つ、『今昔流行唄物語』（昭和九（一九三四）年七月発行）では、「抜刀隊」と「ラッパ節」の関係について記していた。

> 實際に於て、流行唄にラツパの擬音を取入れたといふことは、一つの大きい發見であつて、それは何人の創意であるか解らないけれど、いはゆる嶄新奇抜な趣向であつたのだ。とは云へ、唄のメロデーは、西南役に歌はれた「抜刀隊」の譜から出てゐることは、その二つを合せて歌つて見れば直ぐに判明する。（一八四頁）
>
> 歌劇カルメンの軍歌に源を發する「抜刀隊」の旋律が、後に「ノルマントン號沈没の歌」となり、「ラッパ節」となり、更に演歌師の「松の聲」となつたのであるから、甚だ興味がある。（一八九頁）

『今昔流行唄物語』では、「抜刀隊由來」とする四頁ほどの章のなかで、「ラッパ節」の起源を記している。残念ながら、「ラッパ節」の歌詞はない。さらに、大衆音楽文化研究家の長田暁二が、「ラッパ節」の成り立ちについて記した。

1884年作のルルーの「抜刀隊」を歌おうとした民衆が、どうしても西洋音階で歌えず、自然に原曲と違った日本の陰音階になってしまっているのに気がついた添田啞蟬坊が、「抜刀隊」のメロディを借りて、この「ラッパ

節」を作ったといわれている。（『流行歌20世紀』一二頁）

啞蟬坊は「ラッパ節」の歌詞に、三つの方向性をもたせた。

一編を壮士演歌の流れを汲む「歴史物」、一編を時節の「戦争物」、そしてあと一編を渋井のばあさんがいう「滑稽物」とした。戦意高揚の作風から一八〇度変わった。これが大当たりするきっかけになった。

「ラッパ節」は人気を博した。啞蟬坊は「ラッパ節」を、ランプ屋の武井方を発行所として売った。毎朝、家の前が市のような盛況となる。一人三百部、五百部と希望するところ、百部、百五十部しか渡せない。それが一、二時間でなくなった。印刷所は連日夜通しで刷り続けた。

渋井のばあさんは、得意満面に「ほれみなさい」と、さも満足気。啞蟬坊は納得するしかなかった。

日露戦争中だったにもかかわらず、市井の庶民は戦争物より新しい滑稽物を好んだ。コミカルな内容が大いに受けた。戦中戦後の緊張を和らげ流行した。

滑稽物の内容は、それまでの好戦的な歌にあるような、上から見下ろす視点ではない。目線が民衆と同じ高さになった。流行する一因かもしれない。渋井ばあさんの一言から生まれた「ラッパ節」は、啞蟬坊にとって転機となる画期的な歌になった。啞蟬坊は確かな手応えをつかんだ。

啞蟬坊は、浅草区北清島町一七番地の武井ランプ店の二階から、裏手となる北清島町一一六番地の二階建ての家に移った。大磯の実家に託していた妻子を引き取った。

二階を演歌者の寄宿にあて、秋山米次郎・静代夫婦や石川、中林伝次郎らを受け入れた。渋井のばあさんは読売の弟子、長尾鞆足と倉持忠助を連れてきた。

演歌の仕事に出るのは夕方から。昼間は二階でごろごろ、俳句などをしていた。啞蟬坊は秋山に「楓谷」、石川に「曲峰」、長尾に「吟月」の号をつけた。倉持は寺の小僧時代に和尚がつけた「愚禅」をそのまま使うことにした。

演歌家仲間の出入りが激しくなると、管理を武井にまかせた。明治三十九（一九〇六）年、啞蟬坊一家は下谷区中根岸一三番地に移った。

唖蟬坊は中根岸で「うしほ会」を作り、社会啓蒙運動を始めた。新しい「ラッパ節」を追加し、「あきらめ節」「あゝ金の世」「あゝわからない」を作り、うたった。「うしほ会」には長尾、倉持、秋山夫婦のほか、仙台の佐藤悟や、古泉鶉村、高橋九稔（勝作）、川田倉吉らが集まった。

「ああ金の世やといえばタンスができ、ああわからないといえば茶ダンスができる、ヘンだなあ」と笑って首をかしげた。（『流行り唄五十年』七二頁）

秋山楓谷は、一部二銭の歌本を売った。稼いだお金で家財道具を買った。売れ方が尋常でないことを物語っている。渋井のばあさんは、夕方、よく娘を連れて演歌に出た。娘は「早く『わからない』に行こうよ」と催促した。『流行り唄五十年』（昭和三十年発行、五一頁）に載っている「ラッパ節」の歌詞をみる。

わたしゃよっぽどあわて者　蟇口（がまぐち）拾うて喜んで
にっこり笑うてよく見たら　馬車に轢かれたひき蛙　トコトットットット

倒れし戦友抱きおこし　耳に口あて名を呼べば
にっこり笑うて目に涙　万歳唱うも口の内　トコトットットット

今鳴る時計は八時半　あれに遅れりゃ重営倉
今度の日曜がないじゃなし　放せ軍刀に錆がつく　トコトットットット

露営の夢のふと覚めて　見あぐる空に月一つ
物を思えといい顔に　わたる雲間の孤雁（ひとりかり）　トコトットット
やがて屍の上に照る　月を仰いで戈枕（ほこまくら）
たちまち聞こゆる砲（つつ）の音　敵の夜襲か小ざかしや　トコトットット
降り積む雪はしんしんと　障子あくれば銀世界
さぞや彼地は冷たかろ　思えば涙が先にたつ　トコトットット
ものに動ぜぬ保昌が　節も妙（たえ）なる笛の音に
なびく芒（すすき）のひらめきや　斬りつけかねたる袴垂（はかまだれ）　トコトットット
【袴垂は平安時代の盗賊。和泉式部の夫藤原保昌の弟ともいわれるが未詳】
一天万乗の大君は　遠き島地へ落ち給う
聞いて無念と高徳が　赤き心を墨でかく　トコトットット
【後醍醐天皇と児島高徳の故事にちなむ】
元これ尾張の一土民　叩きゃ音（ね）の出る智恵袋
関白太閤秀吉と　響く朝鮮支邦の果て　トコトットット
たぐい稀なる英雄も　たてた反旗の色褪せて

剣折れ弾尽き馬斃(たお)れ　消ゆる城山松の露　トコトットット
主君の恨みを晴らさんと　吉良家へ打ち入る赤穂義士
山と川との合言葉　山鹿一流陣太鼓　トコトットット

武士と武士との意地づくに　喧嘩花咲く仲の町
抜いた刀は稲妻の　下をくぐった濡れ燕　トコトットット

ほんにうるさい人通り　つなぐその手を二度三度
はなす話も後や先　離れがちなる二人連れ　トコトットット

倒れた徳利を引きおこし　アレマアひどいと袂から
出すハンカチも紅の色　赤い心でふく畳　トコトットット

畳叩いてこちの人　悋気でいうのじゃないけれど
一人でさした傘ならば　片袖ぬれようはずはない　トコトットット

親の財産あてにすりゃ　薬缶天窓(あたま)が邪魔になる
入れておきたい火消壺　おこるたンびに蓋をする　トコトットット

どん帳役者に熱くなり　親が涙で意見すりゃ

仮声（こわいろ）まじりの口ごたえ　あきれ返ったドラ娘　トコトットット

歌詞内の墨付き括弧（【　】）は、復刊時の編集部による注釈。おそらくこの全十七節でも歌詞の一部に過ぎないと考えられる。

歌詞を読み進めていくと、歴史物、戦争物、滑稽物の違いは明らか。構成的にまとまっている。歌の導入部分に、これまで演歌でうたわれることのなかった滑稽物。息子知道の逸話「わたしゃよっぽどあわて者〜」の一節を先頭に配置している。親しみやすく聞く人の心を惹きつける。次に時節柄の戦争物を六節、そして演歌のなかではなじみ深い歴史物を六節、最後に新鮮な滑稽物を五節。絶妙なバランスがとれている。

もう一つ、『演歌の明治大正史』（昭和三十八（一九六三）年発行、一一〇頁）にも「ラッパ節」が載っている。比べると、こちらは全九節で、『流行り唄五十年』の、ダイジェスト版ともいえる。順番は滑稽物の「わたしやよつぽどあわて者〜」から始まり、「畳叩いてこちの人〜」「親の財産あてにすりや〜」「倒れし戦友抱きおこし〜」「やがて屍の上に照る〜」「降り積む雪はしんしんと〜」「ものに動ぜぬ保昌が〜」「元これ尾張の一土民〜」「たぐひ稀なる英雄も〜」と、滑稽物、戦争物、歴史物が順番にそれぞれ三節ずつまとまっている。

『流行り唄五十年』も、『演歌の明治大正史』も、後に述べる『流行歌明治大正史』にしても、うたい出しの一節目の歌詞「わたしゃよっぽどあわて者〜」の最後は、「〜馬車に轢かれたひき蛙」となっている。

時代を経て、鉄道馬車にかわって電車が走るようになると、歌詞も自然に「〜電車に轢かれたひき蛙」と、うたい継がれたといわれている。すると、もともとの「ラッパ節」は、鉄道馬車の時代に作られたことになるのか。

雑誌「改造」（大正十四（一九二五）年）に連載した「演歌流行史」で、啞蟬坊が記している。

三十九年、かの「喇叭節」の大流行である——私しやよつぽどあわてもの、蟇口拾ふて喜んで、家へ歸つてよく見たら、馬車にひかれたひきがへる（電車にひかれたの方が多くうたはれた様であるが、鐵道馬車の時代で、最初は馬車であつた）。（大正十四年七月号、三六頁）

括弧内説明の最後、「最初は馬車であつた」は、初めは馬車が走り、のちに電車に変わったということだろう。問題はその前の「鐵道馬車の時代で」の意味。いったい、なにが「鐵道馬車の時代」なのか。読み方によっては「『ラッパ節』が生まれたのは」ともなり得る。

では、「ラッパ節」が生まれたのは、本当に鉄道馬車の時代なのか。

鉄道馬車が走っていたのは、電車が登場する明治三十六（一九〇三）年八月二十二日よりも前となる。対して「ラッパ節」が作られたのは日露戦争末期のはず。明治三十六年ではまだ戦争が始まっていない。明治三十六年の春頃から戦争は必至といわれ、一発触発の状態ではあったかもしれない。しかし、日本とロシアが互いに宣戦を布告するのは、明治三十七（一九〇四）年二月十日となり、時期が合わない。

その答えになりそうな記述を二つ見つけた。

この三電競争時代に鉄道馬車は徐々に駆逐されていったのである。馬車と電車が同じ路線を通っていたこともある。東京市中ものんびりしていたものである。（『流行り唄五十年』五五頁）

東京馬車鉄道会社が、電車鉄道会社となって、新橋、八つ山間を、馬車の軌道をそのまま電車に試みたが、他の区間はまだ馬車を動かしていた。（『演歌の明治大正史』一一二頁）

電車が走り始めても、同じ線路の上を鉄道馬車がいっしょに走っていた時期もあった。さらに「ラッパ節」が作られた時期の具体的な記述を見つけた。

日露戰爭講和前から謠われ出したのが、旗野十一郎作歌の「喇叭卒」（ト調四分の四）から変化した喇叭節で、その囃子詞の〝トコトットット〟も「喇叭卒」の喇叭譜に拠つたものであるがそれは頗る時潮に投じて、三十九年に至つて大流行をなすに至つた。（『流行歌百年史』三三〇頁）

ラッパ節を作った。（略）これが大変な当り方であった。ちゃうど日露講和条約が成らうといふ時で。

（『啞蟬坊流生記』一四三頁）

日露講和条約は明治三十八（一九〇五）年九月五日に調印、十一月二十五日に批准書が交換され終戦を迎える。逆算すると明治三十八年八月の後半には、もう「ラッパ節」は流行していたことになる。

明治三十八年八月といえば、東京に電車が走り始めて二年が過ぎている。また、最後に鉄道馬車が走ったのは、上野～浅草間の明治三十七年三月十七日。「ラッパ節」ができる一年半前のことにもかかわらず、初期の歌詞は「～馬車に轢かれたひき蛙」としていた。

電車が走り始めて二年、鉄道馬車がなくなって一年半を経ても、鉄道馬車が市民に馴染んでいたということ。街中に電車という便利な文明の利器が走っても、まだまだ馬車も捨てたものではないと、ちょっぴり昔を懐かしむような感じで、馬車としたのかもしれない。

鉄道馬車が登場した初めの頃、珍しさもあってメディアは讃えた。しかし、後には、そうもいえない状況に陥る。「ラッパ節」ができるずっと以前の話。

明治十五（一八八二）年六月二十五日、東京馬車鉄道が新橋～日本橋間に開業した。新聞や雑誌はこぞって鉄道馬車を称賛した。七月一日付の「東京経済雑誌」が伝えた。

運転は早し、車の内は綺麗だし、その上に乗車賃が安い。この三利益があるのだから、人々は争ってこれを利用することになりそうだ。（『明治東京逸聞史1』九六頁）

七月八日付の「団々珍聞」(61)は「始めからなかなか評判がよくて、開業後の一週間に、乗客は一万七千六十二人に上った。賃銀の合計は四百四十九円余になる」（『明治東京逸聞史1』九七頁）と記した。

鉄道馬車は、それまでの乗合馬車に比べて格段の乗り心地。市民の好評を博し、盛況と伝えられた。六月二十五日の新橋〜日本橋間の開業から始まり、年内には日本橋〜万世橋〜上野〜浅草〜浅草橋〜日本橋間の循環線をも完成させた。(62)そんな鉄道馬車も、「追い追い延長すると共に、これが曲り角でちょいちょい脱線、お急ぎの方はお歩き下さいと来る。馬の小便で線路はぐちゃつく、臭気はひどい、沿線は大閉口」（『明治世相百話』一八頁）するまでになる。唖蟬坊の息子知道も書いていた。

前の通りを間遠に鉄道馬車が通っていた。馬車が線路をはずれて動かくなる（ママ）ことがある。すると、乗客が下りてみなで車体をもちゃげて線路にのせる、それからまた動き出すのを、客の方でもなれていた。（『演歌師の生活』九五頁）

こうしたことは日常茶飯事で、乗客も心得ていた。『増訂明治事物起原』の「東京鐵道馬車の始」の項にも、当時の苦労話が記されている。冒頭の「同年」は明治十五年のこと。

又同年十二月廿一日の〔繪入〕に『東京鐵道馬車會社の鐵道馬車は、一筋の線路（淺草茅町淺草橋際等）に至り、跡先の車を待合せ、或は線路を外し、又は時々兩方から馬車と馬車とが一筋の線路でばツたり行遇ひ、馬を附換て後戻りをする抔、思の外時間を費す云々』とあり、これ開業後六ケ月の現況なり。馬車の引返しなど、今日の想像

の及ぶ所に非ず。（二三二頁）

「一筋の線路でばツたり行遇」うとなると、大変なことになる。日本橋～浅草橋や上野～浅草など、単線一方通行の区間でのことか。どちらかの馬車は馬を付け替えて、来た線路をあと戻りする。途中で降ろされた乗客は、同方向に進む馬車が次にくるまで待つか、先を急いで歩くかしかない。

現在でも、鉄道にはたくさんの単線区間がある。信号など、安全対策は万全に施されているはず。

鉄道馬車は、鉄道のターミナル駅である新橋と上野を結ぶ重要な交通機関だった。しかし、その動力源は馬。汚物や悪臭、馬への虐待、馬どうしの争い、馬蹄による道路破壊など、厄介な問題が起こりがちだった。速度も馬の生理的条件に左右される。そんな鉄道馬車が、最盛期の明治三十五（一九〇二）年には、一分おきぐらいの間隔で走っていたという。これは平成二十三（二〇一一）年夏の、平日朝七時から八時台。一時間に山手線外回りが走る二十四本を上回る。

「ラッパ節」の歌詞をもう一つ、『流行歌明治大正史』（二二九頁）から引用する。

私しやよツぽどあわてもの、蟇口拾ふて喜んで
家へ歸つてよく見たら、馬車にひかれたひきがへる　トコトツトツト

倒れし戰友抱き起し、耳に口あて名を呼べば
ニツコリ笑ふて目に涙、萬歳唱ふも胸の内　トコトツトツト

ものに動ぜぬ保昌が、節も妙なる笛の音に
靡く芒のひらめきや、斬りつけ兼ねたる袴だれ　トコトツトツト

今鳴る時計は八時半、それに遅れりや重營倉
今度の日曜がないぢやなし、放せ軍刀に錆がつく　トコトツトツト

降り積む雪はしんしんと、障子明くれば銀世界
さぞや彼地は冷たかろ、思へばなみだが先にたつ　トコトツトツト

親の財産あてにすりや、藥罐天窓が邪魔になる
入れて置きたい火消壺、おこるたんびに蓋をする　トコトツトツト

まさかに名前を呼べもせず、一座の手前で知らぬ顔
爪彈き合圖の襖越し、唄の文句も戀のなぞ　トコトツトツト

かねての作戰計畫と、夜打と出かけ當り見りや
敵はナカナカ手ごはくて、ドツと放した肱鐵砲　トコトツトツト

あはれ車掌や運轉手、十五時間の勞働に
車のきしるそのたんび、我と我が身をそいでゆく　トコトツトツト

つらい勤めも金ゆゑの、車掌や旗ふり運轉手
日給はいつも居据りで、高くなるのは株ばかり　トコトツトツト

轢けばひいたで罪を着る、止めれば止めたで遅くなる
どちら向いても攻撃の、中に車掌は板ばさみ　トコトットットット

華族の妾の簪に、ピカピカ光るは何ですえ
ダイヤモンドか違ひます、可愛い百姓の膏汗　トコトットットット

浮世が儘になるならば、車夫や馬丁や百姓に
洋服着せて馬車に乗せ、當世紳士にひかせたい　トコトットットット

全十三節のうち、まず前半八節から。導入部に滑稽物の「私しやよツぽどあわてもの～」を持ってきている。これは『流行り唄五十年』『演歌の明治大正史』と同じ。ただ、そのあとの配列が戦争物、歴史物、戦争物、戦争物、滑稽物、滑稽物、滑稽物と続く。構成的にも数的にもまとまりがなく、ばらばらで雑な感じ。歴史物が一節しかないのも不自然だ。

そして問題は後半部の五節。「社会党ラッパ節」と同じなのだ。それもすべて機関紙「光」に掲載された投稿作品。二十五節のうちの五節をそのまま「ラッパ節」にあてはめていた。

五節のうち「華族の妾の簪に～」は、木下尚江の「良人の自白」にでてくる「ポンポコ歌」。「浮世が儘になるならば～」は、「滔天氏の外題付作替」の歌。どちらも「社会党ラッパ節」のなかでも、わかりやすい歌詞を選んだのではないかと思われる。また、「あわれ車掌や運転手～」「つらい勤めも金ゆえの～」「轢けばひいたで罪を着る～」の三節は、『流行り唄五十年』の「社会党ラッパ節」にも含まれていた電車問題の歌詞となる。ただ『流行歌明治大正史』の「電車問題・市民と会社」には含まれていない。じつは、「ラッパ節」に入れ込むためだった、なぜか。

「市民と会社」の最後のところでも触れた。『流行歌明治大正史』が発行された、昭和八（一九三三）年十一月という時期に関係すると思われる。日本の方向性が決定づけられようとしていたこの年、「社会党ラッパ節」をそのままのタイトルと歌詞でダイレクトに使うのは無謀。しかし、そんな時代だからこそ、「社会党ラッパ節」の歌詞を、分散させてでも収めたかったのではないか。

なかでも、いちばん収めやすかったのが、同時期に作った同じ節まわしの「電車問題・市民と会社」と「ラッパ節」だった。「電車問題・市民と会社」には「名誉々々とおだてあげ〜」を収めた。「電車問題・市民と会社」は、「市民」と「会社員」の対話形式で進められる、確固たる一つの世界が形成されている。いちばんインパクトの強い「名誉々々とおだてあげ〜」を含めるだけで精一杯、ほかの歌詞までは入りきらない。同様に「ラッパ節」のなかにも、隠れ蓑として忍び込ませた。大元となる「ラッパ節」の歌詞は、一節一節が独立完結した形で成り立ち、たくさんの替え歌が盛り込めるなど自由がきく。「社会党ラッパ節」を入れ込みやすかった要因の一つだろう。

さらにもう一つ、「喇叭節」の歌詞を『新流行歌集』からみる。

○倒れし戦友抱き起し耳に口あて名を呼べば。
　ニッコリ笑ふて目に涙。萬歳唱ふも胸の内。トコトット、、
○ものに動ぜぬ保昌が。節も妙なる笛の音に。
　靡くすゝきのひらめきや。斬りつけかねたる袴だれ。
○今鳴る時計は八時半。それに遅れりや重營倉。
　今度の日曜ないじやなし。放せ軍刀に錆がつく。
○私しやよつぽどあはてもの。蟇口拾つて喜んで。
　につこと笑ふてよく見たら。馬車にひかれたひきがへる。
○どん帳役者に熱くなり。親が涙で意見すりや。

假声まじりの口ごたへ。あきれかへつたドラ娘。

○主君の恨みを晴らさんと。吉良家へ打ち入る赤穂義士。

山と川との合言葉。山鹿一流陣太鼓。トコトツト、、

○一天萬乘の大君は。遠き島地へ落ち給ふ。

聞いて無念と高徳が。赤き心を墨でかく。

○店じや居眠りそとへ出りや。くすねたお錢で買ひ食ひし。

それでおまけに寝小便。叱れば泣き出す馬鹿小僧。

○よしておくれよおさんどん。勝手のすみつこへしやがみこみ。

何をするかと見て居たら。わに口ばくばく摘み食ひ。

○元是尾張の一土民。叩きや音の出る智恵袋。

關白太閤秀吉と。響く朝鮮支邦の果。トコトツトツト

○たぐひ稀なる英雄も。たてた反旗の色褪せて。

劍折れ彈盡き馬斃れ。消ゆる城山松の露。トコトツト、、

○赤き心も有村や。水戸の浪士が十七人。

井伊大老を刺し殺す。花の櫻田御門外。トコトツトツト

○吹雪亂れて物凄く。波は逆捲く眞夜中を。

驀然進みし驅逐艦。海に焔の花が咲く。トコトツトツト

○やがて屍の上に照る。月を仰いで戈枕。

忽ち聞ゆる砲の音。敵の夜襲か小賢しや。トコトツト、、

○國から學費が來る度に。勉強の心はうわの空。

『男兒立志出郷關。學若不成死不還』など、ドラ聲張りあげて。吉原通ひもヲツなもの。

○露營の夢のふと覺めて。見上ぐる空に月一つ。
　物を思へと言ひ顏に。渡る雲間の孤雁。トコトット、、
○月も朧の公園に。散歩がてらの華美姿。
　多い人目を櫻かげ。はなれはなれの二人連れ。トコトット、、
○ほんにうるさい人通り。つなぐ其の手を二度三度。
　はなす話も後や先。離れ勝なる二人連れ。トコトット、、
○銀波金波の碎けては。玉と飛び散る海の面。
　見るも涼しい舟遊び。磯馴松から夏の月。トコトット、、
○倒れた徳利を引起し。アレマア酷いと袂から。
　出すハンカチも紅の色。赤い心でふく疊。トコトット、、
○花街にゆかりを紫の。鉢巻〆めて助六の。
　一枚裾に二重帶。一つ印籠伊達すがた。トコトット、、
○武士と武士との意地づくに。喧嘩花咲く仲の町。
　抜いた刀は稻妻の。下をくゞつた濡れ燕。トコトット、、
○あはれ車掌や運轉手。十五時間の勞働に。
　車のきしるそのたんび。われとわがみをそいでゆく。
○つらい勤も金ゆゑの。車掌や旗ふり運轉手。
　月給はいつも居すわりで。高くなるのは株ばかり。
○轢けばひいたで罪を着る。止めれば止めたで遲くなる。
　どちら向いても攻撃の。中に車掌は板ばさみ。
○華族の妾のかんざしに。ピカピカ光るは何ですえ。

　ダイヤモンドか違ひます。可愛い百姓の膏汗。
○當世紳士のさかづきに。ピカピカ光るは何ですえ。
　シヤンペーンか違ひます。可愛い工女の血の涙。
○大臣大將の胸先に。ピカピカ光るは何ですえ。
　金鵄勲章か違ひます。可愛い兵士のしやれかうべ。
○浮世が儘になるならば。車夫や馬丁や百姓に。
　洋服着せて馬車に乘せ。當世紳士に引かせたい。
○待合茶屋に夜あかしで。お酒がきめる税の事。
　人が泣かうが困らうが。委細かまはず取りたてる。
○お天道さんは目がないか。たまにや小作もしてごらん。
　なんぼ地道に稼いでも。ピーピードンドン風車。
○名譽々々とおだてあげ。大切な伜をむざむざと。
　砲の餌食に誰がした。もとの伜にして返せ。
○子供のオモチヤぢやあるまいし。金鵄勲章や金米糖。
　胸につるして得意顔。およし男が下がります。（『明治文學全集83　明治社會主義文學集（一）』四二九頁）

　これまでの「ラッパ節」は、『流行り唄五十年』の十七節、『演歌の明治大正史』の九節、『流行歌明治大正史』の十三節があった。この『新流行歌集』の「喇叭節」は、全三十三節を収めている。『新流行歌集』の「喇叭節」と、これまでの「ラッパ節」を比較してみる。

　まず大きな違いは、タイトルが片仮名の「ラッパ」ではなく、漢字の「喇叭」になっていること。そして、漢字のすべてにルビがふられている。

細かいところでも、いくつかの違いが見られた。

たとえば、導入部の第一節目が『流行り唄五十年』『演歌の明治大正史』『流行歌明治大正史』に共通している滑稽物の「私しやよつぽどあはてもの～」ではない。その第一節に選ばれたのは、「倒れし戦友抱き起し～」だった。その中で「万歳唱ふも胸の内」とあるのは、『流行歌明治大正史』では「万歳唱ふも口の内」となっていた。しかし、『流行り唄五十年』と『演歌の明治大正史』も同じ。

三十二節目の「名誉々々とおだてあげ～」の「大切な伜」の「大切」は、これまでのどの資料にもルビがなかった。「たいせつ」ではなく「だいじ」と読むことがわかった。

十五節の「國から學費が來る度に～」では、途中に漢詩の一部を流用している。漢詩の作者は幕末の僧月性で、意味は「男児志を立てて郷関を出づ　学若し成らずんば死すとも還らず」となる。

二十四節目の「つらい勤めも金ゆえの～」に続く歌詞は、「月給はいつも居すわりで」とある。『流行り唄五十年』も同じく「月給」としている。『流行歌明治大正史』と『演歌の明治大正史』では「日給」としていた。

歌詞の構成を滑稽物、戦争物、歴史物の三つに分けてみる。順番がばらばらで、ならび方に規則性はない。全三十三節の内訳は滑稽物が十、戦争物が五、歴史物が七。そして滑稽物、戦争物、歴史物の二十二節が続いたあとには、『流行歌明治大正史』と同じように「電車問題・市民と会社」関連の三節と、「社会党ラッパ節」の八節がある。全三十三節のうち全体の約三分の一を「社会党ラッパ節」が占めていた。

（2）変幻自在のラッパ節

全三十三節を収めた「喇叭節」は、『明治文學全集』の83巻に収められている。全百冊に及ぶ『明治文學全集』は、昭和四十（一九六五）年から平成元（一九八九）年まで、約四半世紀という長い年月をかけて筑摩書房から刊行された。そのうちの83巻と84巻が『明治社會主義文學』となる。

目次を見ると83巻には田岡嶺雲、高山樗陰、松岡荒村、白柳秀湖、中里介山、吉田絃二郎、兒玉花外、小塚空谷、大塚甲山、兒玉星人、山口孤劍、内海信之、小杉未醒、添田唖蟬坊、幽冥路、高濱長江、野口雨情、小川芋錢、竹久夢二、平福百穂、堺利彦、柳田泉の作品。84巻には福田英子、幸徳秋水、片山潜、正岡藝陽、田中正造、堺利彦、石川三四郎、赤羽巖穴、荒畑寒村、平出修、西川光次郎、白柳秀湖、平野謙の作品がある。二冊合わせて延べ三十五人の作品を収録、あるいは抄録している。

そうそうたる社会主義者や思想家たちの名が連ねられている。そのなかに唖蟬坊の作品を収録している。はっきり社会主義という系列の作品と位置づけている証拠になろう。

唖蟬坊の作品のタイトルは「新流行歌集（抄）」。抄録された内容は、堺利彦の「序」、唖蟬坊の「自序」からはじまる。収録曲は「喇叭節」「あゝわからない」「我利々々亡者の歌」「あゝ金の世」「あきらめぶし」「當世字引歌」「ぞうぜい節」「チヨイトネ節」「職業婦人の歌」の九曲。では、抄録でない実際の『新流行歌集』は、どのくらいのボリュームになろうか。

「新流行歌集」のキーワードから確認できる資料は三つある。

一つは『明治社會主義文學集（二）』（「明治文學全集83」筑摩書房発行）に抄録された「新流行歌集」。ただこの抄録には、もと版の説明が一言もない。発行年も発行所も記されていない。発行時期を示すような記述は唯一、堺の序文の末に「大正五年五月」と記されているだけ。

もう一つは『唖蟬坊流生記』の巻末年譜に載っている。「大正五年」の項に「山口屋書店より『添田唖蟬坊新流行歌集』を刊行」とある。

そして三つ目は、国会図書館が所蔵する大正五年に、臥龍窟から発行された『唖蟬坊新流行歌集』。デジタルデータで公開している。

ただ、国会図書館所蔵の奥付を確認すると、発行所が「臥龍窟」で発売元が「山口屋書店」となっている。『唖蟬坊流生記』の年譜に記載されている「山口書店刊」と同じ『新流行歌集』と考えることができる。

国会図書館所蔵の臥龍窟発行『新流行歌集』の目次から内容を拾い上げる。全七十九曲が収録されていた。

巻頭の序文には、堺利彦をはじめ、土岐哀果、渡邊北風、加藤辰五郎、遠藤無水、越文茶庵、増田龍雨、景山要、小生夢坊、林近、永井潮華、郡山幸男、北川花多禮坊、山崎今朝彌、青柳有美の十五人が寄稿している。そして啞蟬坊の自序と続く。

『新流行歌集』の本文トップを飾るのは、啞蟬坊による流行歌の解説「新流行歌の變遷」から。「ダイナマイト節」「都風流トンヤレ節」「書生々々」「オッペケペー節」「改良節」「推量節」「ヤッツケロ節」「無茶苦茶節」の歌詞が折り込まれる。

以降は、それぞれの歌詞がならぶ。

○愉快節　帝國議會の歌、維新革命の歌、彰義隊の歌、白虎隊の歌、東北漫遊、壇の浦（平氏の末路）、青年男兒よ、吉野の懐古、世界漫遊の唄、切瑳琢磨、護國の唄
○欣舞節　戒青年、娼妓の述懷、鼻下長紳士、うやむや、社會觀、政界、新政黨、夫婦喧嘩、かた糸
○四季の歌（春は嬉しや）
○喇叭節
○あゝわからない（上の巻）
○あゝわからない（下の巻）
○あゝ金の世（新俗體詩）
○あきらめぶし
○袖しぐれ（野口曾惠子の歌）
○人形の家（ノラの唄）
○金色夜叉の歌

○あゝ無情
○思い草
○新むらさき節(チヨイトネ節) 艶物むらさき節、名劇むらさき節、忠臣藏むらさき節、義士銘々傳紫節
○乃木将軍の歌
○乃木中尉(勝典)の歌
○新ドンドン節
○奈良丸くづし
○吟聲入奈良丸くづし
○ハットセ踊の歌
○都節(チヨイトチヨイト)
○新オイトコ節
○お花の歌
○新まつくろけ節
○新ありあけ節(さわり入り)
○カチユーシヤ節
○どこいとやせぬカマヤセヌ節
○現代節
○新くれ節
○青島節(ナッチヨラン)
○出たら目節
附録

○汽車の旅　其の一（東京より静岡へ）、其の二（静岡より名古屋へ）、其の三（名古屋より京都七條へ）、其の四（京都より大坂梅田へ）、其の五（大坂より神戸湊川へ）
○石童丸の歌
○はきよせ　ちどり節、ほつといて節、知ツてるね節、一かけ節、ストライキ節、博多節、長崎節、東洋平和礎、大津繪、ぞうぜい節、新らしき節、チヤクライ節、元氣節、痛快節、極内節（收賄踊りの歌）、新ヨカチヨロ節、アイヌの唄

ここで、国会図書館が所蔵する臥龍窟版『新流行歌集』と、筑摩書房の「抄録版」とを比較してみる。

堺利彦の序文は、句読点や三ツ点、ルビの表記に少しばかりの違いがあった。でも文章は同じ。筑摩版の方が、読点が増えて読みやすい。また臥龍窟版も筑摩版同様、文末に「大正5年5月」とあった。

以上のことから、臥龍窟版も筑摩版も同じ一つの『新流行歌集』と考えていいかもしれない。

続いて収録作品を比べてみる。

筑摩版は「喇叭節」「あ、わからない」「我利々々亡者の歌」「あ、金の世」「あきらめぶし」「當世字引歌」「ぞうぜい節」「チヨイトネ節」「職業婦人の歌」の九曲を収めている。

臥龍窟版に「職業婦人の歌」がない。『啞蟬坊流生記』の巻末にある年譜の演歌作品抄をみる。「職業婦人の歌」は大正十一（一九二二）年の作品となっている。臥龍窟版『新流行歌集』発行から六年後の話。実際問題として大元の臥龍窟版に収録されていない作品が、その抄録となる筑摩版に収録されるはずがない。

ただ、筑摩版の巻末解題には「『職業婦人の歌』のみは大正十一年の作品である」（『明治文學全集83　明治社會主義文學集（二）』五〇〇頁）と明記されていた。

次に、臥龍窟版と筑摩版の歌のタイトルを比べる。臥龍窟版の「あ、わからない（上の巻）」が、筑摩版では「あ、わからない」に、同じく臥龍窟版の「あ、わからない（下の巻）」が、筑摩版では「我利々々亡者の歌」に変わっている。

また臥龍窟版の「あきらめぶし」は、筑摩版では「あきらめぶし」と「當世字引歌」の二つにわかれていた。

さらに、歌詞の一部を細かく比較してみる。

臥龍窟版「あゝわからない(上の巻)」と筑摩版「あゝわからない」、臥龍窟版「あゝわからない(下の巻)」と筑摩版「我利々々亡者の歌」は同じ歌詞。「あゝ金の世(新俗體詩)」も臥龍窟版、筑摩版ともに同じ歌詞となる。

臥龍窟版「あきらめぶし」前半と、筑摩版「あきらめぶし」は同じ。ただ臥龍窟版「あきらめぶし」後半と、筑摩版「當世字引歌」は、臥龍窟版が五節なのに対し抄録の筑摩版が六節と増えている。

「ぞうぜい節」にも違いがあった。臥龍窟版では、独立したタイトルがない。附録とする最後の章「はきよせ」に、十七曲のなかの一曲として、二節を載せているだけ。対して筑摩版では、独立した歌詞六節で繰り広げていた。

そして「チョイトネ節」。臥龍窟版「チヨイトネ節」は、本タイトルを「新むらさき節(一名チヨイトネ節)」としたなかに、二十二節の「艶物むらさき節」が収められている。ほかにも十六節の「名劇むらさき節」、十二節の「忠臣蔵むらさき節」、二十三節の「義士銘々傳紫節」がある。計四つの「むらさき節」に、七十三節が収められていることになる。対して筑摩版はただの四節のみ。そのうち臥龍窟版「艶物むらさき節」と同じ歌詞が三節。残り一節は、臥龍窟版七十三節には含まれていない歌詞だった。

同じことが「喇叭節」にもあった。前に記した全三十三節の「喇叭節」を比べると、臥龍窟版にない歌詞が、抄録の筑摩版に載っていた。「大臣大将の胸先に〜」「お天道さんは目がないか」「名誉々々とおだてあげ〜」「子供のオモチャじやあるまいし〜」の四節となる。

大正五年という発行時期を考慮すれば、際どい内容の四節など、臥龍窟版に含められるはずはない。それにしても、筑摩版『新流行歌集』はタイトルの下に「(抄)」と明記されているように抄録のはず。それなのに発行当時にはなかった歌を載せ、歌のタイトルを変え、一つの歌を二つに分割したり、歌詞を減らしたり増やしている。これでは抄録ではなく別のものになってしまう。筑摩版の本文だけを見た読者は、勘違いをしてしまう。

もう一つ、不思議なことは『明治文學全集83　明治社會主義文學集(一)』の巻末には、参考文献の紹介欄がある。

啞蟬坊の項（五二〇頁）をみると、『流行り唄五十年』『啞蟬坊流生記』『演歌の明治大正史』の三冊だけ。抄録したはずの、元々の『新流行歌集』のタイトルが見当たらない。そうすると、堺利彦の「序」は、いったい何を参考にしているというのか。

元となる臥龍窟版の「喇叭節」は、囃し部分がそれぞれに異なった表記をしている。たとえば、同じ一つの作品のなかで、同じ囃しなのに囃しが付いていたり、付いていなかったり。「トコトットト、丶」だったり、「トコトットット」だったり、「トコトッ、丶」だったりしている。なかには歌詞の文末につくのではなく、囃し部分だけで一行独立している個所もあった。これは筑摩版でも臥龍窟版にあわせた表記をしていた。

一つ発見があった。筑摩版「喇叭節」の「あはれ車掌や運転手〜」以降、十一節の「社会党ラッパ節」のならび方が、『流行り唄五十年』収録の「社会党ラッパ節」の歌詞と、まるっきり同じだった。『流行り唄五十年』が昭和三十年十二月で、筑摩版が昭和四十年二月発行である。もしかすると筑摩版「喇叭節」の後半に列なる「社会党ラッパ節」の部分は、『流行り唄五十年』を元にしているのではないか、とも考えられる。

臥龍窟版の『新流行歌集』は、大正五（一九一六）年八月の発行。これまで見てきた『流行歌明治大正史』（昭和八年十一月初版）や『流行り唄五十年』（昭和三十年十二月初版）、『演歌の明治大正史』（昭和三十八年十月初版）よりも、いちだんと古い資料になる。

大正時代になって早々の発行だからか、「乃木」に関する歌が、「乃木将軍の歌」と「乃木中尉（勝典）の歌」の二曲あるのも特徴の一つといえる。時代を反映しているのだろう。

じつは、臥龍窟版の実物に対する筑摩版のただ事ではない抄録のほかに、更にただ事ではない『新流行歌集』を発見した。

徳間書店「近代日本の名著7」の『革新の思想』に「新流行歌集」の抄録が収められている。内容は堺利彦の「序」、唖蟬坊の「自序」。そして歌詞は「ああわからない」と「ああ金の世（新俗体詩）」、「あきらめぶし」の三曲のみで、筑摩版同様、元の版の説明がない。著者略歴の最後に「新流行歌集（一九一六）」と記しているだけで、表記はすべて現代仮名遣いに直されている。

発行は、筑摩版の昭和四十（一九六五）年七月に対して、徳間版が翌四十一年六月と時期が近い。この場合、徳間版は実物の臥龍窟版『新流行歌集』の抄録というよりも、筑摩版の抄録といった方がよいような気がしてならない。詞の構成や発行の時期を考えても、臥龍窟版でなく筑摩版を元にして、さらに間引いた感じとなる。

三一書房が昭和四十二（一九六七）年八月から刊行を開始した、全8巻の「青春の記録」がある。『自由の狩人たち』（シリーズ3）のコラムに「『喇叭節』添田唖蟬坊」がある。

○華族の妾(めかけ)のかんざしに。ピカピカ光るは何ですえ。
　ダイヤモンドか違ひます。可愛い百姓の膏汗(あぶらあせ)。
○大臣大将の胸先に。ピカピカ光るは何ですえ。
　金鵄勲章(きんしくんしょう)か違ひます。可愛い兵士のしゃれかうべ。
○浮世が儘(まま)になるならば。車夫や馬丁や百姓に。
　洋服着せて馬車に乗せ。当世紳士に引かせたい。
○待合茶屋に夜あかしで。お酒がきめる税の事。
　人が泣かうが困らうが。委細かまはず取りたてる。
○お天道(てんと)さんは目がないか。たまにゃ小作もしてごらん。
　なんぼ地道(じみち)に稼(かせ)いでも。ピーピードンドン風車(かざぐるま)。
○名誉々々とおだてあげ。大切(だいじ)な伜(せがれ)をむざむざと。

　砲（つつ）の餌食（えじき）に誰がした。もとの伜にして返せ。
○子供のオモチャぢゃあるまいし。金鵄勲章や金米糖（こんぺいとう）。
　胸につるして得意顔。およし男が下がります。（一三二頁）

コラムに本文はなく、七節の歌詞を紹介していた。さらに「喇叭節」とタイトルを冠しているのにもかかわらず、内容は「社会党ラッパ節」そのもの。それも『演歌の明治大正史』の「社会党ラッパ節」から、ポンポコの一節と電車問題の一節を省いた形でまとめている。

『明治文學全集83　明治社會主義文學集（二）』に抄録された「新流行歌集」の「喇叭節」でも、全三十三節のうち「社会党ラッパ節」が占める割合は三分の一で、残りは純粋な「喇叭節」。にもかかわらず、『青春の記録3　自由の狩人たち』では「喇叭節」と冠しながらも、七節すべて「社会党ラッパ節」でできている。この本だけで「喇叭節」を知ると、まったくの勘違いとなる。

(3)　電車問題の三つの歌詞

筑摩版「新流行歌集」の「喇叭節」のなかには、「電車問題・市民と会社」にも通じる歌詞がある。二十三節の「あわれ車掌や運転手〜」から続く、「つらい勤めも金ゆえの〜」、「轢けばひいたで罪を着る〜」の三節は、これまでにもたびたび登場してきた。

○あはれ車掌や運轉手。十五時間の勞働に。
　車のきしる其のたんび。我と我が身をそいで行く。
○つらい勤めも金ゆゑの。車掌や旗ふり運轉手。

月給はいつも居すわりで。高くなるのは株ばかり。
○轢けばひいたで罪を着る。止めれば止めたで遅くなる。
どちら向いても攻撃の。中に車掌は板ばさみ。

ただ、三つの歌詞が含まれるタイトルを見ると、不思議なことに気づかされる。同じ歌詞にもかかわらず、収録本によってタイトルが異なっているのだ。

まず、電車問題の三つの歌詞と五つの資料、四つのタイトルの関係をみる。

三作品の初出は「光」第13号(明治三十九(一九〇六)年五月二十日発行)。「社会党ラッパ節」の歌詞として掲載された。筑摩書房の抄録「新流行歌集」と臥龍窟版『新流行歌集』は「喇叭節」のみを収録している。三つの歌詞ともに「喇叭節」に収められている。

『流行歌明治大正史』には「社会党ラッパ節」がない。「ラッパ節」と「電車問題・市民と会社」がある。三つの歌詞は「ラッパ節」に収められている。

『流行り唄五十年』には「電車問題・市民と会社」がない。「ラッパ節」と「社会党ラッパ節」がある。三つの歌詞は「社会党ラッパ節」に収められている。

『演歌の明治大正史』には「ラッパ節」「電車問題・市民と会社」「社会党ラッパ節」の三曲すべてが収録されている。「あわれ車掌や運転手〜」は「社会党ラッパ節」に、「つらい勤めも金ゆえの〜」は「電車問題・市民と会社」に、収められている。「轢けばひいたで罪を着る〜」の歌詞は収録されていない。

明治四十一(一九〇八)年三月十五日、社会主義の機関紙「東京社会新聞」(63)が創刊された。唖蟬坊はその発行元、東京社会新聞社の社員に名を連ねる。紙面のところどころに歌詞を見ることができる。第2号(三月二十五日発行、七頁)には、読者と思われる晩菫生の「社会主義ラッパ節」三節の歌詞が掲載された。唖蟬坊が当初、冠にして堺利彦に拒まれたタイトルとなる。○○○は伏せ字。

○雨にや降らる、泥にやなる。腰を伸す間もありやしない。
　こんな苦労して田植えして、お米は地主の藏に積む。　トツトコトー、
○麥の御飯も食べ兼ねる、私等百姓を奢つてると、
　増税コキヤがる奴ツ原にや、物はいはない○○○、トツトコトー、
○巫山戯しやんすなお華族さん、平民の稱號が、邪魔になるか。
　それより社會のパチルスの、お前の華族を廢しやがれ。トツトコトー。

「東京社会新聞」では、読者から「ラッパ節」の歌詞を募集する時期もあった。コーナータイトルは「ラッパ節」、歌詞末の括弧内は投稿者の名と思われる。

△四千餘萬の一人だに、目鼻の明た奴ア有リヤしない、
　國の大病、外に見て、慾に飽なき穀潰し
△日比谷に集る蛙輩、意見も抱負も有るものか、
　名譽の議席に愧もせず、五百羅漢の向ふ張る
△米價は騰るし、子は出産る、家賃にや追はれる雇は出る、
　家内にや妻子が泣ツ面、娑婆に居るのが怖ろしや
△雨にや降られる錢ア取れず、眞に出商賣は辛いもの、
　之れじやお粥も啜れない、と云つて投身も出來ませず（關谷愛民）

△廿五錢の日給を、割いて預けた御金をば、
　元利諸共奪られては、ドーして正氣で、居られようか
△預けた御金を戻せよと、迫れば治安に害ぢやとさ、
けれど預かる人たちは、夜逃げ奪り逃げ勝手次第
△太郎さんの虚言を眞に受けて、三度の食事を二度に減し、
　預けた財布は胡摩化され、今ぢや御前は知らぬ顔（ロース生）

次題　銀行　競馬　十九日〆切
　　　巡査　妾　廿九日〆切
ラッパ節　題　随意　ドシドシ投吟あれ（第7号〔五月十五日発行〕六頁）

二人の投稿、全七作品が掲載され、そのあと投稿募集の記事が続く。お題も設けられていた。

△飲食するのが穢がれかへ、ソンナラ食はずに居て御覧、
　やつぱり生命は惜しからう、馬鹿を言はずに喰ふが宜い
△西洋仕込の神様に、愛を求むる閑暇あらば、
　此の世の中の貧民に、涙をそゝげ牧師等よ（綠葉生）

△十五圓足らずの月給で、朝から晩まで立ン坊、
　アレでも官吏のはしくれよ、ホンに巡査はつらいもの
△君は現世の主人なり、自覺らなければ奴隷なり、

早く眼覺ませ勞働者、世界は君等のものなるぞ（凹助）

次題　巡査　妾　廿九日締切
　家主　淫賣　六月九日締切

ラッパ節　題随意ドシドシ投吟あれ（第8号〔五月二十五日発行〕三頁）

△ひもじい目をして働いて、タメたお金を貯金して、
　失業したので取りに行きや、支拂停止は情無い（谷田生）
△牢屋だとても恐るゝな、少時の夢と思やよい、
　薪屋、米屋もせめちや來ぬ、結句この方が幸福よ（永岡生）
△胸の思ひをはらさんと、上野の山をさまよへば、
　青葉がくれの杜鵑、血に鳴く聲は誰が爲めぞ（凸）（第9号〔六月五日発行〕六頁）

△今日も又た來た禿頭、家賃の代りになびけよと、
　與作の女房の手をとつて、家主にたにた笑顔
△淫賣する氣じやなけれども、つらい浮世の是非もなく、
　涙乍らに夜の闇、ちよいとちよいとも馴ました（文之）（第10号〔六月十五日発行〕六頁）

第9号、10号に投稿の募集はない。以降の「東京社会新聞」に「ラッパ節」投稿コーナーは見当たらない。第7号から10号まで四回続けての連載で、八人の読者の十六作品が掲載された。ただ、タイトルを「ラッパ節」としてはいるものの、「東京社会新聞」は社会主義の機関紙。「社会主義ラッパ節」としてもおかしくない気がする。

お題に作品内容が投影されているかはわからない。

「ラッパ節」とは別に、「東京社会新聞」創刊号（明治四十一〔一九〇八〕年三月十五日発行、二頁）には、作者を啞蟬坊として「當世流行増税節」が載った。

△人のあぶらを絞るよ絞る
死んでしまうまで、（難儀ナモンダネ）（咄壓制）
絞り取るマタマタ増税
△米が高くて月給が安い
これでどうして（難儀モナン（ママ）ダネ）（咄壓制）
身がたとうかマタマタ増税
△家も屋敷も人手に渡し
今じや毎日（エンヤラヤノヤ）（咄壓制）、
日よう取りマタマタ増税
△鳥や虫さへ巣があるものを
私や人間（難儀ナモンダネ）（咄壓制）、
家が無いマタマタ増税
△娑婆に居るより牢屋がましよ
三度の御飯が、（ノンキナモンダネ）（スヘゼンデ）、
たべられるマタマタ増税
△〇〇めでたき社頭の松に
ぶらりとさがつた（難儀ナモンダネ）（咄壓制）、

首くゝりマタマタ増税（ぞうぜい）

各節の最後の行「マタマタ増税」は、『演歌の明治大正史』『流行り唄五十年』『流行歌明治大正史』『新流行歌集』を見ると、どれも「マシタカゼーゼー」となっている。いつの頃からか「東京社会新聞」の「マタマタ（又々）」が、「マシタカ（増したか）」に書き換えられたようだ。

四つの資料では、共通して終わりの二行が、片仮名の「ナンギナモンダネ　トツアッセー」と「マシタカゼーゼー」で表記されている。そして、歌詞の前後の本文で「『トツアッセー』は『咄圧制』のこと、『マシタカゼーゼー』は『増したか税々』のこと」と説明している。これは検閲の目を逃れるための手段として、片仮名表記にしたものと思われる。にもかかわらず、おそらく初出と考えられる「東京社会新聞」では、曖昧にせず漢字でそのまま表記した。掲載当時の状況ならば、堂々と漢字で表わすよりも、片仮名でぼかす方が自然な感じもする。

また、この歌のタイトルは「當世流行　増税節」。資料によって表記の違いがいくつかあった。『流行り唄五十年』では「増税節」、『新流行歌集』では「ぞうぜい節」、『流行歌明治大正史』『演歌の明治大正史』では「ゼーゼー節」と三種類ある。同じ『流行歌明治大正史』でも、違う頁には「『ゼーゼー節』（又は増税節）」と括弧書きで説明している。また、雑誌「改造」七月号（大正十四（一九二五）年発行）掲載の「演歌流行史（二）」（四二頁）でも、「『ゼーゼー節（又は増税節と謂ふ）』」と括弧書きがされていた。

さらに『唖蟬坊流生記』の巻末年譜によれば、「明治四十一（一九〇八）年」の項に「増税節」とあった。「明治四十二（一九〇九）」年の項には「ゼーゼー節」と別々に表記されていた。

『平民社農場の人びと』に、「ゼーゼー節」の流行した時期が記されている。

唖蟬坊の東北・北海道旅行は、「社会新聞」の特派員としてであって、西川光二郎といっしょに明治四〇年一二月に東京を出発した。当時流行の演歌は「ゼーゼー節」で、戦後不況の中での増税を怨嗟する民衆の心を歌ったも

のであった。(一八〇頁)

「ゼーゼー節」は、明治四十(一九〇七)年十二月五日、啞蟬坊と西川光二郎が東北・北海道の遊説に向かう頃には、すでに流行していた。

「増税節」「ぞうぜい節」「ゼーゼー節」の三つのタイトル。そして明治四十、四十一、四十二年の三つの年。なにが、どう違うのか。啞蟬坊は作った経緯を語っている。

これは旅をしてゐる内に、どこかで乞食のうたってゐるのを聴いた節が耳に残ってゐた、それを利用改修したのであった。(『啞蟬坊流生記』一六一頁)

『平民社農場の人びと』では、「ゼーゼー節」は啞蟬坊と西川光二郎が東北・北海道の遊説に向かうより、以前に流行していたとしている。もしかしたら、啞蟬坊のいう「旅」は、西川との東北・北海道より前の旅なのかもしれない。

明治四十年夏、啞蟬坊は弟子の佐藤悟と福島から仙台へ演歌の旅に出ていた。のち佐藤は故郷の仙台に留まる。啞蟬坊は単身、青森から函館へと足を延ばした。そのときに記憶した節まわしとすれば、四十年冬の西川との東北、北海道以前での流行もあり得ないことではない。

明治四十一(一九〇八)一月十七日、本郷区弓町二丁目の平民書房での屋上演説会事件が過ぎ、「東京社会新聞」が三月十五日に創刊。春先頃のこと。

一同は上野、浅草、飛鳥山、日比谷と、人出の多い所へ出掛けて行つて旺んに歌の呼賣りをやつた。初めは日曜だけだつたが、後には毎晩出掛けた。筆者と關谷龍十郎が巧くもない歌を歌つて人々を集めると、程よい頃を見計らつて、赤羽や西川や松崎が交る交る演説をする。そして巡査が來ると一目散に逃げ出して、次の場所へ移つて又其處でやるといふ寸法であつた。

當時一同がよく歌つた歌といふのを左に抜いて見やうならば、

ラッパ節

△麥の御飯も食べ兼ねる、わし等百姓を奢つてると、増税コキヤがる奴原にや、物は言はない〇〇〇

増税節

△雨にや降られる泥にやなる、腰を伸す間もありやしない、コンナ苦勞して田植えして、お米は地主の藏に積む。

△鹽や砂糖に税を掛け、ソレで飢饉は救はれず、八十萬の失業者、文明開化が笑はせる。

△人の膏を絞るよ絞る、死んでしまう迄（難儀ナモンデネ咄壓制）絞り取る、亦々増税。

△米が高くて月給が安い、コレでどうして（難儀ナモンデネ咄壓制）身が立たうか、亦々増税。

△家も屋敷も人手に渡し、今ぢや毎日エンヤラヤノヤ（難儀ナモンデネ咄壓制）亦々増税。

壓制節（宮城屋銀行取付騒ぎを諷せるもの）

△廿五銭の日給を、割いて預けたお金をば、元利諸共奪られては、ドウして正氣で居られよか。（咄壓制）

△預けたお金を戻せよと、行けば治安に害だとサ、ケレド預かる人達は、夜逃げ奪り逃げ勝手次第。（咄壓制）

△つらい勤めも金故の、車掌旗振り運轉手、月給は何時も居据りで、高くなるのは株ばかり。（咄壓制）

しかし、そうした歌の呼び賣りも、やがて間もなく左の新聞報道のやうな破目に立ち到るの已むなきに及んだ。

「社會黨ラッパ節、革命調などを印刷して市内を讀賣するものあり。潮會十二人、青年倶樂部廿人、獨立青年倶樂部八人、計四十名を悉く拘引して、十日の拘留に處し、爾後此種の讀賣を嚴禁せり。」（萬朝報）

尚また之と類似の件では、小石川初音亭で、一女義太夫が淨瑠璃の中に「例へ電車が燒かるとも」と一句入れて語つたところ、警察では彼女を秩序紊亂に問はんとしたので、彼女は平身低頭して謝罪し、漸く壹圓の科料だけで事濟みとなつたといふやうな事件もあつた。（『荊逆星霜史』一七三頁）

流行した歌として「ラッパ節」、「増税節」、「壓制節」を三節ずつ紹介している。個々の初出を探した。「ラッパ節」の最初「鹽や砂糖に税を掛け〜」は、「光」第13号に掲載された「社会党ラッパ節」の歌詞の一つ。続く「雨にゃ降られる泥にゃなる〜」と「麥の御飯も食べ兼ねる〜」は、「東京社会新聞」第2号に掲載された、晩華生の「社会主義ラッパ節」のうちの二つとなる。

「増税節」は、ともに「東京社会新聞」創刊号に載った、啞蟬坊の「當世流行増税節」のうちの三節。

最後の「壓制節」は、このタイトル自体『新流行歌集』『流行歌明治大正史』『流行り唄五十年』『演歌の明治大正史』のどれにも収録されていない。

おそらく「宮城屋銀行取付騒ぎを諷せるもの」と括弧書きが示すように、明治四十一（一九〇八）年五月に宮城屋貯蓄銀行が破綻して、支払い停止騒動が起きた。その事件をもとにした一時的な替え歌と思われる。歌詞末に「咄壓制」と囃し部分があり、「増税節」の替え歌だろうか。タイトルは初めてでも、なかでうたわれている歌詞の「廿五銭の日給を〜」「預けたお金を戻せよと〜」は、ともに「東京社会新聞」第7号に掲載された、読者投稿「ラッパ節」からの作り替えとなる。「ラッパ節」の囃しを「増税節」の囃しに置き換えての作品。

そして「壓制節」の三節目。なぜか「電車問題」の「つらい勤めも金ゆえの〜」を登場させている。銀行問題と電車問題が、一つのタイトルの中で、混在していた。

先の『荊逆星霜史』（吉川守圀著）の街頭宣伝の様子にからめて、『寒村自伝』（荒畑寒村著）からも同様の記述を抜き出してみる。

夜は二、三人でよく諸方の縁日(えんにち)に出かけては、社会主義のパンフレットを売りながら路傍演説をやった。人寄せの前芸は添田啞蟬坊の弟子の佐藤悟が、ドラ声をはりあげて歌う社会党ラッパ節で、彼がひとわたり唄本(うたほん)を売ってしまうと、次に入替って私たちがパンフレットを売り、そして最後に私が一席、宣伝演説をブッ仕組である。商売はなかなか繁昌したし、演説の効果に至っては私たちの後から群衆がいつまでもついて来たくらいだ。時には巡査に追われて逃げたこともあるが、しかしまた私が演説を終った時、傍で見ていた堺先生の文章をかりれば、「群衆の中から一人の美少女が進み出て、流るる汗を拭うためにハンケチをさし出した」ような情景もなかった訳ではない。（『寒村自伝（上）』二七二頁）

時期的には、明治四十一（一九〇八）年の五月に、大阪の「日本平民新聞」が廃刊となったあと。六月に山口孤剣が刑期を終え帰京するまでの間。『荊逆星霜史』と同じ頃と思われる。

歌のタイトルは「社会党ラッパ節」しかない。歌詞もない。それでも、前出の『荊逆星霜史』とともに、宣伝活動の内容を見てとることはできる。

当時、吉川は議会政策派の社会主義同志会に属していた。荒畑は直接行動派の金曜会に属していた。派閥は違っても宣伝活動の方法は同じだった。路上で演歌をうたって聴衆を集め、歌本やパンフレットを売る。そのあとに演説をするという、一連の流れがうかがえる。どちらも、演説が主で演歌は従。運動当事者にとって、演歌はあくまで人寄せのため。前座的な役割でしかなかったということになろうか。

ただ、振り返れば演歌の創生期、青年倶楽部の時代は違っていた。

倶楽部員は演歌に出ました。街頭で悲歌慷慨の演説をやって人集めをし、それから歌をうたって歌本を売る、これが演歌であります。（『昔と今』六八頁）

演説で人集めをして、歌をうたって歌本を売っていた。つまり演歌が主で演説が従となる。時代による演歌の演出の違いは、なにを物語っているのか。

話を戻す。

「東京社会新聞」が創刊したのは、明治四十一（一九〇八）年三月十五日。その五日後、「日本平民新聞」第20号（三月二十日発行、一四頁）に「喇叭節」が掲載された。

◎國の法律止むを得ず、私しや兵士となりました、
泣く泣く三年勤め上げ、歸れば吾が家にや雨が漏る。
◎小供のおもちやぢやあるまいし、金鵄勲章や金米糖、
胸につるして得意貌、お止し男が下ります。
◎お天道様は眼がないか、偶にや小作もして御覽、
いくら地道に稼いでも、ひいひいどんどん風車。
◎あゝつまらないつまらない、今日から稼ぐの止めにしよ、
見よや日比谷の議事堂で、居眠り駄賃が二千圓。
◎蛇は蛙に目を付ける、豚は糞を嗅ぎ付ける、
妙なもんだよ代議士は、いつでもお金に目を付ける。
◎同じ貧乏人であり乍ら、威張るが役目の巡査さん、
お前そんなに威張るのも、お米の爲だと知らないか。
◎あゝつまらないつまらない、待つてた秋となつて見りや、
米は地主に皆取られ、妻の晴衣にや綿がない。
◎あゝつまらないつまらない、日がな一日働いて、
食つて飲んで垂れてくたばつて、末は卵塔場の土鼠掘り。

全八節で作者は「上毛　鉦茂仲合作」とある。「日本平民新聞」は、明治四十（一九〇七）年十一月五日に「大阪平民新聞」(64)を改題したもの。発行は大阪。大阪での「喇叭節」となる。

この八節からなる「喇叭節」も「東京社会新聞」で繰り広げられた「喇叭節」と同様、「社会党主義ラッパ節」と題してもいいかもしれない。

二節目と三節目の歌詞は、『演歌の明治大正史』（一一七頁）の「社会党ラッパ節」、『流行り唄五十年』（五六頁）の「社会党ラッパ節」に収録されている詞と同じ。二つは、「光」第13号で発表された「社会党ラッパ節」には含まれていない。

作者は唖蟬坊の作品を転載したのか。それとも「日本平民新聞」の二作品を唖蟬坊が抜き出し、自身の作品に組み込んだのか。

また八節のうち、三節が「あゝつまらないつまらない〜」から始まっている。一つの特徴ともいえる。唖蟬坊の作品に「あゝわからないわからない〜」から始まる、「あゝわからない」という歌がある。

もう一つ、同じ「日本平民新聞」が「社会主義ラッパ節」を掲載した。作者名は記されていない。

◎あれ車掌と運転手、十餘時間の勞働に、
　車のきしる其たんび、我と我身を殺いで行く。
◎つらい勤も金ゆゑの、車掌や旗ふり運轉手、
　月給は何時も居すはりで、高くなるのは株ばかり。
◎膏も汗も絞られて、果は機械に巻込まれ、
　足も千切れる、腕も折る、可愛や妻子はのたれ死。
◎華族金持大地主、彼等が此世に居ればとて、

何の役にも立たばこそ、食て飲で垂るより能は無い。
◎食て飲で垂る計りなら、社會の居候と明らめて、
飼殺にも仕よけれど、厭に威張ので棄置けぬ。
◎何故にお前は貧乏する、譯を知らずば聞かせうか、
華族金持大地主、人の血を吸ふダニが居る。
◎浮世が儘になるならば、車夫や馬丁や百姓に、
洋服着せて馬車に乗せ、當世紳士に挽かせたい。
◎シルクハツトを取つて見りや、紳士の頭に角がある、
咥へたパイプは金の牙、廿世紀の閻魔様
◎あれ見よあれ見よ血が滴れる、廻る機械の歯車の、
間にはさまる勞働者、死で了ふ迄絞られる。

この「社会主義ラッパ節」は、「日本平民新聞」第14号（明治四十〔一九〇七〕年十二月二十日発行）付録「労働者」の第3号（四頁）に掲載された。

前出の「喇叭節」を掲載した「日本平民新聞」（明治四十一〔一九〇八〕年三月二十日発行）や「社会主義ラッパ節」を掲載した「東京社会新聞」（三月二十五日発行）より、三か月早い。

「あわれ車掌と運転手〜」と「つらい勤も金ゆえの〜」がある。それも歌のトップを飾っている。「轢けばひいたで罪を着る〜」はない。

ただ、「あわれ車掌と運転手〜」の歌詞のなかに新たな発見があった。これまでのどの資料も「あわれ車掌と運転手〜」に続く言葉は、「十五時間の労働に〜」だった。でも、「十餘時間の勞働に〜」としていた。歌詞を見ずに歌だけ聞くと十五時間の一時間減、十四時間とも思われる。字に表わすと十と余時間。ハッキリした数字ではなく、なぜかボカ

している。聞き取りの間違えか、誤植かもしれない。

この「労働者（日本平民新聞）」の「社会主義ラッパ節」は、電車問題の二節を含め、九節すべてが「光」第13号（明治三十九〔一九〇六〕年五月二十日発行）に掲載された、「社会党ラッパ節」の歌詞から抜き出していた。ただ一つ、四節目の「華族金持大地主、彼等が此世に居ればとて〜」は、もともとの「光」では「華族金持何物ぞ〜」から始まっている。

もう一つ。大正十四（一九二五）年、啞蟬坊が雑誌「改造」に連載した「演歌流行史」から「喇叭節」を写してみる。

△倒れし戦友抱き起し
耳に口あて名を呼べば、ニッコリ笑ふて目に涙
萬歳唱ふも胸の内　トコトットット

△ものに動ぜぬ保昌が
節も妙なる笛の音に、靡く芒のひらめきや
斬りつけ兼ねたる袴だれ　トコトットット

△今鳴る時計は八時半
それに遅れりゃ重營倉、今度の日曜ないじゃなし
放せ軍刀に錆がつく　トコトットット

△あはれ車掌や運轉手
十五時間の勞働に、車のきしるそのたんび

我と我が身をそいでゆく　トコトツトツト

△つらい勤めも金ゆえの
車掌や旗ふり運轉手、日給はいつも居据りで
高くなるのは株ばかり　トコトツトツト

△轢けばひいたで罪を着る
止めれば止めたで遲くなる、どちら向いても攻撃の
中に車掌は板ばさみ　トコトツトツト

△華族の妾のかんざしに
ピカピカ光るは何ですえ、ダイヤモンドか違ひます
可愛い百姓の膏汗　トコトツトツト

△浮世が儘になるならば
車夫や馬丁や百姓に、洋服着せて馬車に乗せ
當世紳士にひかせたい　トコトツトツト

全八節のうち二節が戦争物、一節が歴史物、そして残りの五節が「社会党ラッパ節」になっている。「ラッパ節」とタイトルを付けていながら、本領であるところの滑稽物がない。

滑稽物はないが、歌詞前の紹介文章にあった。「私ゃよっぽどあわて者」の歌詞で、ひき蛙をひいたのが、時代とと

もに鉄道馬車から電車に移り変わった経緯を記していた。
この「喇叭節」には、「あはれ車掌や運転手〜」「つらい勤めも金ゆえの〜」「轢けばひいたで罪を着る〜」の三節が収録されている。収録「社会党ラッパ節」五節のうちの三節。電車の歌詞が重要な位置を占めているような感じもする。

歌詞が独り歩きする。

息が長く、廃れることのない人気の歌詞ということか。「あわれ車掌や運転手〜」「つらい勤めも金ゆえの〜」「轢けばひいたで罪を着る〜」とともに、「光」第13号に投稿作品として初めて載った。三つの歌詞につくタイトルが変化しても、その根底にある「社会党ラッパ節」の精神は、揺らぐことなく受け継がれた証拠となる。

三つの歌詞は、広く長く庶民に受け入れられてきた歴史物、戦争物、滑稽物からなる「ラッパ節」とは違う。あくまでも電車の運賃値上げ問題という、一つの事実事象の上に成り立っている。

それでは、なぜ「日本平民新聞」の付録や『荊逆星霜史』に、電車問題の歌詞が選ばれたのか。なぜ、もっと強烈でインパクトのある「ポンポコ歌」の三作(「ダイヤモンド」と「百姓の膏汗」、「金鵄勳章」と「兵士のしゃれこうべ」、「シヤーンペーン」と「工女の血の涙」)ではなかったのか。

一つ言えることは、市民にとって、それだけ電車問題がより身近で、切実で現実的な問題だった、ということ。電車は市民の足、生活の一部になっている。

明治三十九(一九〇六)年九月に東京電車鉄道会社、東京市街鉄道会社、東京電気鉄道会社が合併して、東京鉄道会社となった。路線は順次延伸を続ける。また長い車体のボギー車が導入された。一度にたくさんの乗客が運べるようになった。それでも電車会社は乗客の利便をはかる一方で、三社時代から続いている戦時特別税一割の通行税賦課や、学生、労働者に対する早朝割引の実施などによって、経営は苦しくなるばかりだった。

そこで東京鉄道会社は明治四十一(一九〇八)年十二月、さらに四銭から五銭への運賃値上げの申請をした。市民は怒った。明治四十二年一月には、再び反対運動が展開した。政府は値上げを却下し、運動は鎮静化。独占企業に起因する市民の反発に、政府は公有化を考えるようになった。並行して続いていた市有化に向けて動きが活発となり、買収交渉が始まった。

「社会党ラッパ節」の成り立ちを示す記述を見つけた。冒頭の彼とは唖蟬坊のこと。

　彼は社会主義の機関誌にのったラッパ節の替歌の諒解を求めに行なって、堺利彦と出逢った。堺の磊落(らいらく)の人柄に唖蟬坊は魅せられた。爆発的な人気を集めていたラッパ節に、新作が次つぎと発表され、やがて「社会党ラッパ節」になる。（『平民社農場の人びと』一八〇頁）

　一つ疑問がわいた。「新作が次つぎと発表され、やがて『社会党ラッパ節』になる」という表現に違和感をおぼえた。「社会党ラッパ節」は、「光」第13号（明治三十九（一九〇六）年五月二十日発行）に載ったときに初めてついたタイトル。その「社会党ラッパ節」をもとに、唖蟬坊は手を加え、翌月八日には歌本として発表した。さらに明治四十一（一九〇八）年六月八日、二作目の「社会党ラッパ節」を発行する。唖蟬坊が「社会党ラッパ節」を発行するのは、この二回だけ。

　のちには、関谷龍十郎が「ラッパ節」を配布し拘束されたり、「日本平民新聞」に詞が掲載されたり、『荊逆星霜史』にもいくつか新しい詞が載り、「東京社会新聞」では詞を公募する。しかしこれらはすべて、純粋な唖蟬坊の作品ではない。「社会党ラッパ節」という作品が独り歩きした結果の産物となる。

　唖蟬坊の「社会党ラッパ節」は、二回の発行で完結している。「新作が次つぎと発表され、やがて『社会党ラッパ節』になる」のではなく、逆に「『社会党ラッパ節』が機関紙「光」に掲載され、それを唖蟬坊が整理してうたい、やがて同志たちによって広まり次々と新作が生まれた」となるのではないか。

　唖蟬坊自身、「社会党ラッパ節」の次のステップとして、時代に合致した「ラッパ節」をつくった。さらには「あ、金の世」「あ、わからない」「あきらめ節」など、新たな歌をつくっていく。絶えず模索を繰り返した。対して社会主義の同志たちは、流行なっていた「ラッパ節」のなかだけで、「社会党ラッパ節」「社会主義ラッパ節」に捉われすぎたのかもしれない。歌詞を替えて、より過激な方向にむかっていった。〈表現者〉と〈主義者〉の方向性の違いは、顕著に表われた。

演歌は、社会主義運動の一つの表現として形成された。その役割りを成し得たといっていいかもしれない。ただ、社会主義者にとって「ラッパ節」は、呪縛のように絡まってしまったのだ。

それでは、もともとの明治三十八（一九〇五）年八月頃に作られた「ラッパ節」は、どのくらい後の時代までうたい継がれたのか。どのくらいの人気を博したのか。

『新版日本流行歌史（上）』（三三頁）には「これが大いにうけ、爆発的人気を呼んで、流行は明治の終わりまで続いた」とある。『日本レコード文化史（単行本版）』（一六七頁）でも、明治四十四（一九一一）年当時の話として、大流行中としている。また、明治時代を通り越した大正三（一九一四）年一月、南北社から発行された本間國雄の『東京の印象』にも、記述があった。

> 鶴巻町の下宿屋と言えば、学生は言わずとも早稲田のものと知れる。自由な放たれた早稲田の学園に学んで居る学生気質は、殊に此の鶴巻町の下宿屋に充ち充ちて居る。髯も居る、若いのも居る。天下の大議論も聞えれば、尺八やラッパ節も聞える。四畳半の大政治家や、四畳半の大哲学者が、ゴッチャに宿っている様は実に愉快である。学校に近いので、授業の時鐘がジャンジャンと鳴り始めてから、出掛けて行く学生が多い。（一三八頁）

鶴巻町は早稲田大学の東側にある町。日常の中に「ラッパ節」がとけ込んでいる。大正三年といえば、「ラッパ節」ができて十年近くが過ぎている。

さらに関東大震災後間もない、大正十三（一九二四）年一月に第十版を発行した『今流行の新らしい歌（ママ）』（一五三頁）

には、「新作らつぱ節」が載っている。発行は混乱まっただ中の東京ではなく、大阪市南区安堂寺町の此村欽英堂とあった。

◎疊叩いて此方の人、悋氣で云ふのじやなけれども、
一人でさした傘なれば、片袖濡れよう筈がない。
◎妾が見込んで惚れた主人に取られてよいものか
とは言ふものの世の中は妾が好く人誰も好く。
◎顔をのぞいて、ネー貴郎悋氣で云ふのぢや無けれども、
ほべたに着いた其色は、只の色とは思はれぬ。
◎逗子の濱邊の浪しづか、二人手に手を取り替し、
死でも貴郎の妻ですよ、血を吐く思ひの不如帰。
◎羽織かくして素根ながら、アレ見やしやんせ連子窓、
葉唄文句じやなけれ共、歸りやしやんすか此雪(ママ)に。
◎洋服たゝんでこちの人、悋氣で言ふのじやなけれ共、
ポケツトにありし此寫眞、たゞの人とは思はれぬ。
◎義理で貰ふた女房より、かけのお前が戀しうて
罪な事とは知りながら、あきらめられぬが戀の道。
◎そんな氣休めをかしやんせ、嬉しかつたは前の事
そんなに妾が戀しくば、なぜに歸りを急がんす。
◎人の花なるお前さん知つて居ながら意地づくで、
義理をば捨て斯なつた、今更思へば罪な事。

◎馬鹿を見るのは妾こそ、男心と秋の空、
　變り易いと云ふからは末の苦勞が思はれる。
◎現在義理ある人迄も、捨てゝお前に此憂身、
　夫に今更とやかくと愛想づかしの其言葉。
◎離れ座敷に只一人、霜降背廣のハイカラが、
　金縁眼鏡の硝子拭き、お髭ひねつてシガレット。
◎どうせ今夜は去なしやせぬ、男こゝろと秋の空、
　變り易いも程がある、半年たゝぬにこの始末。
◎意氣な模様の寢着のまゝ、柱にもたれて目に涙、
　何して今夜は遲いのか、外に情婦でも出來たのか。
◎疊たゝいて此方の人、お前の袂の此文は、
　男名前であるけれど中の文句は女文字。
◎それはお前も知つて居る、會社の社長の小指から、
　痴話の文が拾ふたで、調服してやる下心。
◎何程私しが盲でも、宛名はチヤントお前さん、
　隱さず云ふておしまいよ、別に悋氣もせぬわいな。

全十七節。全体に似たような感じの歌詞が続く。「悋気」とは「男女の間で、焼きもちを焼くこと。嫉妬」のこと。これまでにない歌詞ばかりで、内容も滑稽物とは違う。歴史物でも戦争物でもない。恋歌、生活歌といえるか。CD『歌と音でつづる明治』のなか「ラッパ節」の解説にヒントがあった。

滑稽歌・戦時歌・歴史歌の三傾向をもつもので、これに戦後は生活歌も加わりました。長期の流行だったことが、無数の替え歌・ばれ唄のできたことでわかります。

歌は大正十三年、大正末期の「ラッパ節」となる。ちょうど、日露戦争後に生活歌が加わっての「ラッパ節」になるか。一部には、戯れ歌のような歌詞も見受けられる。時代とともに変化していく歌詞の内容は、より庶民に浸透していったという証拠になるかもしれない。

「新作らっぱ節」を売り出したのは、大震災後の大正末期で、昭和になろうとしていた時期。『東京の印象』よりさらに十年。最初の「ラッパ節」ができてから二十年近くが過ぎている。「ラッパ節」流行の勢いはとどまることを知らない。とても息が長い。

「新作らっぱ節」から、さらに五年後の昭和四年に発行された『明治流行歌史』には、十節からなる「ラッパ節」が載っている。

倒れし戰友抱き起し、耳に口あて名を呼べば、
につこり笑ふて目に涙、萬歳唱ふも胸の内、トコトットット。
今鳴る時計は八時半、それに遅れりや重營倉、
今度の日曜がないじやなし、放せ軍刀に錆がつく、トコトットット。
我は正道彼は不義、黒白二つに別れたり、
平和の敵を討たんとて、軍艦集る朝鮮海、トコトットット。

降り來る雪の絶間なく、障子あくれば銀世界、
　さぞや彼の地は寒からう、思へば涙が先にたつ、トコトツトツト。
殘りし小供を見るたびに、父の戰死も知らずして、
　につこり笑ふて勇ましく、萬歳唱ふもいじらしし、トコトツトツト。
遺恨重ぬる十年目、磨きあげたる魂は、
　君の御爲死を決し、ロスキー打ち斬る日本刀、トコトツトツト。
破竹の勢のわが軍は、奉天鐵嶺ひと跨ぎ、
　さぞや敗けるも辛かろが、講和と來るなら今のうち、トコトツトツト。
わつと揚げたるかちどきは、天に響きて勇ましく、
　續いて聞ゆるラッパの音、帝國萬歳大勝利、トコトツトツト。
親の財産あてにすりや、はげつ頭が邪魔になる、
　老爺入れたや火消壺、怒るたんびに蓋をする、トコトツトツト。
わたしやよつぽどあわてもの、蟇口拾つて喜んで、につこり笑つてよく見たら、
　馬車に引かれたひきがへる、トコトツトツト。（後に、電車に引かれたひきがへるとうたひかへられた）（四一〇頁）

「ロスキー」を漢字で書くと「露西鬼」。露助の「ろすけ」と同じく、当時、露西亜人を軽蔑して呼んでいた言葉。「奉天」は中国東北部遼寧省の省都で鉄道交通の中心地、旧瀋陽(しんよう)にあたる。また「鉄嶺」は、中国東北部遼寧省の北東に位置する町。奉天と鉄嶺は約七〇キロ離れている。

『明治流行歌史』の「ラッパ節」の歌詞は、全十節のうち戦争物八に対して生活物一、滑稽物一という組み合わせになる。歴史物が見当たらない。どっぷり戦争物という形にまとめられている。

戦争物のあとに、この頃「ラッパ節」が行き着いた生活物一つを加え、最後にその代名詞ともいえる「わたしやよつぽどあわてもの~」で締めた。戦争物がたくさんあっても、あくまでも「ラッパ節」、と主張している感じがする。

ではなぜ、ここで戦争物ばかりを選んだのか。昭和四(一九二九)年一月という時期と関係があるのかもしれない。

6　革命は近づけり

(1) 東北、北海道へ遊説旅行

唖蟬坊は積極的に社会主義運動に加わり、多くの交友をもった。

明治三十九（一九〇六）年の、電車運賃値上げ反対運動に加わった。そして明治四十年二月十七日、神田区錦町の錦輝館で開かれた日本社会党第二回大会で、二十人の新しい評議員が選出された。そうそうたる評議員の一人にも選ばれた。

元日本社会党衆議院議員の木原実は、『燎火の流れ』で唖蟬坊が「党の役員にえらばれるほどであるから、堺との個人的な交際以上に、意識的な交流があったことはたしかだろう」（二三八頁）としている。意識的な交流があるから評議員に選出されたということはわかる。ただ、その確信となる理由は明らかではない。『燎火の流れ』でも続けて「残された当時のかれの作詞以外に、その間のことはまだあきらかにされていない」としている。『唖蟬坊流生記』にも記されていない。

日本社会党第二回大会は、分派論争ともいわれる。出席した党員は地方支部代表者をあわせて六十余人、来賓数十人。なかには徳富健次郎（蘆花）や奥宮健之の姿もあった。大会は赤羽一、石川三四郎、松崎源吉、金子新太郎、竹内善朔らが発言、活発な討論となった。「宣言及決議」の審議で、堺利彦が提出した評議員案をめぐり、幸徳秋水と田添鉄二が激しい論争をかわす。田添、片山潜らの議会政策に反対した幸徳らが直接行動論を主唱する。採決では田添案二票、幸徳案二十二票、堺案二十八票で原案を可決し解散となった。

明治四十（一九〇七）年、啞蟬坊が作った「魔風」が、出版法違反で五円の罰金刑となった。しかし生活に余裕がない。啞蟬坊は暖かくなった頃、警察のやっかいになろうと心に決めていた。

その途中で、一度視察が「ゐますか」と訪ねて来た。妻は「ゐない」と言ふと、くるりと帰って行くインバネスの背中が曲り切らぬ内に、知道が、「母ちゃん、お父ちゃんゐるのにゐないと言ったよ」と大きな声で言った。

（『啞蟬坊流生記』一四八頁）

知道は当時五歳。その後インバネスの男はどうしたか、続きは記されていない。啞蟬坊は、黒門町の警察署で一泊すると東京監獄に送られた。そのまま居すわるつもりだった。そこへ活版工の貫井歌吉がお金の工面に現われた。結果、一日損をした形になった。

『社会主義者沿革　第三』の処分一覧を見ると、「魔風」の著作者は「添田武子（啞蟬坊）」。発行日、処分日は、ともに明治四十年六月二十五日となっている。残念ながら歌詞はわからない。

その年の夏、啞蟬坊は苦しい家計をそのままに、佐藤悟と福島、仙台へ演歌の旅に出た。佐藤は故郷の仙台に留まり、啞蟬坊は単身青森から函館へと足を伸ばした。

私はさうして家を忘れて歩きながら、どうせもう家の方は、どうにかなってしまったらう、妻も近来著しく強く生きる力ができてきたし、私が金を送らない事も理解してゐるし知人の家に同居して人仕事でもすりゃ生きられるといふやうなノンキな考へ方で、旅でヒマ取って、入京してさて家はどうなったらうとソッと帰ったら、家は何の変りもなく、棚にはギッシリ印刷物が積まれてあって、ホッとした。そして女の節約、勉強、キリ廻しといふものに感心した。（『啞蟬坊流生記』一五四頁）

妻たけ子は、唖蟬坊の性格を見抜いていたのかもしれない。

さらに年末から翌一月にかけて、唖蟬坊は再び留守をした。そのときたけ子は、女性の同志たちと精力的に活動した。

佐藤悟との旅から間もない十二月。唖蟬坊は西川光二郎と二人で東北、北海道を遊説してめぐった。十二月五日、午後七時三十五分の汽車で上野を出発した。週刊「社会新聞」[65]第27号（十二月一日発行、一頁）に、西川光二郎の著名記事「北海道及東北地方遊説」と「社告」を併載した。

西川の署名記事にも社告にも、松崎源吉の名前が出ている。その松崎は遊説に加わっていない。『唖蟬坊流生記』（一五五頁）では「三人名前の名刺ができた。できてから松崎は止めた」としている。西川は東北、北海道の途次、「社会新聞」に「遊説日誌」の記事を順次書き送った。十二月十五日の「遊説日誌（一）」では「松崎君の此の行に加はらざるは遺憾なれど病氣なれは致方なし」としている。松崎の参加は急遽とりやめになった。

西川と唖蟬坊は青森までの途中、仙台、盛岡をも訪れた。しかし、会場の都合がつかず、帰路での演説開催を約束した。青森で二回、函館で三回、札幌で一回、小樽で一回、旭川で二回の演説会を催した。全九回のうち来会者が分かっているのは八回、その一回あたりの平均は約百七十六人となる。

唖蟬坊も各会場で熱弁をふるった。演歌の「わからない節」をうたうこともあった。

北海道へ渡ったのは十二月十三日。函館では三夜連続で演説会を催している。飛び入りもあった。それでも、青森、函館ともに演者は西川と唖蟬坊の二人だけだった。

> 毎夜二時間餘づゝ、三日間も演説を續けしこととて、余も添田君も共に甚だ疲労したり。
> （「遊説日誌（七）」「社会新聞」第32号〔明治四十一年一月十二日〕三頁）

函館の街は明治時代になって、たくさんの火事に見舞われた。なかでも唖蟬坊らの旅に間近な、明治四十年八月二十五日の被害は想像を絶した。

西川と唖蟬坊は、大火の被害を目の当たりにした。それでも、混乱が続くなかでの演説会には、三日間で三百余人もの動員を得た。西川は「北海新聞社の諸君が大に余等を援助されしによる」（「遊説日誌（七）」「社会新聞」第32号〔明治四十一年一月十二日〕三頁）と残した。

西川と唖蟬坊は、函館社会主義グループのリーダー篠崎清次を訪ねた。

某氏よりして左の二事實を聞得たり

△火災後五日間程凾舘の米商は申合せて米を賣り澁ぶり以て米を騰貴せしめたり

△火災にて家を焼かれし様なものゝ、永（ママ）主は保險金は取る、敷金は借家人に返さず、其の上火災後家賃を二倍にも上げると云ふ始末、呆れてもの云へざるにあらずや。

（「遊説日誌（六）」「社会新聞」第31号〔明治四十一年一月一日〕五頁）

唖蟬坊も篠崎の話を残している。

訓盲院の篠崎君からは、メソヂストの内幕を聞かされた。当時クリスチャンにはその現状に慊らぬ者が多かったのだ。大火後の当面の問題としては、各地から送られる救援の毛布その他の物品も、まづ第一に信者に分け、第二に求道者に与へ、最後に漸く貧民に申訳的に分たれるといふやうな始末であって、これを贈った者の心持ちとは大変に違ったものになってしまふ偽善の数々もあった。（『唖蟬坊流生記』一五七頁）

唖蟬坊は、底辺者の悲惨さを直視し、血のたぎる思いをかみしめた。

十二月二十六日の午後三時、西川と唖蟬坊は札幌に到着した。西川にとって、農学校予科の卒業以来十一年ぶりとなる札幌だった。

農學校の腕白兒たりし昔の偲はれて懐舊の情に堪へざりき思出多き札幌の町の近づくに從ひ此の情愈々切なれば、余は寒さを忘れて窓を開き首を出して一ち一ち舊知の山川に挨拶を爲しぬ、（略）噫札幌！札幌！　我れ汝と別れてよりコヽに十有餘年、其の間汝の面目は一新したれとも、余は依然として窮措大なり、心には『我れは人道の戰士なり』と威張りながらもボロを着て再び汝に會す、又聊か耻づるの情なきを得ず。

（「遊説日誌（十）」「社会新聞」第33号（明治四十一年一月十九日）三頁）

札幌の有志は、演説会の用意や準備を惜しまなかった。そこで唖蟬坊は盛大にするように主張した。西川は違った。

やるからには劇場でやるやうにと有志がすっかり用意をしたりすすめたりしてくれた。私はそれまでに計らってくれるのならせっかくだから大きくやった方がいいと主張したが、西川が着実家なので肯んじなかった。私は血気だったたし、西川は消極派だった。札幌農学校の西川の学友や先生達とも会ったが、坐ってゐても、西川が古い話に花を咲かしてゐるのに、焦燥を感じるといふ風であった。（『唖蟬坊流生記』一五六頁）

唖蟬坊は『唖蟬坊流生記』で、西川の内向的な一面を記した。『平民社農場の人びと』（一八三頁）は、西川と唖蟬坊の二人を「大学出の社会主義者と、底辺育ちの社会主義者とは、まず会場の選定や客集めで意見をことにする」と比較している。

小樽での演説会は大雪に見舞われた。年始早々の大雪で、諦めの気持ちがあったのかもしれない。それでも百五十人が集まった。聴衆のなかには、二十二歳の石川啄木がいた。石川は「明治四十一年日誌」の一月四日に記した。

夕方本田荊南君に誘はれて寿亭に開かれた社会主義演説会に行つた。会する者約百名。小樽新聞の碧川比企男君が体を左右に振り乍ら開会の辞を述べた。添田平吉の〝日本の労働階級〟碧川君の〝吾人の敵〟共に余り要領を得ぬ。西川光二郎君の〝何故に困る者が殖ゆる乎〟〝普通選挙論〟の二席、何も新らしい事はないが、坑夫の様な格好で、古洋服を着て、よく徹る蛮声を張上げて、断々乎として説く所は流石に気持よかつた。臨席の警部の顔は赤黒くて、サアベルの尻で火鉢の火をかき起し乍ら、真面目に傾聴して居た。閉会後、直ちに茶話会を開く、残り集る者二十幾名。予は西川君と名告合をした。（「石川啄木全集　第五巻」一九五頁）

文中、「碧川比企男」とあるのは「碧川企救男」の間違い。唖蟬坊も小樽での様子を記した。

小樽の会の時は大雪であった。今夜はダメだぞと言ってゐると、藁沓を穿いて、どっさどっさと平気な顔でやって来て、一杯になった。その夜私は演説の中で「わからない節」をうたった。持ってゐた演歌を、会場を持って廻る者があって、売れたこと売れたこと。たちまち手払ひになってしまった。（『唖蟬坊流生記』一五七頁）

唖蟬坊は石川のことを書いていない。石川は西川と話はしても、唖蟬坊とは言葉を交わさなかったのか。冬の北海道。室内の防寒は充分にしている。それでも苦労の連続だった。

宿はバラック建てで、寝てゐる枕許に雪が降り込んできた（『唖蟬坊流生記』一五六頁）

朝、目が覚めて、ひょいと夜具をもち上げると、バリバリと音がした。息で、髭が夜具の襟に凍りついてゐたのであった。蜜柑が凍ってゐて、炉端へ並べておいてから喰ふのだが、はじめの内は凍ったのを面白がって喰ふて、

喰ひすぎて舌が荒れて困った。（『啞蟬坊流生記』一五八頁）

西川は、一月一日の「遊説日誌（六）」に「添田君の靴」を記した。

余も防寒の用意不足なれば、添田君は殊に不足にて氣の毒なり、殊に添田君の靴は破靴にて而かも短靴なれば一度用ゆれば中まで雪にてシメるを常とす、添田君靴がシメりて困ると云ひながら爐の傍らに靴を置きて是れをアブり、今も眼さめて見れば添田君の靴爐の傍らにありて盛んに水蒸氣を立て居れり。

啞蟬坊も自身の靴について書いている。

西川君が新聞に通信を送ってゐたのだが、その一節に、「余も防寒具は不足なれど添田君は尚不足――今朝も炉端で靴が湯気を立ててゐる」とあったのを指して後に堺が、「西川君は文章が下手だが、あのところは生きてゐる」と言った。私の靴は破れて、ぐづぐづに滲みてしまふのを、いつも炉端で乾かしたのであった。

（『啞蟬坊流生記』一五八頁）

明治四十（一九〇七）年、北海道では大きな争議が続いていた。

▽二月一日、夕張炭鉱労働者七百人の賃上げ要求しデモを挙行。
▽三月、幾春別炭坑の六百人が賃上げを要求。
▽三月下旬、幌内炭鉱の千七百余人がストライキを決行。二百四十二人が検挙される。
▽七月一日、夕張第一鉱六百人の賃上げ要求が通る。

▽七月十一日、大夕張炭鉱と追分コークス製造所が賃上げ要求のスト。十日間で解決。
▽七月十七日、夕張炭鉱で再度ストライキが起こる。二十日には千八百人が参加。

そんな時期に東京の社会主義者を代表して、西川と啞蟬坊が北海道に渡っている。北海道の労働者が、二人の訪問を望まないわけがない。旭川での有志との記念撮影のあと。啞蟬坊が記した。

ここで遊説を終ることになった。自分は夕張炭山に何か事が起りさうでそこへ乗り込むことに期待を持ってゐたが、急に帰ることになった。西川はあぶないところへは立ち寄るまいといふ。細君への便りにも、旅の難儀を訴えて、「女神のソバでないとどもならん」などと書いたりした。（『啞蟬坊流生記』一五八頁）

ここでも啞蟬坊は、西川の内向的な側面を感じとっている。西川の頭のなかには、前年五月に出獄したばかりの足尾騒動の記憶が、生々しく残っていたのかもしれない。さらに東京には、解決しなければならない問題が待っていた。西川と啞蟬坊は、遊説の途中東京での急用のため予定を変更。幾春別、幌内、夕張、室蘭、弘前、盛岡、佐沼、仙台ほかでの開催を取りやめ、帰京した。「遊説日誌」に理由は書いていない。

実は、「社会新聞」を取り巻く同志の間で、いざこざが起こっていた。編集経営上の内紛と思想上の対立から、内部分裂に発展した。

西川と啞蟬坊が上野に着いたのは、明治四十一（一九〇八）年一月十三日の午後七時だった。『啞蟬坊流生記』巻末年譜、明治四十一年の項（三二四頁）には「北海道視察に大いに得るところあり」として、「一月十三日に旭川を立つ」とある。しかし、「社会新聞」第33号（一月十九日発行、二頁）の記事では「去る十三日無恙歸京したり」としている。違いはわからない。

唖蟬坊は、東北・北海道への遊説に出る直前、下谷区中根岸一三番地の住まいを引き払った。妻たけ子を、本郷区金助町三一番地の西川宅に移した。西川光二郎の妻文子と二人で留守を守らせた。金助町は現在の本郷三丁目、本郷三郵便局から南に向かう道筋あたりとなる。

たけ子は、女性同志たちと本郷区金助町に婦人の教養塾を開いた。精力的に活動した。

「社会新聞」第31号（明治四十一（一九〇八）年一月一日発行、二頁）に、西川文子、添田武子を連名とした小さな記事が載っている。

平民百首歌留多會

來る五日午前十時より本郷區金助町卅一、共勵學舍内に開會同志兄姉の御來會を望む。

一月一日　發起者　西川文子　添田武子

実際に「かるた会」が開催されたかどうか「社会新聞」を追った。記事を見つけることはできなかった。本郷区金助町三一番地といえば西川の自宅となる。

さらに「社会新聞」第33号（一月十九日発行、七頁）には、「社會主義婦人講演會」の記事が載った。

豫記の如く十二日午後二時上野ステーシヨン前紀念傳道舘に開會、先づ添田竹子氏開會の趣意を述べ次に西川文子氏は立つて、『囚はれたる婦人』と題し、今の社會は各方面に於て個人の自由を束縛して一種の籠鳥と爲し居るもの、如し此くして囚れ居るは婦人最も甚しとて一々例證を擧げて社會の壓制男子の壓制下に泣ける女子の運命を痛嘆して之を救ふは社會主義に在りと叫び久島勝子氏は『廿世紀の新宗教』なる題下に、廿世紀の新宗教は基督教にあらず、佛教にあらずして男女の精神を絶對に解放する社會主義なりと矯焔を吐き、添田竹子氏は『思想の變化』と題し、自分も最初は女子に有勝なる虚榮の動物なりしが中頃發心して慈善事業にて不幸の人を救はんとせしも慈善事業は決して社會の不幸人を救ふ所以の道にあらざるを知り、終に社會主義者になれりとて思想の經路を説きて降壇せり、かくて講演會を終り階上の一室にて同志婦人茶話會を開きて各自思ひ思ひに所感を述べて退散せしは午後五時、當日聽衆百五十餘名福田女史始め十數人の女子をも見受けぬ、最初の會としては頗る盛會と言はざるべからず、次回は來る廿六日（第四日曜）午後二時より本郷金助町卅一、西川氏宅に開き、西川、添田、久島諸女子及び木下尚江氏の令妹菅谷いわ子女史も出席せらるべしと。

一月十二日は、西川、啞蟬坊が東北、北海道の遊説から戻る前日となる。たけ子は登壇し、自身の思想変化について講演した。留守中の西川文子、吉田勝子、添田たけ子らの婦人運動は、先鞭者として新聞に評された。

東北遊説の旅に出ることになった。西川光二郎、松崎源吉と私と、「東北及北海道遊説東京社会新聞記者」の肩書の三人名前の名刺ができた。（『啞蟬坊流生記』一五五頁）

『啞蟬坊流生記』にある、北海道と東北の地方遊説の書き出し部分だ。

名刺の肩書を「東京社会新聞記者」としている。しかし、遊説に出かけた時点では、まだ片山潜が主宰する「社会新聞」のはず。啞蟬坊の単なる勘違いか、それとも意図的なものなのか。後々のことを考えると、故意に書き替えたとも思えてくる。

二月十六日、西川宅で社会主義同志会の会合が開かれた。全員一致で会長格の片山潜の除名が決議。片山の性格に対する感情的な反発が、分裂の結果を生むことになった。

「社会新聞」は片山、田添鉄二、白鳥健らが続刊。袂を分けた西川、赤羽一、斎藤兼次郎らは三月十五日、新たに「東京社会新聞」を創刊した。西川光二郎と啞蟬坊が北海道、東北の遊説から帰って二か月後のこと。

「東京社会新聞」第1号と第5号の綴じ側欄外には、当初の陣容を知る記事がある。

東北、北海道の遊説をともにした西川光二郎のほか、『良人の自白』の著者木下尚江、『荊逆星霜史』の著者吉川守圀、大正浪漫を代表する画家の一人竹久夢二、のちに『大菩薩峠』を著す中里介山らと並んで、唖蟬坊の名が記されている。また明治四十（一九〇七）年二月、足尾銅山暴動事件の首謀者と汚名を着せられた、元大日本労働至誠会足尾支部の南助松、永岡鶴蔵の二人の名も見ることができる。

唖蟬坊はこの時期、片山潜との分離支持者の一人として名を連ねていた。名刺の社名を変えた意図が、このあたりに見え隠れしているような気がする。

（2）官憲の要注意人物

「東京社会新聞」に興味深い三つの記事を発見した。『明治社会主義史料集　第8集「東京社会新聞・革命評論」』の巻末索引から得た。

▲ラッパ節事件　關谷龍十郎君の社會主義ラッパ節事件審理は明後七日東京地方裁判所にあるべし。

（「東京社会新聞」第3号〔明治四十一（一九〇八）年四月五日発行〕「裁判彙報」二頁）

▲ラッパ節事件　關谷龍十郎君の同事件は七日及九日に東京地方裁判所に公判開廷、検事は秘密出版の意志ありしものと認め出版法に依り最も重く罰すべしと論告せり。

（「東京社会新聞」第4号〔明治四十一（一九〇八）年四月十五日発行〕「裁判彙報」六頁）

◎ラッパ節事件　關谷龍十郎君の同事件公判、八月一日東京控訴院に開廷六日判決前裁判の通り。

（「東京社会新聞」第14号〔明治四十一（一九〇八）年八月五日発行〕「裁判一束」六頁）

「ラッパ節事件」とは何で、罪状はいかなるものだったのか。関連する二つの記事を引用する。

▲關谷龍十郎君　は去る十一日國民大會の節日比谷公園にて配布したる社會主義ラッパ節の爲に法に問はれんとす。

（「東京社会新聞」創刊号（明治四十一（一九〇八）年三月十五日発行）「人事片々」三頁）

▲關谷龍十郎君　のラッパ節事件は十八日に言渡あり罰金九圓に處せらる。

（「東京社会新聞」第5号（明治四十一（一九〇八）年四月二十五日発行）「人事片々」三頁）

別の資料もある。

内務省警保局は、日露戦争前後から昭和二十年の敗戦まで、社会主義者など「過激派其他危険主義者」を徹底調査。「社会主義者沿革」や「特別要視察人状勢一斑」、「社会運動状勢」などにまとめた。資料を作成するなかで、その都度、補足や整理をしていたのが、元となる「個人別名簿」。そこに「関谷龍十郎」の名があった。

四十一年二月十一日日比谷公園ニ於テ社会主義者西川光次郎等ト増税反對國民大會ナル名義ヲ以テ屋外集會ヲ企テ西川等カ檢束セラル、ヤ本人ハ發起人ニ代リ東亞新聞記者タリシ中島半三郎ト共ニ演説ヲ爲シ尚會衆ニ對シ社会主義喇叭節印刷物ヲ配布シ。（『社会主義者無政府主義者　人物研究史料（1）』二七六頁）

明治四十一（一九〇八）年二月十一日、日比谷公園で増税反対国民大会が開かれた。そのときに配布した「社会主義ラッパ節」の内容が原因だった。裁判の結果、罰金九円が課せられた。三月十五日に「東京社会新聞」が創刊される一か月前の事件となる。残念ながら、このときの歌の内容まではわからない。

関谷は、「ラッパ節」や「増税節」「圧制節」を吉川守圀らとうたった。明治四十一年五月十五日の「東京社会新聞」に載った「ラッパ節」の投稿作のうち、四節を作った関谷愛民と同一人物となる。また、「東京社会新聞」のスタッフでもあった。八月一日、「東京社会新聞」の廃刊を決める社会主義同志会の会合に集まった、二十三人と一団体のうちの一人でもある。

社会主義者視察取締経過報告書『社会主義者沿革　第三』にある「社会主義ノ記事ニ依リ処分シタル刊行物一覧」の「出版法による処分一覧」全百八十五文献のなかに、関谷の刊行物がある。しかしそれは「ラッパ節事件」の発端となった配布印刷物ではない。

その作品は、発行日は「不明と」しながらも、明治四十三（一九一〇）年十二月十七日に処分を受けた一枚もの。タイトルは「社会主義とは果して如何なる性質の者なる乎」。『社会主義者沿革　第三』に、全文が記されている。最後に全文を受けての気になる歌詞があった。

警句　狂愚と小児に利刀を与ふる事は危し、左れど鼠輩に大臣代議士の椅子を与ふる事は尚ほ危し見よ外は巨億の負債、内は不景気に泣ける国民の痛苦を、

ラッパ節　小サな泥棒は繋られて大きな泥棒は二頭馬車、
流石東洋第一の文明開化の日本国。
日比谷に集る蛙共意見も抱負も有る者か
名誉の議席に恥ぢもせず五百羅漢の向ふ張る。（『続・現代史資料1社会主義沿革1』二八八頁）

さいごの最後に「ラッパ節」二編が併載されている。

一つ目は機関紙「光」第13号に掲載された「社会党ラッパ節」の歌詞の一つ「大泥棒はゆるされて、小さな泥棒はし

ばられる、さすが東洋第一の、文明開化の日本國」に似ている。二つ目の「日比谷に集る〜」は、関谷なりに現状を皮肉った自作か。

社会主義者のなかには、関谷龍十郎のほかにも演歌者がいる。仙台生まれの佐藤悟は、唖蟬坊の弟子の一人でもある。明治四十年の夏に唖蟬坊と二人、福島、仙台へ演歌の旅に出た。築比地仲助は「平民社回顧録」に記した。

その年四月三日に、栃木県佐野町に第二回両毛同志大会が開催された。第一回についてはおぼろな記憶しかない。この第二回には東京から山川均・大杉栄・守田有秋・佐藤悟が出席、地方では田中正造・近藤政平ら一派、それに私の村から七、八人、ほかに山田・邑楽・足利・安蘇の四郡から二〇人、それと一般聴衆で演説会は盛大であった。この日佐藤の音頭で、私の地方ではじめて革命歌をうたった。

大会が終了すると、山川・大杉・守田・佐藤は私の村人と同勢一〇数人で、佐野から三里の野道を私の村まであるいた。この三里の道を、佐藤が音頭をとって「革命歌」をはじめいろいろな歌を歌った。佐藤は添田唖蟬坊の弟子で、歌は本職であった。私の革命歌は四句が一節となっているのであるが、それを添田が六句一節に編成替えして一高寮歌の「ああ玉杯に花うけて」の譜で歌いはじめたのである。佐藤のあとをついて山川・大杉らも私の村人らも大声でうたうのであった。東京の客は全部私の家に泊った。（『労働運動史研究15』四〇頁）

文中の「私」は築比地のこと。「革命歌」[66]は築比地の詩による。山川均、大杉栄、守田有秋、築比地が佐藤の音頭で「革命歌」などをうたっている。さらに、「日本平民新聞」第22号（明治四十一〔一九〇八〕年四月二十日発行、一四頁）に、「群馬縣下の傳道」と題した記事を見つけた。先々の講演会で佐藤は演歌をうたった。

△四月五日、邑樂郡高嶋村大字秋妻にて社會主義講演會を開く、集まる者七八十名、前回の兩毛同志大會に懲りてか、巡査二名、部長一名の臨場あり、雨の中を遠方より御苦勞千萬、衆皆其周章さ加減を笑ふ、岩崎君の開會の

辯を次ぎ、飯塚君の一番の諧謔あり、次に築比地は農村の現在將來に就て所感を述べ、佐藤悟君は其熱烈の快辯を振つて勞働者の慘状現代の矛盾撞着を叫ぶ、次で山川君は急霰の如き拍手に迎へられて起ち、明晰にして沈痛なる語調を以て、社會主義の如何に迅速に發展せしかを説き、更に社會主義の世と現代とを比較して多大の感動を聽衆に與へたり、最後に大杉君は演壇に立ちて、屹々として而も雄辯に、農民は如何なる運動方策を取るべきかと叫び、英、西伊、露、佛等の農民の運動状態を大膽に、赤裸々に報君して降壇す、此時一名の巡査昏々として居眠れり、あゝ彼も亦勞働者の一人なるよ、之にて一先づ閉會し餘興として佐藤君の「金の世や」「わからない」「ゾーゼー節」あり、部長君、之等の歌を買ひて歸る、午後九時全く解散、これより迫害の毒手は漸く我地方に甚しからん見込。（築比地仲助報）

△四月六日夜、山田郡休泊村字仲之郷に於て社會主義講演を開く、會衆八九十名、中村の開會の辭に次ぎ蟹江君の一場の感話あり、築比地君は中農の未來に就て陳べ、佐藤君は熱心に奥州農民の悲慘なる状態を説き、岩崎君は谷中村問題を引証して社會主義の必要を叫ぶ、最後に山川君は明徹なる語調を以て革命の氣運の近づけるを説き、農民が早く自己の持てる大なる力を自覺せん事を促がして降壇したり、餘興として佐藤君が例の歌數番、午後十二時散會。（中村靜里報）

演歌を社会主義講演会の閉会後の余興としている。佐藤悟は啞蟬坊の「あゝ金の世」「あゝわからない」「増税節」をうたった。

四月五日の高嶋村の講演会では、臨場の巡査一人が居眠りをし、部長は歌本を買い求めている。警察官といっても、一人の人間。過酷な労働に疲れもする。流行りの歌を覚えたくもあったのか。

先の築比地の「平民社回顧録」の四月三日と、「日本平民新聞」の四月五日、六日の記事は、ちょうど北関東で続いた一連の演説旅行と思われる。

佐藤が群馬県下での伝道から帰ってきて二か月の後。六月二十二日に神田区の錦輝館で赤旗事件が起きた。佐藤は荒畑寒村や大杉栄らとともに捕えられた。拘留中の神田署内留置場の板壁で「一刀両断天王首　落日光寒巴黎城」の落書きが発見された。佐藤が嫌疑をかけられ不敬罪で起訴。重禁錮三年九か月、罰金百五十円となった。しかし佐藤の落書き事件は冤罪といわれている。

社会主義者は危険人物として官憲からマークされ、どこへ行くにも尾行がついた。唖蟬坊にもついた。

内務省警保局は、極秘裏のうちに社会主義運動に関しての文書をまとめ、政府部内に配付した。明治四十一（一九〇八）年八月から明治四十二（一九〇九）年七月までを記録する、社会主義者視察取締経過報告書『社会主義者沿革　第二』がある。社会主義者の行動として、片山、西川、堺による三派の行動を記している。その三派とは別に、「各派ノ何レニモ専属セサルモノト認メラレ比較的注意ヲ要スル人物ニ付其ノ行動ヲ示セハ左ノ如シ」と前置きして、三十六人の派外者[67]の行動をあげた。そのなかに「添田平吉」の項目がある。

片山派及堺派ニ出入シ明治四十二年四、五両月中高橋勝作ト共ニ広島及山口地方へ旅行セリ。本人ノ著作発行ニ係ル出版物ニシテ禁止及差押ノ処分ニ付セラレタルモノ数種アリ。

（『続・現代史資料1社会主義沿革1』六三頁）

さらに明治四十二（一九〇九）年八月から、明治四十四（一九一一）年六月までの記録をまとめた『社会主義者沿革第三』の「第五項　処分」がある。「其ノ他ノモノ」のトップに「添田平吉ヲ浮浪者トシテ拘留ニ処ス」のタイトルで、唖蟬坊が記されていた。

添田平吉明治四十二年九月二十七日夜「添田唖蟬坊」ト印刷セル名刺ノ左右ニ「官憲の注意人物日本社会党員」「労働ハ人生々活の基礎である血と汗を奪ふ泥棒に用心せよ」ト肩書セシモノ及小冊子約二十冊ヲ所持シ千葉県安

房郡勝山町ヲ徘徊セルヲ所轄勝山警察署ニ於テ発見シ取調ノ上浮浪者トシテ拘留七日ニ処シタリ。

（『続・現代史資料1社会主義沿革1』三〇九頁）

往時、民権運動で培われた血気盛んな唖蟬坊は、処分にくじけなかった。反骨精神のもと、自身の名刺に「官権の注意人物」と書き示し闊歩した。「日本社会党員」とも記している。日本社会党は明治四十（一九〇七）年二月に、結社の禁止が命じられた。その「日本社会党」を冠していた。

『唖蟬坊流生記』巻末年譜の大正六（一九一七）年の項には、「演説で中止をくうと、そのまま『では演説は中止して歌をうたう』と笑ってつづける如し　一人で中止を二度くうのは唖蟬坊だけだといわれた」とある。はじめに演説をする。臨検の警察から「弁士中止！」といわれる。そこで歌をうたう。今度は「危険思想！」と止められる。唖蟬坊は一度で済む注意を二度受けた。さらに唖蟬坊と警察官の関係をより明確にする逸話がある。

昭和二十五（一九五〇）年四月八日に開かれた、唖蟬坊没後七周年の「唖蟬坊追憶談笑の会」で、長尾吟月が披露した。

先生と一緒に拘留された時だが、豚箱に入っていると、そこの看守が立派な髭を生やしている。それをひねっては「ああん、こりゃ」と威張るわけなんだが、こっちが少しも恐れ入らない。それに御存じのように唖蟬坊先生も中々立派な髭があった。向うがひねればこっちもひねる。とんだ髭くらべです。看守が口惜しがってね「貴様がいくら髭の自慢をしたって、貴様は格子の中にいるじゃないか」すると先生が「ほほう」と笑って「そっちから見ればこっちが格子の中かも知れないが、こっちからはお前の方が格子の中に見える」（爆笑、拍手）。

（『演歌師の生活』二八八頁）

唖蟬坊は日本社会党第二回大会に出席し、評議員に選ばれた。そんな分派争いの渦中にあっても惑わされることなく、うたい続けた。

ただ、それまでなんの処分も受けなかった歌本や読売ビラが、社会主義を明らかにした途端、しばしば発禁の対象になった。警察の手が伸び、さらに大逆事件（幸徳事件）ののちには、社会主義運動の「冬の時代」が到来する。それでも唖蟬坊の作品にはなんの揺らぎもなく、成熟した独自の思想のもとに創作を続けていく。

「社会党ラッパ節」を一つのきっかけとして、以降、唖蟬坊の歌の内容はガラリと変わった。明治三十九（一九〇六）年の「あきらめ節」「あ、金の世」「あ、わからない（わからない節）」から、翌年の「当世字引歌」。明治四十一年には「我利我利亡者の歌」「ゼーゼー節」へとつき進んでいく。

唖蟬坊は「当世字引歌」を作り、「あきらめ節」の曲でうたった。

「空前絶後（くうぜんぜつご）」とは「タビタビアルコト」で
「スグコワレル」のが「保険付」
「大懸賞」とは「バカモノツリ」で
「マネゴトスル」のが「新発明」

「恋愛」とは「ダマシテカネトル」ことで
「厭世（えんせい）」とは「ヒジテッポークッタ」こと
「初婚の処女」とは「デモドリヲンナ」
「容貌普通（ようぼうふつう）」は「オバケヅラ」

「本紺染（ほんこんぞめ）」とは「オハグロゾメ」で

「大安売」とは「タカイコト」
「正直者」は「ジセイニアハナイバカ」で
「才子」は「ユダンノデキヌヒト」

「賃銀労働者」は「ノーゼイドウブツ」
「紳士」は「アソンデクラスヒト」
「小間使」とは「ナイショノメカケ」
「美人」とは「ミナゲヲシタヲンナ」

「ヤスクカッテタカクウッテモウケル」のは「商人」
「アブラウル」のは「怠惰者（なまけもの）」
「ミヲウッテオシリヲウル」のは「娼妓」
「イノチウル」のは「労働者」

「馬匹改良」は「トバクノショウレイ」
「福引」は「ヨクバリヲダマスモノ」
「名誉」とは「オカネヲタメコム」ことで
「坊主」は「オキョウノチクオンキ」（『演歌の明治大正史』一三二頁）

さらに「人間僅か五十年」の別名もある「我利我利亡者の歌」は、好評だった「あゝわからない（わからない節）」の、下の巻として発行された。歌詞内の墨付き括弧（【　】）は、復刊時の編集部による注釈となる。

人間わずか五十年　二十五年は寝て暮らす
昼寝十年うたた寝を　十年引いてその後に
残る五年を居眠れば　人間ついにゼロとなる
起きて半畳　寝て一畳　食べて五合　着て一枚
なんぼお金があったとて　死んでゆく時ゃ生草鞋（きわらじ）に
経かたびらに銭（ぜに）六つ　宗旨によっては一文も
持たずに閻魔の帳面に　いやでも付かなきゃならないと
定（き）まっているではないかいな　何をくよくよ身を焦がす
亡者よ亡者　やよ亡者　お前はほんとに気が知れぬ
財貨（かね）はこの世の寄持ちで　お前一人の物じゃない
それをお前は欲ばって　わが物顔に身勝手に
なぜにそのよに溜め込むか　欲というても程がある
義理も人情も打ち捨てて　食いたい物さえ食いもせず
こまるこまると愚痴ばかり　こぼしてボロ着て憂苦労
いよいよ溜れば溜るほど　灰吹同様きたないと
親類縁者に爪はじき　されても一向無頓着
チーチー赤ニシ吝（けち）ン坊　金溜機械よ守銭奴よ
厄病神よ死に損ね　早くクタバレ畜生メ
面をみてさえ無茶苦茶に　癪に障ってたまらない
などと譏（そし）られ罵られ　怨まれ憎まれ嫌がられ

世の交わりを狭くして　自由自在の世渡りも
できぬ片輪と成り果てて　情けないとは思わぬか
亡者よく聞けお前らは　金さえあれば安泰じゃ
金じゃ金じゃというけれど　年がら年中その金に
自分の体を縛られて　困っているのがわからぬか
身体ばかりか心まで　休まる隙はありゃせまい
遠い火事にも気をもんで　夜もおちおち眠られず
犬が吠えても起きあがり　天井の鼠がさわいでも
こりゃ大変だ泥棒が　這入ってきたと驚いて
金箱抱えて青くなり　ブルブル慄(ふる)えてナムマイダア
慈悲じゃ情けじゃお泥棒さん　命は綺麗にあげまする
お金ばかりはお助けと　泣いて拝むも心から
お前はお金の番人に　生まれてきたか出てきたか
誰も頼みはせぬものを　明け暮れ根気を腐らせて
金で買われぬ命をば　カンナをかけてだんだんに
我から削ってしまうのを　バカバカしいとは思わぬか
そうして溜めたその金を　あの世へ旅立ちする時に
残らず背負ってござる気か　どうするつもりかわからない
この世で悪事をし尽くして　嘘つき通して来たように
追従軽薄出まかせで　生塚(しょうづか)【三途の川、葬頭河のこと】婆(ばば)をごまかして
閻魔の前で金びらを　切って見る気かあほらしい

地獄の責苦を待たずとも　心の鬼に責められて
今にのぼせて気がふれて　日頃泥棒の用心と
思う刃物でわが咽喉を　突いて死ぬかもわからない
われとわが家へ火をつけて　金庫へしっかり縋りつき
金庫と共に焼け死んで　笑い草かもわからない
ああわからないわからない　お前の心がわからない
欲ばる心がわからない　どう考えてもわからない（『流行り唄五十年』七三頁）

日刊「平民新聞」第10号（明治四十〔一九〇七〕年一月二十九日発行、三頁）では、唖蟬坊を紹介していた。唖蟬坊を社会主義の同志として、「あゝ金の世」の歌詞を一部抜き出している。

あゝ金の世　とは社會主義の同志添田平吉氏の發行する『新俗體詩』なり面白き節一つ二つを抜く『あゝ金の世や金の世や、地獄の沙汰も金次第、笑ふも金よ泣くも〇、一も二も金三も金、親子の中を割くも〇、夫婦の縁を切るも金、強慾非道と譏らうが、我利々々盲者と罵しろが、痛くも痒くもあるものか、金になりさへすればよい、人の難儀や迷惑に、遠慮して居ちや身が立ぬ』『あゝ金の世や金の世や、牛馬に生れて來たならば、あたら頭を下げずとも、いらぬお世辭を言はずとも、濟むであらうに人間と、生れた因果の人力車夫、やぶれ提灯股にして、ふるひおの、くいぢらしさ』此頃の夜風身に泌む街角にて此の俗體詩の讀賣する冴たる聲を聞き玉ひし讀者もあるべし。

漢字には、すべてルビが振られている。途中の「〇」にも「かね」と振られていた。ほかの「金」との違いはわからない。

ここで、唖蟬坊が作った「四季の歌」の一連の変遷を振り返ってみる。日清戦争時の「士気の歌」が「四季の歌」となり、「四季の歌新作」ができた。日露戦争時の「志気の歌」から「四季の歌（第二次）」へと作り替えられていく。唖蟬坊の才能は、余すところなく発揮された。

唖蟬坊が最初に作ったのは明治二十七（一八九四）年、日清戦争のとき。士気を鼓舞するために「士気の歌」（詞は鬼石学人）を作った。「愉快節」や「欣舞節」の華やかさのとなりで、うたい飛ばした。節調は「ダイナマイト節」「ゲンコツ節」の血脈をひいた。

陸に敗北海には沈んで豚尾の軍勢
それでも懲りずに敵対の
豚尾漢めが戦争するとは片腹痛や
故園へ帰つて豚小屋の
うどの大木辮髪頑奴の総身に智恵が
い、い、い、りこうしようなる体裁も
法螺で堅めた辮髪豚奴の軍勢原を
忠胆義烈の軍人に

土地や軍艦占領はれて
チョイトをかしいから威張
及ばぬ敵対止めにして
チョイト掃除をするがよい
廻り兼ねたる負軍
チョイトめっきの剥奪られ
喇叭一声撃破る
チョイト輝く金鵄章（『演歌の明治大正史』六六頁）

明治二十八（一八九五）年、平安遷都千百年紀年祭が開かれた。併せて、第四回内国勧業博覧会が催された。四月一日から七月三十一日までの会期中の入場者数は、百十三万六千人を越えた。この京都大博覧会を記念して「京の四季」が作られた。歌は京都の花柳界から広がり流行した。六、七月頃には啞蟬坊が春、夏、秋、冬以降の歌詞を補った。「四季の歌」ができた。

春はうれしや、ふたり揃ふて花見の酒
庭の櫻におぼろ月、それを邪魔する雨風が
　ちよいと散らしてまた咲かす

夏はうれしや、ふたり揃ふて鳴海の浴衣
團扇片手に橋の上、雲がすゐして月かくす
　ちよいと浮名が流れゆく

秋はうれしや、二人並んで月見の窓
色々はなしを菊の花、しかとわからぬぬしの胸
　ちよいとわたしが氣を紅葉

冬は嬉しや、二人まろんで雪見の酒
苦勞知らずの銀世界、話もつもれば雪も積む
　ちよいと溶けます炬燵中

（不知山人作）
秋の夕に、史（ふみ）をひもとく孤燈の下

讀は櫻井生別れ、孤忠感じて泣く顔を
　チヨイトうかゞふ月の影
あきれそう浪、口に忠義のこうしやくしても
醉ふて美人の膝まくら、不潔な娯樂に日を送る
　チヨイト不忠な、ひゝ老爺
春の梅見に、紳士手を取る素的な美人
風が悋氣でもすそ吹く、東コートの奥様が
　チヨイトあわてゝ左りづま（『流行歌明治大正史』一六六頁）

「あきれそう浪」は、大磯にある伊藤博文の別邸滄浪閣のこと。「こうしやく」は「講釈」と「侯爵」をかけている。白木屋洋服店が創案した「東コート」は「吾妻コート」ともいわれた。「読売新聞」（明治二十九（一八九六）年十月四日付朝刊、六頁）に白木屋の広告が載っている。

　特に御婦人方御着用阿妻コートの儀ハ過る二十六年中弊店が他に率先して世の流行を喚起せんと欲し新案雛形を製して之れを江湖に廣告致候處幸に意外の好評を博して昨年來より著しく大流行と相成京阪地方ハ勿論全國諸縣下より陸續御注文相嵩み大に地質の欠乏を來し遺憾不堪依て本年ハ右に對する品々にて縞柄の大小、綾目の細大、色合の濃淡、光澤の多少地質の厚薄及び剛柔等各御老若に應じ最も時好に投じたる優美高尚なる新柄數百種歐洲各國より直輸入仕り………。

『増訂明治事物起原』にも記されている。

明治三十年十一月刊〔都の花〕に、『吾妻コートと名づけたるもの四五年以來流行し、今日此頃は、老たるも若きも婦人の上着として無くてならぬものとなりしこと、男子の二重廻しの如く、ショールは全くすたれて名殘を車の膝かけに留めたり』とあり、同三十二年一月號に又『吾妻コートめつきり廢れて、又ショールをかつぐ』とあり、然し、大正の今日、コートは尚大勢力を有せり。（『増訂明治事物起原』六九一頁）

唖蟬坊の息子知道による冊子『明治以降流行歌演歌年表』[68]がある。明治二十八年の「四季の歌」には、不知山人の名があり「補詞」となっていた。

続いて、明治三十四（一九〇一）年の「四季の歌新作」。

筆を手に取り、小首をかたげて墨すり流し
國へ無心の長手紙、親をだまして取つた金を
　チヨイトドースル運動費

筆を手に取り、染めし參らせ候かしく
又も無心の長手紙、情夫につぎ込むその金を
　チヨイト持つて來る馬鹿書生（『流行歌明治大正史』一七四頁）

「ドースル」は「ドースル連」のこと。タレ義太ともいわれた娘義太夫に、熱狂的なファン「ドースル連」は、下足札をカタカタたたいた。「どうする、どうする」と掛け声をかけた。漢字で「堂摺連」と書く。

> この熱狂書生たちに「ドースル連」の名をつけたのは演歌壮士であったが、当時の新聞も「流行歌の傾向を見れば社会の腐敗の程度を知ることができる」と慨嘆したものである。（『演歌の明治大正史』八八頁）

当時の演歌、流行歌のあり方を物語っている。流行の先鋒にある歌は、社会世相の写し鏡でもあった。

『演歌の明治大正史』（八六頁）では、明治二十八年の「四季の歌」と、三十四年の「四季の歌新作」を一つにまとめていた。『流行り唄五十年』（四〇頁）でも間に注釈を設け、一つの歌としている。

『流行歌明治大正史』では、二つ別々に「四季の歌」がある。間には他の九曲を紹介している。また『啞蟬坊流生記』の巻末年譜でも、明治二十八年に「四季の歌」があり、明治三十四年に「四季の歌新作」があった。

啞蟬坊や知道以外の著作でも、二つの「四季の歌」は別々に記されている。『流行歌百年史』（昭和二十六（一九五一）年発行）では、はじめの「四季の歌」を「京の四季」のタイトルで明治二十八、二十九年流行としていた。

> 絲より細い春の雨に、名にしおう鴨川の流れにうつる月の影に、春は秋はの〝京の四季〟は生れて、長閑にも整つた曲を伝えた。ポピラー（ママ）な今に歌われる明治期の名曲の一つではある。（『流行歌百年史』二八四頁）

新作の「四季の歌」は、明治三十五、三十六年流行として「演歌四季の歌（第三次）」のタイトルがついていた。

> 第三次の「四季の歌」は、当時学生の風儀の甚だしく乱れた傾向を歌にして流行せしめていた。
> （『流行歌百年史』三一一頁）

日露戦争直前の明治三十六（一九〇三）年には、関西旅行中の大阪で「志気の歌」となった。

國の爲めには、命惜しまぬ神州男児
いつも軍は大勝利、それを無にせぬ善後策
　ちよいと、頼むは外交官

つらもいろいろ、かつら馬面大づら小面
赤面髯面ふくれ面、つらつら露助の面見れば
　ちよいと、泣き面まぬけ面

けの字さまざま、三毛に眉毛に色けに食ひけ
たわけ呑ぬけ桶に酒、露助は戰に負けつゞけ
　ちよいと、腰ぬけ大まぬけ

ボーもいろいろ、むぼうらんぼう泥棒ごぼう
武藏坊やら朝寝坊、天びん棒やらケチン坊
　ちよいと、露助は大べらぼう（『流行歌明治大正史』二二四頁）

「つら」「け」「ぼう」と、内容などあったものではない。語呂あわせの言葉遊びと化している。

そして日露戦争後、非戦論に開眼した唖蟬坊は社会主義運動に加わった。明治四十（一九〇七）年には「四季の歌（第二次）」になる。演歌の新たな方向性が導き出された。

秋の夕べに　製糸工場を抜け出てみれば
雨か涙か草の露　親が招くか芒原
月も曇りて雁（かり）の声

ねぼけ眼（まなこ）で　朝の五時から弁当箱提げて
工場通ひのいぢらしさ　娘盛りの塵（ごみ）の中
晩にや死んだよになつて寐る

死んでしまをか　甘い言葉につい欺（だま）されて
来てみりや現世（このよ）の生地獄　出たくも出られぬ鬼ケ淵
どうせ生かしちや帰すまい

これじやたまらん　物価騰貴の今日此頃に
朝の五時から夜の六時　十三時間も働いて
たつた三貫五百文

正直一途（いちず）に　一年三百六十五日
汗水流してあくせくと　稼ぎつゞけて貧乏する
コンナ馬鹿気たことはない

あれ見よあれ見よ　たらりたらりと生血（なまち）が滴（た）るよ

めぐる機械の歯車の　間にはさまる労働者
死んでしまふまで絞られる

汗を絞られ　油を絞られ血を吸ひとられ
骨までしやぶられて吐き出され　まだ目が覚めぬか労働者
人のよいにも程がある

こんな工場は　早く地震でガラガラとつぶれ
寄宿舎なんぞがみな焼けて　社長も意地わるの監督も
チョイトペストで死ねばよい

闇の浮世や　月に二百両三百両で
飼はれる犬さへあるものを　人の命は塵芥（ちりあくた）
チョイト餓死にのたれ死に

はへば立てまた　立てば歩めと教へた親が
ころべころべと圧制（おしつけ）て　左団扇に長煙管
チョイト得意のヱビス顔

当世女に　恋も情も何あるものか
添ふも切れるも金次第　男の玩弄物（おもちゃ）になることを

チョイト覚悟の厚化粧

夏の日盛り　休む間もない人さへあるに
妾権妻引き連れて　箱根塩原日光と
チョイト浮かるゝ人がある

夏の都会を　見やれ風さへ寝てゐる真昼
笠も冠らぬ定斎(じようさい)売り　足をひきずる配達夫
チョイト流るゝ油汗

秋の夕に　結びかけたる露営の夢
迷ふ故郷の山と川
吟声「人、人を殺さしむるの権威ありや
　人、人を殺すべきの義務ありや」
ひびく喇叭に目をさまし
見れば淋しい月の影（『演歌の明治大正史』一一八頁）

三節目の鬼ケ淵は、紡績会社の鐘ケ淵にかけている。最後の吟声は、社会主義運動の中にあった二十歳の中里介山による反戦詩「亂調激韵」の一節。

日清戦争時の「士気の歌」から、京都の花柳からヒントを得た「四季の歌」。そして「四季の歌新作」と続き、日露戦争時の「志気の歌」。さらに社会主義運動に加わっての「四季の歌（第二次）」へと、時代を反映した歌詞をうたい継いだ。唖蟬坊は約十三年の間に、ひとつのメロディにのせて五つの歌を作ったことになる。

7　国民的歌謡の供給者

「あゝ金の世」は、明治三十一（一八九八）年につくられた。作者不詳の「小川少尉の歌」(69)の旋律にのせてうたわれた。

あゝ金の世や金の世や　地獄の沙汰も金次第
親子の中を割(さ)くも金　夫婦の縁を切るも金
痛くも痒くもあるものか　金になりさへすればよい
笑ふも金よ泣くも金　一も二も金三も金
強慾非道と譏(そし)らうが　我利々々亡者と罵(のの)ろが
人の難儀や迷惑に　遠慮してゐちや身が立たぬ

あゝ金の世や金の世や　希望(ねがい)は聖き労働の
朝から晩まで絶間なく　こき使はれて疲れはて
我に手足はありながら　見えぬくさりに繋がれて
人生(ひと)の味よむ暇もない　これが自由の動物か

あゝ金の世や金の世や　牛馬に生れて来たならば
すむであらうに人間と　生まれた因果の人力車夫(くるまひき)
あたら頭を下げずとも　いらぬお世辞を言はずとも
やぶれ提灯股にして　ふるひをのゝくいぢらしさ

あゝ金の世や金の世や　蝋色ぬりの自動車に
日本に生れて支那の米　綾や錦は織り出せど
乗るは妾か本妻か　何の因果で機織(はたおり)は
残らず彼等に奪はれて　ボロを着るさへまゝならぬ

あゝ金の世や金の世や　毒煙燃ゆる工場の
あやふき機械の下(もと)に立ち　命を賭けて働いて

くやしや鬼奴に鞭（むち）うたれ　泣く泣く求むる糧（かて）の料（しろ）
病むもなかなか休まれず　聞けよ人々一ふしを
顔蒼ざめて目はくぼみ　手はみなたゞれ足腐り
現代（いま）の工女が女なら　下女やお三はお姫（ひい）さま

あゝ金の世や金の世や　物価（もの）は高くも月給は
気のない顔でポクポクと　お役所通ひも苦しかろ
安い弁当腰に下げ　ボロの洋服破れ靴
苦しからうが辛かろが　つとめにや妻子のあごが干（ひ）る

あゝ金の世や金の世や　貧といふ字のある限り
おさへる役目も貧ゆゑと　思へばあはれ雪の夜も
束の間眠る時もなく　軒端（のきば）に犬を友の身の
浜の真砂と五右衛門は　尽きても尽きぬ泥棒を
外套一重（ひとえ）に身を包み　寒さに凍るサーベルの
家には妻がひとり寐る　煎餅蒲団も寒からう

あゝ金の世や金の世や　牢獄（ろうや）の中のとがにんは
牛や豚さへ小屋がある　月に百両の手当をば
掃溜（はきだめ）などをかきまはし　橋の袂（たもと）や軒（のき）の下
食ふにも着るにも眠るにも　世話も苦労もない身体（からだ）
受ける犬さへあるものを　サガッチヤコワイよ神の子が
石を枕に菰（こも）の夜具　飢ゑて凍えて行路病者（ゆきだおれ）

あゝ金の世や金の世や　この寒ぞらにこの薄着
思ひ切つてはみたものの　齢（とし）とる親や病める妻
こらへ切れない空腹（すきばら）も　なまじ命のあるからと
飢ゑて泣く子にすがられて　死ぬにも死なれぬ切なさよ

あゝ金の世や金の世や　憐れな民を救ふべき
これも何ゆゑお金ゆゑ　あゝあさましの金の世や
尊き教への田にさへも　我儘勝手の水を引く
長兵衛宗五郎何処に居る　大塩マルクス何処に居る

あゝ金の世や金の世や　互いに血眼皿眼
食ひ合ひ奪り合ひむしり合ひ　敗けりや乞食か泥棒か

のたれて死ぬか土左衛門　鉄道往生首くゝり　　死ぬより外に道はない　あゝ金の世や金の世や
（『演歌の明治大正史』一二〇頁）

作られたのは明治三十九（一九〇六）年の年末。全編にわたり、人間のありのままを描いている。特に七節目の「あゝ金の世や金の世や　貧といふ字のある限り〜」は、社会を批判するばかりではない。

啞蟬坊は特高制度の尾行つきで演歌をやったが、尾行即ち警官である。演歌をとり巻く群集にまじって一緒に歌を聴いているわけだ。それが巡査を歌うくだりから、眼をうるませ、うなだれて聴き入っていたというのである。警官は権力の末端に働く者だ。尾行される側ではこれをイヌと呼んでもいたが、それも金の世の仕組みの故と、イヌを人間として歌っていることに感銘があったのだろう。（ＬＰ『啞蟬坊は生きている』解説）

特高、警察官といっても人の子、所詮は人間。啞蟬坊は自身を取り締まる側となる、警察官の悲しい心情を歌詞に織り込んだ。軒端にいる犬と称した尾行警察官を友として、その家族をも憂えている。尾行も聴衆の一人となり、電信柱の陰でうなだれ耳を傾けた。

十節目の最後に、「長兵衛」「宗五郎」「大塩」「マルクス」という四人の名前が出てくる。

「長兵衛」は歌舞伎の演目「極付幡随長兵衛」のこと。実話をもとにした河竹黙阿弥による世話物で、明治十四（一八八一）年十月に初演となった。

「宗五郎」は、下総国印旛郡公津村の名主、佐倉惣五郎。承応二（一六五三）年、藩主の酷政に堪えかねて将軍に直訴した。結果、藩主堀田の苛政は収まる。それでも惣五郎夫妻は磔となった。

「大塩」は、儒学者で大坂町奉行所与力の大塩平八郎のこと。天保の大飢饉のとき、悪政に対して幕府への反乱を起こす。挙兵は失敗に終わり、逃亡中、所在が発覚した大塩は自決した。

「マルクス」は、いわずと知れた「共産党宣言」[70]や「資本論」を書いた、ドイツ出身の経済学者カール・マルクス。「大塩」と「マルクス」が連なっている。

九節目では、「腹が空くのは命があるからだ。ならば死のう。でも、親や妻、子がいるため死ねない。それが切ない」と訴えている。そして最後の十一節目。沈痛でやり切れないなか、「死ぬより外に道はない　あゝ金の世や金の世や」と締め括っている。

「あゝ金の世」歌詞は『演歌の明治大正史』から抜いた。『流行歌明治大正史』も同じ歌詞になっている。ただ、『新流行歌集』と『流行り唄五十年』には、九節と十節の間にもう一節あった。

あゝ金の世や金の世や。神に佛に手を合はせ。
　をみくじなんぞを當てにして。いつまで運の空頼み。
血の汗油を皆吸はれ。頭はられてドヤサレて。
　これも不運と泣き寝入り。人のよいにも程がある（『新流行歌集』九三頁）

流行歌は庶民の生活環境を明確に打ち出し、社会意識を表わしている。歌詞は、明治時代から百年以上たった今日でも、通用するものばかり。

はたして、明治時代から少しも進歩していないのか。それとも啞蟬坊が、現代にも通じるほどに進んでいたのか。それは誰にもわからない。

啞蟬坊を物語る三つの文章に、その答えが秘められているかもしれない。

明治四十一（一九〇八）一月十七日、本郷区弓町二丁目の平民書房で屋上演説会事件が起こった。治安警察法違反で堺利彦、山川均、大杉栄、森岡栄治、竹内善作、坂本清馬の六人が捕えられた。本郷警察署に拘引、巣鴨の東京監獄に入獄した。

そのとき堺利彦は、獄中から妻の為子に手紙「諸友を憶ふ」を送った。為子は、唖蟬坊没後七周年に催された「唖蟬坊追憶談笑の会」のとき、手紙を披露した。

『……僕はまたこゝに、唖蟬坊添田平吉君を思ひ記さざるを得ぬ。彼は読売を業とするものである。このごろの霜の夜に、その美声をふり絞つて、社会党ラッパ節、もしくは「あゝ金の世」を街頭に歌ひ、いかに多くの平民労働者にその自覚を促してゐることぞ。社会党の事業は千差万別でなければならぬ。彼のごときは実に独特の一新方面をひらきえたものである。添田君に従つて同じく読売を試みたものに佐藤悟といふのがある。彼は書生出の労働者である。その仙台弁をもつて、路傍に演歌し、その蛮声をはりあげてラッパ節を歌ふとき、実に人をして革命の攻鼓が既にま近に近よれるを感ぜしめる……』

私、右の文を読んでその頃のことを思ひ出します。添田さんの先導で、山川さん、大杉さん、荒畑さんなど、あゝ金の世や、ゼーゼー節などを、声をそろへて歌ひました。私等女連でも声は小さいですけど、うたひました。堺だけは生来声は出ても耳がわるいのでせうか、どうしても歌の節ができませんでした。だから添田さんのうたふのを聞くと、まつたく不思議な気がしたことでせう。（『唖蟬坊流生記』〔顕彰会版〕三三九頁）

堺利彦は、社会主義運動まっただなかの明治四十一年の時点で、唖蟬坊の演歌活動を運動の一つとして、「独特の一新方面をひらきえたもの」と評価した。歌で生活を伝える、歌で社会を非難する、庶民はそれを聞き入る。堺自身、「ラッパ節」以降の着目は、ある程度成功したと思っていたのかもしれない。

為子の記憶として、屋上演説会事件が起きる前の明治四十（一九〇七）年頃か。山川均、大杉栄、荒畑寒村、そして為子自身ら同志が、唖蟬坊とともに「あゝ金の世」「ゼーゼー節」などをうたったという。

もう一つ、大正五（一九一六）年、臥龍窟が発行した唖蟬坊の『新流行歌集』の序文に、同じ堺利彦が書いている。

堺は唖蟬坊を総括していた。ここでは実際の臥龍窟版ではなく、句読点や三ツ点、一部ルビをふり直した、筑摩書房の抄録版からみてみる。

或は才學を以て、或は徳望を以て、或は精力を以て、或は容色を以て、或は技藝を以て、或は富力を以て、それぞれ多数の人心を支配する者が即ち一代の人傑である。

勿論、それ等の人傑の中に、大人傑もあり、中人傑もあり、小人傑もあるが、然し皆それぞれに相當の勢力を社會に有し、從って皆それぞれに相當の愉快と満足とを感じてゐる。そして其の愉快と満足との分量程度は、必らずしも外形に現はれたる人傑振の大中小に比例するものではない。

所で、我が唖蟬坊添田平吉君は何人ぞや。世間普通の相場附を以てすれば、彼は即ち一個のシガナイ遊藝人である。然し彼が此の流行歌といふ一種微妙にして有力なる社會現象の動力となつて、常に多數の人心を支配して居るのを思へば、彼も亦確に現代の一人傑である。勿論、彼を大人傑と稱する譯には行くまい。彼の事業と勢力とは其の外形に於て甚だ小さいものである。然し僕は幾度か考へた事がある。彼が或時新たに一つの歌を作り、出で、街頭に立つて之を歌へば、忽ちにして東京市中の新流行が生ずる。二月たち三月たつと、小増も丁稚も、學生も娘達も藝妓も娼妓も、到る處に之を口吟んでゐる。更に半年たち一年たつと、其の流行は地方に及び、遂に日本全國から其の瀏喨凄婉の響が聞えて來る。此時我が唖蟬坊の愉快と満足とは果してどんなであらう。昔し樂天微之の詩は『禁省、觀寺、郵候、墻壁之上、書せざるなく、王公、妾婦牛童、馬走之口、道はざるなし……篇章ありてより以來、未だ是の如く流傳の廣き者あらず』とあるが、我が唖蟬坊の樂みも亦決して樂天微之に劣るものではない。彼は現代の人傑中に在つて、或は一個の小人傑に過ぎないかも知れない。然し彼れの愉快と満足とに至つては他の大人傑中人傑に比して、却つて更に大なるものがあるに相違ない。僕は之を思つて實に深く彼を羨んだ事がある。

唖蟬坊は實に國民的歌謠の供給者であり指導者である。殊に其歌謠中時には韜晦して俗に同じ狂に流れる事もあるが、時には又其根底深き不平憤慨の叫びを發して、或は皮肉、或は激越、矯々乎として一世を諷刺し、罵倒し、警醒する所、眞に壮烈の觀を呈する事がある。彼の歌を聴き、或は讀む者、宜しく深く彼の心事に想ひ到るべきである。
今此書の或るに際し、僕は平生の所感を述ぶるの好機會を得たのを喜び、序に代へて之を記す。
大正五年五月　　　　　　　　　　　　　　　　　堺利彦
（『明治文學全集83　明治社會主義文學全集（一）』四二八頁）

テレビもラジオも、インターネットもない時代。啞蟬坊がうたうと、それまでにない新しい流行が東京市中で始まる。二か月、三か月が過ぎると小僧や丁稚、学生や娘たち、芸妓も娼妓も口ずさむ。そして半年、一年も過ぎるころには地方の隅々にまで及ぶ。伝播のスピードはゆったりとして時間はかかる。それでも着実に広がりをみせた。日本全国で「なまめかしい声がさえて響きわたる（「嚠喨凄婉」の意）」。それはまた「宮中、寺院、宿場、壁などあらゆる場所に書かれ、貴族、婦女、牧童、馬子など口にしない者はいない」といわれた中国は唐、微之の詩に劣るものではないと。堺は啞蟬坊をうらやみ、堺にして言わしめた。歌を聞いた人たちの心に啞蟬坊の歌声にのる諷刺、罵倒、警醒が響く。その輪が広がり伝わると。
また『流行歌明治大正史』（昭和八年発行）の序文に、高野辰之が書いた。

添田君は天分に於て恵まれた人である。けれども孤高獨清を誇る人でない。添田君は苦勞人である。胸に大きな憂憤を抱いても、破壞的な行動に出たこともなく、激越な言辭を弄して咎を受けたこともない。一切の思は之を歌に託して、諷刺や罵倒をなす中にも、深く警世の意を寓してある。かゝる歌曲は、えて蕪雜に陥り易いのであるが、添田君のはさうでない。措辭が常に極めて穩健である。時に辛辣骨をさすやうな一章があるかと思へば、次の章には纏愛情味を歌つたものを置いて和らげるといふ方法の下に、幾章かの歌を連ねてある。これが苦勞人の現れで、其作が幾十萬部となく購ひ求められた所以である。

君の歌曲を通観すると、よい意味のあきらめと脱出とが一貫してゐる。これは苦労人である以上に、俳句の嗜があるからだらうと思ふ。當然のこと、俗なものはあるのだが、卑俗に墮したものはない。これも俳句の上の修養の現れであらう。追隨者にはバイオリンに合せて謠ひ廻つたものが多かつた。けれども添田君は自己の發聲機關を用ひただけで、樂器を用ひたことは一度もないとのことである。（『流行歌明治大正史』二一頁）

『演歌の明治大正史』（一二四頁）から、啞蟬坊の「あゝわからない」の歌詞を引用する。「あゝ金の世」が作られた明治三十九（一九〇六）年年末から、さらに年始をはさんだ年明けに作った。「あゝ金の世」と二分する啞蟬坊の代表作となる。

長い歌詞の中に、当時の世相を垣間見ることができる。「あゝ金の世」に見られる沈痛な面持ちとは違い、軽快に素朴な疑問を投げかけている。「あゝわからない」は、別名「わからない節」ともいわれた。明治三十七（一九〇四）年に作られた軍歌「日本海軍」(71)のメロディにのった。

あゝわからないわからない　今の浮世はわからない　文明開化といふけれど　表面(うわべ)ばかりじやわからない
瓦斯や電気は立派でも　蒸汽の力は便利でも　メッキ細工か天ぷらか　見かけ倒しの夏玉子
人は不景気々々々と　泣き言ばかり繰返し　年が年中火の車　廻してゐるのがわからない
あゝわからないわからない　義理も人情もわからない　私慾(よく)に眼(まなこ)がくらんだか　どいつもこいつもわからない
なんぼお金の世じやとても　あかの他人はいふもさら　親類縁者の間でも　金と一言(ひとこと)聞くときは
忽ちエビスも鬼となり　鵰眼(くまたかまなこ)をむき出して　喧嘩口論訴訟沙汰　これが開化か文明か
あゝわからないわからない　乞食に捨子に発狂者　スリにマンビキカッパラヒ　強盗窃盗詐欺取財

私通姦通無理心中　同盟罷工や失業者
夫殺しや主(しゆう)殺し　目もあてられぬ事故(こと)ばかり

あゝわからないわからない　金持なんぞはわからない
毎日遊んで居りながら　金がだんだん増(ふ)えるのに
夢中になつて働いて　貧乏するのがわからない

あゝわからないわからない　賢い人がなんぼでも
議員といふのは名ばかりで　間ぬけで腑ぬけで腰ぬけで

あゝわからないわからない　当世紳士はわからない
あつかましいにも程がある　そのくせ芸者にふられたり

あゝわからないわからない　今の坊主はわからない
女をみだぶつ法蓮華経　それも白髪のぢいさんや

あゝわからないわからない　耶蘇の坊主もわからない
食はせるなればよいけれど　聴かせるばかりで何になる

あゝわからないわからない　威張る役人わからない
彼らが威張れば人民が　米搗(こめつ)きバッタを見るやうに

自殺や飢死凍え死(うえじにこごえじに)　女房殺しや親殺し
むやみやたらに出来るのが　なぜに開化か文明か

贅沢三昧仕放題　妾をかこふて酒のんで
働く者はあくせくと　流す血の汗あぶら汗
貧乏人のふえるのが　なぜに開化か文明か

ある世の中に馬鹿者が　議員になるのがわからない
いつもぼんやり椅子の番　啞かつんぼかわからない

法螺を資本(もとで)に世を渡る　あきれ蛙の面の皮
弄花(はな)に負けたりする時は　青くなるのがわからない

殊勝(しゆしよう)な面でごまかして　寐言念仏ねむくなる
ばあさんたちが巾着(きんちやく)を　はたく心がわからない

飯も食へない人たちに　アーメンソーメンうんどんを
何も食はずにお前らの　まづい説教がきかれよか

なぜにゐばるかわからない　たゞムチャクチャに威張るのか
ヘイヘイハイハイピョコピョコと　お辞儀するのがわからない

あゝわからないわからない　今のお医者はわからない
千代萩ではあるまいし　竹に雀の気が知れん
仁術なんぞといふけれど　本職はお止めでたいこもち
貧乏人を見殺しに　してゐる心がわからない

あゝわからないわからない　弁護士なんぞもわからない
何をするのかわからない　勝つも負けるも人の事
おだてて訴訟をおこさせて　原告被告のなれあひで
報酬貪ることばかり　何が義侠かわからない

あゝわからないわからない　なぜにわれわれ人間は
苦しい目に遇ひ難渋の　事に出遇ふて死ぬよりも
どう考へてもわからない　何を目的に生存へて
互にかくまで齷齪と　朝から晩まで働いて
辛い我慢をしてまでも　命をつゞけてゐるのやら
ゐるのかさつぱりわからない　わが身でわが身がわからない

あゝわからないわからない　善悪正邪わからない
お前はホントにわからない　権利も自由もわからない
ますます闇路を踏み迷ひ　もだえ苦しむ亡者殿
経済問題わからない　いつまで迷ふて御座るのか

あゝわからないわからない　生存競争わからない
こんな危いことはない　こんなバカげたことはない
鉄道電気じゃあるまいし　針金細工の綱渡り
死んだがましかもわからない　あゝわからないわからない

（『演歌の明治大正史』一二四頁）

添田平吉の筆名の中で、いちばん有名なのが啞蟬坊。ほかにもいくつかの筆名があり、使い分けをしていた。では、そもそも啞蟬坊の名は、どのようにして生まれたのか。きっかけは「ラッパ節」だった。

はじめ、明治二十五（一八九二）年に青年倶楽部に入ったときは、不知山人を名乗り歌を作った。ほかにも浮世三郎、のむき山人、おぼろ山人、凡人、そして啞蟬坊。さらにのちには臥竜窟主人、天竜居主人、了閑など、その時々に応じて、さまざまな戯号を使っていた。

「ラッパ節」が大流行したときは、あまりにも軽い滑稽さが気恥ずかしく、「のむき（呑気）山人」と、投げやりなペンネームをつけて身を隠した。これまでにも使ったことのある筆名の一つだった。そして堺利彦と出会い「社会党ラッパ節」をうたった。ただ「社会党ラッパ節」をうたうにあたっては、意識の芽生えがあった。これまでの戯号、不知山人やのむき山人では、すまないものが生じた。

明治三十五（一九〇二）年、平吉は「啞蟬」と号して作句をはじめた。東京に俳友が増えた。運座に出ているうちに、ほかにも「啞蟬」を俳名にするものがいると耳にした。そこで凡人と変えた。それでも「啞蟬」を捨てがたい思いが強く、「坊」をつけた。以降、演歌でも「啞蟬坊」を名乗るようになった。明治三十九年のこと。そして通り名として定着した。

「社会党ラッパ節」の後発になる「電車問題・市民と会社」では「啞蟬坊」としなかった。これまでも使っていた「不知山人」とした。「電車問題・市民と会社」は「ラッパ節」のような滑稽歌ではない。「市民」と「会社社員」の対話形式で進められる。あえて「社会党ラッパ節」とは、一線を引いていたのかもしれない。

この時期、演歌の変革期にあたる「ラッパ節」「社会党ラッパ節」「電車問題・市民と会社」の三作で、平吉はそれぞれ違う筆名を使いわける形をとった。もしかしたら遊び心で意図的に分けたのか。

明治三十八（一九〇五）年六月頃の「ラッパ節」　のむき山人
明治三十九（一九〇六）年六月頃の「社会党ラッパ節」　添田啞蟬坊
明治三十九（一九〇六）年九月頃の「電車問題・市民と会社」　不知山人

啞蟬坊は日露戦争が渦巻くなか、関西の旅先、大阪などで戦況歌や士気昂揚的な戦争歌曲ばかりを作りうたった。明治三十七（一九〇四）年に東京へ戻っても、戦争肯定的な主戦論が主流を占める。その一方では幸徳秋水や堺利彦らによる非戦論が芽生えていた。前年の十一月には「平民新聞」も創刊している。毎号のように激しい文章が紙面を飾った。この新しい動向が啞蟬坊を目覚めさせた。

『啞蟬坊流生記』の巻末年表、明治三十七年の項に「非戦論に注目」とある。啞蟬坊は関西への旅の途中、「欣舞節」で「軍神広瀬中佐」をうたっていた頃、非戦論に出会った。

ただその頃、社会主義協会の解散や、「平民新聞」の廃刊。明治三十八年二月には後継紙の「直言」が発行されるも半年ほどで発行停止になるなど、社会主義運動への弾圧は厳しく前途は多難だった。

関西の旅から東京に戻り、非戦論に着目した啞蟬坊は、「ロシャコイ節」など好戦的な作詞を過ちとし恥じた。同じ年表の、明治三十八年には「非戦論による新たな開眼　ロシャコイ節その他好戦的作詞に慙愧の心うごく　堺利彦をたずねる」（三二四頁）とある。慙愧は「自分の見苦しさや過ちを反省して、心に深く恥じる」という意味。それまでの方向性を否定し修正する。啞蟬坊の一大転機となった。

啞蟬坊は下積み時代、多くの辛酸を味わった。社会の底辺に生きる人たちにふれた。それが大きな活力になったのかもしれない。「生活実感から生まれた歌でなければ、よかれあしかれ、本物ではない。そう考え」た（『演歌師の生活』九九頁）。渋井のばあさんの一言で、「ラッパ節」が生まれ流行した。そして「光」に掲載された、特権階級を強烈に諷刺する「ラッパ節」の替え歌と出会った。急速に堺たちの社会主義運動に共鳴していった。それは、決して啞蟬坊一人の心の動きではなかった。

「光」第13号（五頁）の歌詞には「社会黨ラッパ節」のタイトルがついている。啞蟬坊は新作に「社会主義ラッパ節」とタイトルをつけて堺利彦のもとを訪ねた。すると堺は、「社会党ラッパ節」の方がいいといった。「社会党」は堺の真意だった。三か月前に結党したばかりの、日本で初めての社会主義政党「日本社会党」そのものを、宣伝し認めさせたかった。それは「社会主義の運動をひろげるためにあらゆる可能性をとらえて統一へと組みあげる柔軟さに富んでい

れない。

それでも唖蟬坊は、あえてわざわざ「社会主義ラッパ節」とした。

唖蟬坊は、堺の考えとは逆に、政治政党や党派へのこだわりなく、単純に主義としての「社会主義ラッパ節」としたかったのだろう。もしかしたら党派やセクト、そのものを嫌っていたのかもしれない。唖蟬坊は自由民権運動で培った壮士演歌の流れを、社会主義運動に継承した。肌で体験してきた唖蟬坊だからこそ、その判断は明確に打ち出したかったのだ。

明治四十一（一九〇八）年、東北・北海道の遊説から帰ると、二十何円か残った。唖蟬坊はその一部を元手に、本郷区金助町から下谷区南稲荷町の鞄屋の二階に移った。さらにその年、朝顔園近くの下谷区入谷町三七番地に移り、翌年には田端へ移った。

下谷区南稲荷町は現在地として、地下鉄銀座線の稲荷町駅南側、下谷神社から唯念寺を東西としたあたり。また下谷区入谷町は、現在の地下鉄日比谷線の入谷駅の上、感應寺から国道四号をはさんで、はす向かいあたりとなる。田端の居住地はわからない。

まもなく唖蟬坊の父利兵衛が死去。実家は母と、兄の長女でおばあさん子のお幸だけとなった。唖蟬坊は、息子知道を学校へ行かせるため、母がいる大磯の実家に預けることにした。

ただ、唖蟬坊の兄弟はそれぞれに理由があるにしても、誰も大磯の実家をかえりみようとしない。そこで親孝行の意味を含めて、妊娠の兆候がある妻たけ子も、大磯にたくすことにした。

妻を大磯に送り届け東京に戻った唖蟬坊は、移ってまもない田端の家を片づけた。『唖蟬坊流生記』に理由は記していない。妻子を実家にたくしたことで、少しでも気を楽に過ごそうとしたのか。

明治四十二年四月から五月頃にかけて、知人で屑屋の高橋勝作（九碌）が、故郷の山口に用事ができた。帰ることになった。唖蟬坊も同行し、ともに東海道を下った。

その頃、唖蟬坊は「思い草」をうたっていた。

「思い草」は唱歌「菊」を転用した。「菊」の作詞は旗野十一郎、作曲は小山作之助。『新選国民唱歌集（三）』（明治三十三〔一九〇〇〕年十月十六日発行）に収録された。

唖蟬坊は唱歌とは違う情感で、ざれ歌にまじえて籠の鳥[73]の苦渋を訴えた。

涙かくして表面（うわべ）で笑い　心にもない　ざれ唄小唄
ういたういたの三味線太鼓　なんの因果で　廓のつとめ
故郷（くに）にゃ恋しい父母（ふたおや）さまや　可愛い妹や弟もあるに
恋といふ字は村にもあるに　飛ぶに飛ばれぬ　わしゃ籠の鳥

ついてくれるな今宵の鐘を　聞けば悲しい　聞かねばさびし
いっそつくならただ一つきに　死んでしまえと　何故またつかぬ
ままよ風にも吹かれてみよか　義理と情けと　うるさいうき世
借りた命は返すじゃまでの　花も散るので世に惜しまりょう

散るも美し　散らぬも清し　逢うて行末別れがなくば
年は十七　その名はお七　恋物語りは残りはせまい
あわれ果敢（はか）ない身は籠の鳥　せめてみ空を　飛ぶ鳥ならば
君が屋敷の木に巣をかけて　焦がれて泣く声　聞かせて死のに

逢うたはじめはやさしいお方　今はじゃけんな類なし男
十分一なと初めの実が　今もあるなら　切れても見ましょう
切れてつないでつないで切れて　憂のふしぶし泣くにも泣けぬ
死ぬがいやなら生きてもよいが　またと逢えない　仲ではないか

現代(いま)の女学生はなぜあのように　むやみやたらに子を生むのだろ
それはその筈よく字を見やれ　女学んで生むではないか
でかいお尻は袴でかくれ　おでこは廂でかくれるけれど
せり出すお腹(なか)の始末に困り　肩で息する　当世式部　（『流行り唄五十年』九〇頁）

啞蟬坊は、山口の徳山から高橋の故郷富岡へ。徳山湾の竹島で遊んだときには、塩湯宿で「金色夜叉の歌」を作った。熱海の海岸から塩原まで、五章四百三十節に及ぶ。詞は尾崎紅葉の美文をくんだ新体詩で、曲は「天然の美」を変化させた。

またこの年、「不如帰」も演歌にした。第一高等学校の第十三回紀念祭東寮寮歌「緑もぞ濃き柏葉の」（明治三十六〔一九〇三〕年作）の節を、一部借用してうたった。

この頃、新派劇が全盛時代を迎えていた。そこで取り上げられたのが、徳富蘆花の「不如帰」[74]と尾崎紅葉の「金色夜叉」[75]。二つの作品は、明治家庭小説の双璧をなしていた。ともに上演され大当たり、人気を博した。

啞蟬坊は高橋勝作（九碌）と別れた。徳山から東京に戻る途中、横浜に立ち寄った。

演歌七人組ができていた。みなヴァイオリンで賑やかにうたう。啞蟬坊は独り静かに「金色夜叉の歌」をうたった。宿に戻ると、売り上げは啞蟬坊がいちばんだった。

「オリンもなしで一体どんなやり方をしてるんですか」

オリンとはヴァイオリンのこと。七人組は一様に不思議があった。聴衆に、なにかしら染み入るモノがあったのか。歌をうたう演歌師も、歌を聞く民衆もみなゆったりしていた。

東京に戻ると、妻たけ子から相談を持ちかけられた。大磯の義母との折り合いがよくないという。唖蟬坊は、たけ子を引き取り上京する。その途次、産期が近づいた。横浜平沼に住む義兄で船鍛冶工の小川兼吉方へ立ち寄った。小川は、唖蟬坊の姉の嫁ぎ先だった。

長女が生まれた。間もなく、唖蟬坊は小川の長女が住む房州に用があり出かけた。このとき唖蟬坊は、千葉県安房郡勝山町を徘徊。九月二十七日には勝山警察署で、浮浪者として七日間拘留された。

房州での用事と拘留が済み横浜に戻った。たけ子は産後の肥立ちが悪く、風邪をこじらせ床についていた。唖蟬坊は看病につききりとなる。大磯から知道を呼び戻した。

病状は日に日に悪くなる一方、ついに医者はかぶりをふった。

「知道はもういいでせうから、利枝はどこかへくれるんですねえ」

たけ子は長女に利枝と名づけ、心に決めていたことを口にした。

「こんなお世話になって」。あとはもう何も語らなかった。

二日後の夜、たけ子との別れとなった。臥床七十日にして明治四十三（一九一〇）年一月十二日、享年二十九、満二十七歳四か月の早世だった。知道は七歳だった。

唖蟬坊はたけ子の死を、どこにも知らせなかった。それでも堺利彦の夫人為子から、弔文が届いた。なかには五十銭の為替が同封されていた。

唖蟬坊はたけ子を回想した。

礼儀正しく、私の外出する時は、かならず玄関に送り、丁寧に「おはやく――」と言ってお辞儀をする、良妻で

あった。（『唖蟬坊流生記』一一〇頁）

唖蟬坊は、ふらり演歌の旅に出ると、気の向くまま放浪を続けた。たけ子はそんな夫の留守を一人耐えた。黙々と支えていた。

生まれたばかりの利枝は、妻たけ子の言葉通り姉に託した。養子に出されることになった。唖蟬坊は知道を連れ、横浜に家を借りた。知道は横浜の学校へ通う。長くは続かなかった。

「早く帰って来てね」

演歌をするのは夜。家を空けるたびごとに知道がいった。唖蟬坊は知道の言葉がしみた。ふびんに思い、再び大磯の母に預けた。横浜に住んだのは十日ばかりだった。

唖蟬坊は単身東京に出ると、居を定めず漂泊の生活を始めた。万年町の小林孝二（幽汀）の家や深川の秋山楓谷の家に泊まった。安宿に泊まり、吉原の遊廓を歩いてまわった。

唖蟬坊は俳句をたしなみ、俳誌「うしほ」を発行した。ほかの句会にも顔を出し、多くの俳人と交わった。

この頃、唖蟬坊は真っ暗闇だった。わびしさに耐えかね演歌をする気力もなく、たまに弟子の長尾吟月に誘い出されるくらい。俳句に気をまぎらわすことで、救われていた。

夜中になると、やるせなさがしめつけて来て、どうしたらいいのか、自分でもわからなくなった。悲しむ遑もなかったのが、漸く出てきたのだ。誰かにこの淋しさを訴へたい。夜が明けたら、すぐ誰かのところへ、己は一体どうしたらいいのか、と言ひに行こう。

しかし夜が明けると、どうやら何かにまぎれることができたのだ。そして夜になると、またしても同じ淋しさにせめられるのである。（『唖蟬坊流生記』一八九頁）

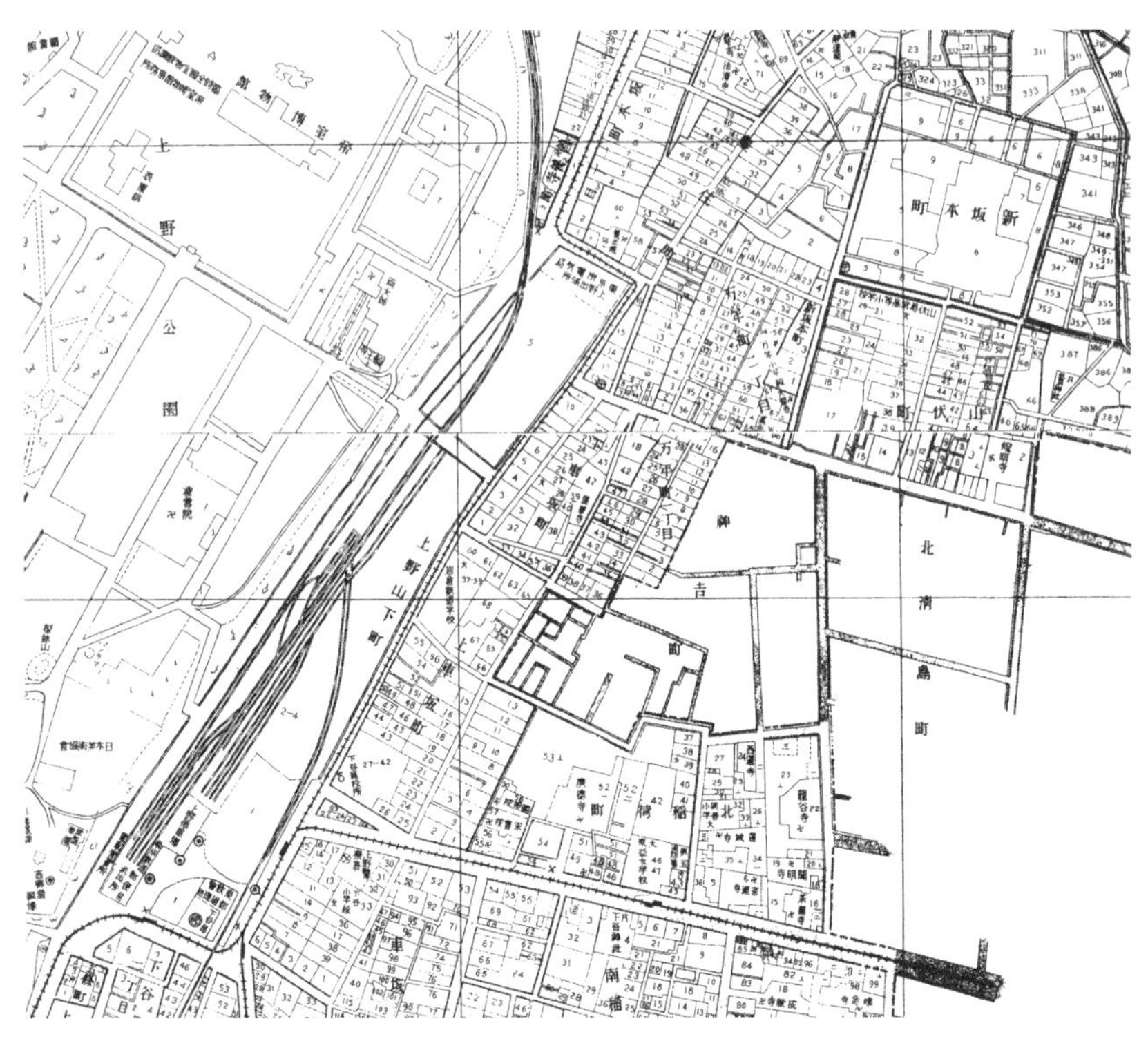

上野駅の右上、山伏町の37番地がいろは長屋となる（『5千分の1江戸東京市街地図集成2（下谷区）本郷・上野』）

唖蟬坊は、転々としたのちの明治四十三（一九一〇）年。下谷区山伏町三七番地の貧民窟、いろは長屋に居を得て落ち着いた。

山伏町のまん中を南北に道が走る。道沿いから少し南寄りの西側に、東西に延びた幅の広い区画があった。番号が「37」とふられている。この37番地が、いろは長屋と思われる。現在地として北上野一丁目の交差点から東へ、合羽橋手前の燈明寺より手前を左に入った左側あたりとなる。

下谷区山伏町に近い貧民窟の範囲は、隣接する浅草区神吉町や下谷区入谷町、新坂本町と、豊住町、車坂町、南・北稲荷町など広くにわたった。なかでも山伏町は泥棒町、万年町は乞食町といわれ、貧民窟の中心をなした。

当時、東京には四谷区の鮫河橋（鮫ケ橋、鮫が橋とも）、芝区の新網、下谷区の万年町という三つの大きな貧民窟があった。四谷区鮫河橋は谷町一、二丁目、元鮫河橋、南町の四町を含む、現在の新宿区若葉二、三丁目、南元町あたり。芝区新網は南町、北町の二町からなる、現

四十八軒長屋

北側の一棟
鴨米造（古下駄屋）家族三人 ／ 鈴木吉造（雑業）家族三人 ／ 村上（雑業）家族五人 ／ 伊藤慶之助（飴屋）家族三人 ／ 便所 ／ 森内信（雑業）家族五人 ／ 富永安秀（雑業）家族六人 ／ 伊藤音吉（いかけ師）家族四人 ／ 山本松五郎（車大工）（独身者）キリスト信者 ／ 同居二人 ／ 大谷（雑業）家族五人 ／ 近藤彌市（屑拾い）家族三人 ／ 福島重吉（雑業）家族五人

中央北側の一棟
横井留吉（ヨナゲ師）家族七人 ／ 松野作二郎（ヨナゲ師）家族五人 ／ 赤澤いつ（屑拾い）家族四人 ／ 貸家 家賃二円四十銭 敷金 五円 ／ 岩附久吉（雑業）家族五人 ／ 青野清松（雑業）家族五人 ／ 小林慶五郎（雑業）家族三人 ／ 便所 ／ 田中市太郎（雑業）家族五人 ／ 宮部熊次郎（雑業）家族五人 ／ 青木竹次郎（雑業）家族四人 ／ 小林くに（雑業）家族三人 ／ 大橋柳助（古下駄屋）家族三人

中央南側の一棟
清野安造（屑買い）家族三人 ／ 佐藤伊之助（ロー垂れ買）家族六人 ／ 石井重太郎（車夫）家族七人 ／ 芦名仙太郎（車力）家族一人 ／ 便所 ／ 田邊忠三郎（車夫）家族四人 ／ 村田春吉（ヨナゲ師）家族三人 ／ 中村（袋屋）一人者 仏教信者 官吏あがり ／ 船内傳兵衛（ヨナゲ師）家族五人 ／ 稲本亀二郎（貝細工）家族四人 ／ 大野幸次郎（屑買い）家族三人 ／ 村田寅吉（鳶職）家族九人 ／ 野島ダイ（屑買い）家族二人 同居二人

南側の一棟
酒井長治郎（車力）家族六人 ／ 久保田由直（古物商）家族二人 ／ 岡田泰太郎（車夫）一人者 同居一人 ／ 山内兵吉（古下駄屋）家族七人 ／ 深井清吉（車夫）家族七人 ／ 添田唖蝉坊（流行歌著作読売）家族三人 ／ 池田善五郎（車夫）家族五人 同居一人 ／ 杉本市太郎（車力）家族三人 ／ 便所 ／ 苅部正市（もみ療治）家族三人 ／ 中川粂吉（雑業）家族六人 ／ 杉山兵吾（車力）家族五人 ／ 水口滋治郎（屑買い）家族二人 同居一人 ○病気休業中

いろは長屋の住居状況

在の港区浜松町二丁目あたり。下谷区万年町には一丁目、二丁目があり、現在の台東区北上野一丁目、東上野四丁目あたりとなる。

塩見鮮一郎は『貧民の帝都』で、三大貧民窟に加えてもう一つ。新宿駅南口の線路の東側、天龍寺の門前をあげている。甲州街道に沿った南側で、明治時代は内藤新宿南町と呼ばれていた。現在の新宿四丁目となる。

「わきを玉川上水が流れ、なによりも内藤新宿という名の売春街がちかいので、辻芸人たちも住んだ」（一三四頁）。

のち、明治通りが斜めに走った。さらに近年には開発が進み、貨物駅の跡地には大型商業施設が建つまでになった。

雑誌「廿世紀」（大正三〔一九一四〕年十一月一日発行）に、いろは長屋の特集記事「四十八軒長屋　東京細民の實際生活」が組まれた。一棟十二軒が四棟で四十八軒、ゆえに「いろは長屋」といわれた。

記事は、いろは長屋に住んでいた四十六家族の職業を記している。職業の多い順にならべてみる。

雑業（十四）、車夫（五）、屑買い（四）、車力（四）、ヨナゲ師（四）、古下駄屋（三）、屑拾い（二）、飴屋（一、以下同じ）、いかけ師、車大工、ロー垂れ買い、袋屋、貝細工、鳶職、古物商、流行歌著作読売、もみ治療。以上十七の職業につく者が住んでいた。

いちばん多い雑業は、仕事によらず一日いくらかの賃銭で、日傭に雇われる雑用人夫のこと。車力は、大八車をひいて荷物を運ぶ職業。ヨナゲ師は、市中の溝や下水に入って、ザルで沈殿物をすくいとる屑拾いの一種のこと。いかけ師は、鍋や釜など鋳物製品の修理をする職業、漢字で鋳掛師。流行歌著作読売は唖蟬坊のこと。

四十八軒長屋の南側一棟の中央に添田唖禪（ママ）坊といふ人がある、明治卅六年以來勞働者の味方としての自己の主義を俗歌に作つて自ら大道を讀賣して歩いて、今日猶且つ流行歌の著作作曲及び讀賣を業としてゐる。此の陋巷に棲んで既に滿三年、この一廓□□□（判読不明）の弊風を矯正したのは一つに此人の感化であるとは萬年小學校長坂本氏が自分に語つたところである。先頃まで流行したチヨイトネ節は此人の創作の俗歌（作曲とも）である。

（「廿世紀」大正三年十一月、一一頁）

唖蟬坊がいろは長屋に移ってまもなく、野外賭博で乱闘騒ぎが起きた。長屋の者たちは警察に拘引される。唖蟬坊は貰い下げを頼まれた。刑事が落としていった懐中時計を手に、入谷署へ向かう。唖蟬坊は尾行の私服刑事から、「一度、署長に会ってくれ」と、常々いわれてもいた。

署長は感じがよかった。話が俳句のことになると参加したいという。唖蟬坊は、自身を監視している所轄の警察署長を俳句の仲間に入れた。

あるとき唖蟬坊のもとに、知道からハガキが届いた。

「おばあさんがもうとてもせわはできないといふからつれにきて下さい」

となりに住む屑屋の久保田が「子どもを連れてくるのなら、女房をもらえ」と勧めてきた。啞蟬坊も我が子を思い、その気になった。世話をしてもらうことにした。女は吉原の中米楼にいた。ただ機転がきかない。啞蟬坊は振りまわされるばかりで、自身の身がもたなかった。そこで仲人の久保田のもとへ一升瓶を下げて相談に行なった。久保田も困った様子。啞蟬坊は、後妻となった女の身の振り方を自身でつけることにした。女が啞蟬坊のもとにいたのは十五日ばかりだった。

明治四十三（一九一〇）年の秋。知道を大磯から呼び戻すことになった。啞蟬坊は、俳句仲間の入谷警察署長から紺絣の羽織りと着物を借り、大磯の実家へ向かった。

啞蟬坊は、そのときの気持ちを綴っている。

> 子供を母のところから連れて出た。茅ケ崎の駅で、荷物の傍に知道を待たせておいて、用を足しに行なった。焦るやうな気持ちであった。妻の実家へ寄る隙もなかった。追はれるやうな心であった。尾行には馴れッこである。そんなことではない。何やらわからぬものに追はれてゐるやうな、暗い、重苦しい焦慮であった。自分が、子を連れて逃げる時のジャンバルジャンのやうな気もされた。（『啞蟬坊流生記』二〇二頁）

知道を連れ帰った。これから先、育てていけるのか。言い知れぬ思いや不安が心のなかで渦巻いたのか。知道は、いろは長屋から万年小学校へ通うことになった。

啞蟬坊は、大正十二（一九二三）年九月の関東大震災で東京を離れた。避難のまま東北に泊った。仙台から会津若松に向かい年を越した。

啞蟬坊の年譜、大正十四（一九二五）年の項に「『改造』に「演歌流行史」を連載する」という記述がある。「演歌流行史」は、『啞蟬坊流生記』（昭和十六〔一九四一〕年）や『流行り唄五十年』（昭和三十〔一九五五〕年）、『演歌の明治大正史』（昭和三十八〔一九六三〕年）ほか、演歌の流れをまとめた作品の根幹をなしているといえるだろう。

「演歌流行史」には、のちの他作品にはなかなか語られることのない、貴重な逸話がふんだんに盛り込まれている。そのなかからひとつ。啞蟬坊が「当世字引歌」を作り、うたっていたころのこと。

> この頃、荒畑寒村君が、佐藤悟と一緒に暫らく演歌をやつた。その時、荒畑君から——眞劍に演歌をやらうと思ふからよろしく頼む。歌はズブカラ下手だけれど——云々の手紙を貰つた。然しそれは色々の事情で實現されずにしまつた。
>
> 一番長くやつたのは、藤田浪人であつた。佐藤三之丞（焼打事件の佃シノブの甥で、當時苦學して居た、今麹町邊で興信所をやつてゐる）と一緒に可成り續けてやつた。浪人が三崎町、片山潜のキングスレー館に居た時で、其處へ佐藤が一緒にころげ込んでゐた。
>
> 演歌者としてゞ（ママ）ではないが、山川均氏がよく増稅節をうたつた。大杉が龜戸邊を、私の尻に隨つて來てうたつて見たりした事もあつた。（「改造」大正十四年七月号、四十ページ）

大正 15 年、桐生で半仙生活をしていた啞蟬坊（『啞蟬坊流生記（顕彰会版）』巻頭写真）

山川均や大杉栄が演歌をうたっている。荒畑寒村が啞蟬坊の弟子になろうとしていた。もし、荒畑が啞蟬坊の弟子になっていたら、社会主義運動の歴史も、演歌流行歌の歴史も変わっていたかもしれない。

勇んで入会した青年倶楽部が解散。それでも一人二人の少人数で、演歌の道を突き進んでいく。関西への旅から戻ってきて作った「ラッパ節」が流行した。社会主義運動に加わった。冬の時代を迎え、演歌組合活動に翻弄された。雑誌に演歌の連載ができるのは、唯一、創始からの演歌を体感し脈々と継続している唖蟬坊ひとり。「演歌流行史」は唖蟬坊にしか描き得ない。

唖蟬坊は連載の終章に、青年倶楽部の代表のひとり殿江酔郷との、手紙のやり取りを挙げた。はっきりした日付は記されていない。文面からは大正十一（一九二二）年頃と思われる。殿江は唖蟬坊の師でもあった。

明治三十一（一八九八）年に自由党が消滅し、青年倶楽部に集まる同志が四散した。殿江は唖蟬坊を残し離れた。いま、二人の住む世界は離れている。殿江のすまなそうな言葉と、唖蟬坊の慕う言葉が交差する。三十余年という歳月を飛びこえ、旧来の師弟関係が、よみがえっている。手紙のやり取りのあと、唖蟬坊は連載を締め括った。

　みんな過ぎ去つた事だ。これはみな昔話だ。燭光の足りない暗い電球の下での、物語りに過ぎないのか――。

（「改造」大正十四年七月号、六四ページ）

唖蟬坊が実体験してきた演歌の栄枯盛衰は、はたして夢物語だったのか。

大正十四年、雑誌「改造」に寄稿した五十三歳の唖蟬坊は、桐生に山居、半仙生活を始めた。米食を廃し、松葉食を主とするようになった。さらに、大正から昭和にかけて岐阜、信濃大町、豊科など転々。人体諸相の研究や易の研究をした。

昭和五（一九三〇）年、一年前に東京にもどっていた唖蟬坊は、東京市外の長崎にいる知道宅に住んだ。

その年、演歌「生活戦線異状あり」を作った。歌は唖蟬坊の弟子で、のち日本初のタレント議員になる、石田一松からの依頼だった。タイトルは、昭和四年に発表されたドイツのレマルクの長編小説「西部戦線異状なし」をヒントにしている。翌年には、アメリカで映画化もされた。小説と映画は発表から半年ほどして、日本に入ってきた。

石田は、歌謡曲が華々しくなっていくなかで、低迷する演歌の存続を危ぶんだ。これまでのザラ紙による歌本でなく、楽譜付きで上質の紙を使うことにした。しかし続かなかった。原価を安く抑えてきた演歌師にとって高級過ぎた。「生活戦線異状あり」の作曲は佐々木すぐる。啞蟬坊の最後の作品となった。

昭和六年、長崎から町屋に移った啞蟬坊は遍路に立った。四国を三周半と中国筋、九州一円を巡った。昭和七年には三十歳の知道が村田キクと結婚。上中里に住んだ。

昭和十四年、啞蟬坊が遍路の旅から戻った。六十七歳になっていた。翌年、長年の付き合いがある本所区菊川町の高橋勝作（九絛）方で、のんびり居候をした。

昭和十五（一九四〇）年、日本が慌ただしくなった。

六月二十四日、近衛文麿が枢密院議長を辞任、新体制運動の推進を決意表明をした。七月二十二日に、第二次近衛文麿内閣が成立。二十六日には閣議で基本国策要項が決定し、対アジア政策構想として大東亜の新秩序の建設が掲げられた。「大東亜共栄圏」は「新体制」とならぶ基本方針となった。九月二十七日に日独伊三国軍事同盟が締結、十月十二日には大政翼賛会が結成され、十一月十日には紀元二千六百年式典が全国で行なわれた。

国民の生活も変化しつつあった。七月には、贅沢品禁止令が施行され、八月「贅沢は敵だ！」の立て看板、千五百枚が東京市内に設置された。九月に隣組が制度化、十月に東京のダンスホールが閉鎖となった。十一月には男子用の国民服が法制化された。

そんな中で、啞蟬坊が「進め新体制」を作った。尾崎士郎の紹介で、十月二十一日付の「読売新聞」に発表された。三行の見出しが躍り前文に続いた。

陋巷に禮讃の〝唄聲〟
落魄した街頭詩人啞蟬坊に
時代は呼ぶ忘れた詩魂

落魄の老艶歌師烈々として「新體制」を謳ふ——明治、大正を通じて民衆の唄とゝもに五十年、一世を風靡した巷の名艶歌師、あのすね者添田唖蟬坊が訥々としていま「新體制」を謳つてゐる、往年の名聲にくらべてあまりにもみじめな晩年、落魄の老身を紙屑拾ひに落しながらも、明日に新しい星をのぞむ巷の聲をそのまゝ〝新體制よ、しつかりたのむぞ〟と、熱情あふれる「新體制禮讃」の長詩を作つて話題を投げてゐるのだ、あゝ世は夢か幻か——と自作の歌をそのまゝの變りやうである。

記者に、そこまで言わしめたのは何だったのか。

はたして唖蟬坊は、「すね者」だったのか。不遇だったのか。落魄していたのか。大正から昭和かけて円盤レコードが普及、ラジオ放送が始まった。演歌師の需要が減ったのは確かなこと。演歌師としては、時代から取り残されたのかもしれない。そんな唖蟬坊の「進め新体制」を紹介している。

彼は長編に鬱屈と理想を一気に吐き出した。それは政治に倦み突破口を求めていた国民大衆の気分を代弁していた。（『添田唖蟬坊・知道』一八〇頁）

鬱屈した時代に新体制にことよせるかたちで、唖蟬坊が抱きつづけたユートピア世界を吐露した作と読むことができる。（『唖蟬坊流生記』三一七頁）

さらに『添田唖蟬坊・知道』では、昭和三十一年十一月、浅草観音の境内で唖蟬坊碑の除幕式が行なわれたときの、尾崎士郎の挨拶を引用していた。

近衛の所謂新体制の動きは、もちろん今日では批判され得るものとなりましたが、唖蟬坊はその動きを通じて、鬱屈を脱して明るい人間の方向を探ろうとし、俗悪政治を叱咤していたのは、まことに壮絶なものであって、落魄のうちに尚その情熱をたたえていた唖蟬坊というものに、私は深く感動をおぼえたのであります。（一七九頁）

鬱屈という言葉が多用されている。それは後の世に思い返すことで、当時の国民が鬱屈していたのか。当時からして国民は俗悪政治と考えていたのか。一部には為政者に対し反発していた国民もいたかもしれない。それでも、大多数は紀元二千六百年に打ち出された新体制に向かって、期待感に溢れていたような気がしてならない。

国が新体制に向かおうとしていたとき、唖蟬坊も同調した。それが何であろうと、新しいものに対する唖蟬坊の触覚は動いた。同じ「読売新聞」に唖蟬坊のコメントが載った。

「（略）世間に希望をもつて、その希望を反故に書きつけたに過ぎん。（略）不遇だなどといつてくださるな、わしはこれでいゝ、わしはわしなりに「新體制」を勉強していく、新體制がこのわしの期待に背かず立派なものになつてくれゝば…なア」

強がり、言い訳に聞こえなくもない。しかし、昭和十五年という時流に乗った向きもあるかもしれない。それでも、まわりでどういう動きがあろうと、なにを言われようと唖蟬坊は、唖蟬坊であり続けた。これまでの、どの時代でもそうであったように。見たものを切り取り、思ったことを感じたままに言葉にした。なににも惑わされることなく、自身の表現を貫いてきた。たまたまそれが「新体制」というキーワードだったということ。六十八年という齢を重ねた年に、これまでと同じことをしただけだったのではないか。

昭和十七（一九四二）年の秋、高橋勝作から知道のもとに「唖蟬坊が脳溢血で倒れた」と連絡が入った。唖蟬坊は前年にも病臥していた。翌十八年、唖蟬坊は大森馬込にある知道の自宅に移った。

昭和19年、浅草の岡田にて「啞蟬坊を囲む会」が開かれる。演歌師や社会主義者などたくさんの顔ぶれ。なかには小説家の尾崎士郎や山本周五郎、弁護士の山崎今朝弥をはじめ、長い付き合いの高橋勝作の姿も（『啞蟬坊流生記（顕彰会版）』巻頭写真）

昭和十九年二月、知道は売文社以来の知人栗原光三と新潟へ旅に出た。十日町から北信濃の野沢へまわった。野沢では国文学者の高野辰之を訪ねた。高野は啞蟬坊が『流行歌明治大正史』を発表したとき、序文を寄せた。高野は「春の小川」「春がきた」「朧月夜」「故郷」など、文部省唱歌を作詞していた。

栗原が先に帰った。栗原を送り出し炬燵に入った。そこに電報が届いた。

「チチシス」

知道は長野経由で帰郷した。話を聞いた。

前夜までは変わる様子はなかった。啞蟬坊は知道が旅先から送った梨を、一つ二つ食べた。翌朝、家人が気づいたときには、冷たくなっていたという。

昭和十九年二月八日のことだった。

進め新体制

新体制　新体制
殻を破って生れた新体制
われは汝を信じ　汝を愛す
汝新体制よ健かに育て
存分に伸びよ新体制
逞しく展べよ新体制
われは汝の生長をじッとみつめて
どこまでもついて行く
歩め堂々と歩め
進め勇敢に進め
おお堅実なる歩みよ風采よ
新人を中心とする汝の推進力
真摯なる新体制の発足だ
劃期的壮挙に敬意を表す
さらば
自由経済個人主義　みんな御苦労であった
さよならだ　進め新体制
だが　汝は唯単なる反動ではない
総合的な真実を把握して行く

「新」体制であらねばならない
政治の無力に倦み切った国民を活かし
完全に一体となって行くのだ
そして
革新の痛烈な鞭を揮って踊るのだ
汝は既に一国一党をも否定した
善哉　善哉
国民全体の　意志の総力を以て
内外のあらゆる障害を粉砕し
大政翼賛の実を挙ぐるの重任は
汝の双肩にかかってゐる
一億一心　以心伝心電波の如き
活動実践の妙技
権威ある指導こそ汝の使命である
往け　裸で往け　滅私奉公
急げ　真実の新体制
めまぐるしい世界情勢の変転
緊迫せる内外の諸問題は山積する
議論のヒマ無し議論は戯論だ
戯論は末梢神経のわざくれだ

言葉多きはシナ少し
　船頭多きは船を誤る
基本の方向へ真ッ直ぐに進め
確信を以て進め
権威あれ新体制

力あれ新体制
汝は先づ根本国策に拠るところの
経済　新制度の確立に全力を致さねばならぬ
案にシゴトに身も魂も打ち込んで
一貫統制を全面的に成さねばならぬ
汝は優者なり　これを汝の手腕に俟つものは
独りわれ等のみではあるまい
もはや構想の段階ではない　実行だ
頭脳のシゴトから肚の芸当へ
そして小手先の術　下手なノロくさい手を出
　されると新鮮な魚を腐らす
猛進せよ　大胆なれ
国家経済の土性骨をたたき直せ
八面六臂の大活動を要望する
迅速なれ

一日遅るれば千日の損失
否　国家千年の大計を誤る
これ正に容易ならざる現実である
不可避の問題である
躍進又躍進　万難を排して断行せよ
荊の道　何かあらむ
しかと民意に立脚して喜憂を共にせよ
力の新体制
熱の新体制
いざ進め　堂々と進め

されば斯行の為には各人に犠牲を払はさむ
　も已むを得ざる事なり
各人も亦既に覚悟してゐる
強く正しく指導せよ
生きた政治の範を示せ
国民に新生命を附与し躍動せしめよ
今や国を挙げて其の必然を感知し自覚して
　汝の指導を待って待ちクタびれてゐる
国民各層の覚悟は出来て　出来過ぎてゐる
公益優先の姿勢は整ってゐる

打て
鉄は熱した時が鍛へ易い
国民が革新に対し　かくまで足並を揃へて
　恭順に素直に成り得たことは何に依るか
大政翼賛の新体制よ
汝こそ
意義ある革新の合言葉だ
盤石の根を施政に下ろせ
大なる「和」の精神よ全体主義よ
万物融合の上に成り立つ新体制よ
奉公の熱誠よ　生気よ
生気は生気を産む無限の力だ
高度の総力発揮だ
堂々と前進せよ大東亜の建設に
三国同盟
緊張を新たにし
更に一段の鞭を加へて猛進せよ
世界維新の魁
有史以来の大試煉だ　創造だ

創造力総動員の新体制
　いざ進め
　新体制
「断じて行へば鬼神も避く」べし
小田原評議は禁物だ
「議論より実を行へ怠け武士
　国の大事を他所に見る馬鹿」
と維新の志士は喝破した
認識不足のしれ者はふみにじって
尻目にかけて
いざ進め　堂々と
前進せよ新体制

千波万波　世界の波は荒い
怪しくうねり狂ふ大洋を乗ッ切る回天の放れ業
嵐の中の転換だ
時まさに秋　幸先よし
実りの秋の新体制

おわりに――演歌のゆくえ

「社会党ラッパ節」「電車問題・市民と会社」から、「夜半の追憶」「袖しぐれ」や「四季の歌」など、演歌をひも解いていく。すると、たくさんのタイトルから明治大正時代の歴史を垣間見ることができる。そこで『演歌の明治大正史』と『流行り唄五十年』から、いくつかタイトルを拾い上げて事件の概要をつなげてみる(「さつき」は知道のペンネーム)。

「小川少尉の唄」(作者不詳) 明治三十一(一八九八)年三月二十一日、八島艦が静岡県の清水港に入港した。その夜、酒席で喧嘩の仲裁に入った小川少尉は、巻き添えとなり絶命した。

「千葉心中」(淡路美月詞) 大正六(一九一七)年三月七日、一組の男女が駈け落ちをした。千葉の鉄道線路に飛び込み自殺をはかった。女は芳川顕正伯爵夫人の鎌子で、重傷を負い病院へ収容され無事。男はお抱え運転手の倉持陸助、助かったものの自害した。

「あゝ踏切番」(啞蟬坊詞曲) 大正七年五月十九日、碑文谷の踏切で貨物列車が人力車を突っかける事故があった。[76] 車夫は無事。乗客は重傷を負い、のちに死亡した。

「松井須磨子の歌」(啞蟬坊作) 芸術座を主宰する島村抱月が病死した、二か月後の大正八年一月五日。「カルメン」上演中の松井須磨子が、芸術座の道具部屋で自殺した。

「呪いの五万円」(啞蟬坊作) 大正八年六月六日、農商務省の技官山田憲が、金銭トラブルから外米輸入商の鈴木弁蔵を殺害。死体をトランクに詰めて信濃川に流した。

「井の頭・松本訓導」(さつき詞) 大正八年十一月二十日、麹町長田小学校の遠足が井の頭にあった。休憩時間、玉川上水に生徒が落ちた。救おうと、松本虎雄訓導は着衣のまま飛び込むが溺れて殉職。生徒は草につかまっているところを助け出された。

「磯部の嵐」（啞蟬坊詞、高木青葉曲）大正十（一九二一）年九月二十八日、安田善次郎が大磯の別邸で活動家の朝日平吾に刺殺された。犯人の朝日はその場で自殺した。

「白蓮夫人の歌」（さつき詞、高木青葉曲）大正十年十月、九州の炭坑王伊藤伝右衛門の妻で華族の柳原白蓮こと燁子が、宮崎滔天の子で記者の宮崎龍介と失踪した。

「小野さつき訓導の歌（嗚呼殉職　白石川の惨事小野さつき訓導の歌）」（啞蟬坊詞）大正十一年七月七日、宮城県で校外写生の授業中のこと。川で溺れた教え子を助けようとして、小野さつき訓導が殉職した。[77]

「軽井沢心中」（さつき詞、高木青葉曲）大正十二年六月九日、作家の有島武郎と恋愛関係にある「婦人公論」の記者で人妻の波多野秋子の二人は、軽井沢の別荘で縊死心中をとげた。

大正十二（一九二三）年九月一日の関東大震災の直後には、五つの歌が生まれた。啞蟬坊が作った「大正大震災の歌」「地震小唄」「コノサイソング」と、さつきが作った「大震災の歌」「復興節」。

ほかにも、明治二十年代から三十年代にかけて隆盛を誇った「愉快節」「欣舞節」の替え歌からは、たくさんの歴史を垣間見ることができる。演歌は事件や事故、災害など、数多くの出来事をあますところなく伝えた。そのひとつ一つは、もの悲しすぎる物語ばかり。

啞蟬坊が初めてかかわった青年倶楽部の時代。初期の演歌には、大きく二つの柱があった。一つは、主義主張の強い悲憤慷慨の歌詞や、野次的な囃し言葉が多くみられる歌。もう一つは、官権の干渉や抑圧が厳しく、単純な歌詞の繰り返しから脱しようと生まれた「愉快節」「欣舞節」に代表される「長歌」。

ここでいう「長歌」は、『古事記』や『日本書紀』の古代歌謡にみられる五音、七音を三回以上繰り返す「長歌」ではない。また三味線音楽の一つで、江戸歌舞伎の伴奏として発展した「長唄」とも違う。尺の長い歌のこと。

時代を経て、壮士節から書生節へ移り変わるのと並行して、「長歌」の特性もより内容に物語性、事件性を持たせるようになった。

> 長歌にはニュース的な事件ものが多かったのは、壮士演歌でもそうであったように、巷のニュース流しの意味では、瓦版以来の伝統ともいえるだろう。が、演歌の場合にはそれに時評的の加味があったこと、そこに「社会の木鐸」と自負されたところの「新聞的意味」があって、単なるうわさ流しではなかったといえる。
>
> （『演歌師の生活』二〇一頁）

演歌は一部の噂話にとどまらず、一つの事象として全国各地に広まり、伝えられた。庶民はそれらをくみ取り流行した。取り上げられた内容は、その時々の事件や事故、ゴシップなど、血なまぐさい事件から麗しい美談まで様々だった。誰もが唯一の情報源となる生の歌声に耳を傾けた。

創作と納得しつつも、庶民の生活や苦しい心のうちを、さらけ出すことで共感を得ることができる。歌を聞き、純粋な喜怒哀楽の感情を表に出した。

「夜半の追憶」や「袖しぐれ」は、流行していた「美しき天然」のメロディにのせてうたわれた。聞きなれたメロディに、聞き手の悲しみを倍増させる効果があった。事実を知る以上に、聞く側の感情を奮い立たせた。男三郎の事件は、事実とかけ離れたところで、噂話だけが大きくふくらんだ。だからこそ、庶民は二つの歌を魅了した。演歌師自身、長い歌を泣きながら、とうとうたい続けた。

ただ、長歌もそう長くは続かなかった。

唖蟬坊は雑誌「改造」の連載「演歌流行史」に記した。冒頭の「此の頃」は、大正七（一九一八）年頃のこと。

> 此の頃から流行歌の傾向も一變して來て、多く白秋氏のものや小唄式のものが歓迎される様になつた。そして昔

の様に、一つの曲節を何年でも根氣よく歌つたのはと大變な違ひで、内容は兎に角、歌曲の數を要求して來た。民衆は歌の上に移り氣になつた。だから部分的や、小さな流行はちよいちよい生じるが、大流行になる事などは稀れになつて來た。これも其の生活感情に於て小唄式になる可く餘儀ない近代人の心理反照でもあらうか。

（「改造」大正十四年七月号、五四頁）

それは同時に、大正という時代になり、庶民の知識の向上や生活の多様化も、一因になっているのではないか。ゆったりとした明治時代から、少しずつ情報量も増え、流行り廃りのスピードも加速していった。その間隔がせばまった故のことかもしれない。音楽評論家の堀内敬三も自著に記している。

ニュースの交代速度が早くなったので一つの事件が長く印象に残らぬためか大して流行していない。

（『音楽五十年史（下）』一四六頁）

大正時代から昭和の時代に入り、レコードやラジオが浸透し始めた。裾野が広がった。演歌師たちがうたっても、耳を傾ける人は減る一方だった。演歌は廃れ、自然と淘汰されていった。

それでは、その後、時代の流れのなかに埋もれ衰退した演歌は、どのように伝えられたのか。

第二次世界大戦後の高度経済成長期、一九六〇年代後半から一九七〇年代初期にかけて、若者を中心にフォークソングのブームが巻き起こった。メッセージソング、アングラフォーク、反戦フォークなど、いろいろないわれ方をした。啞蟬坊たちが作った演歌もうたわれた。

レコード化された主なところでは、まず『高石友也ファースト・コンサート〈関西フォークの出発〉』[78]がある。「関西フォークの出発」とあるように、ある意味、日本のフォークソングの原点といっても過言ではない。高石は、啞蟬坊が作った演歌のうちの一曲「のんき節」を抜粋してうたっている。曲の最後には、メロディはそのままに「社会党ラッパ節」の「名誉々とおだてあげ～」を続けた。

高田渡のシングルレコード『転身／電車問題』[79]。「電車問題」の歌詞は、唖蟬坊こと不知山人の「電車問題・市民と会社」そのもの。高田はほかにも「あきらめ節」「現代節」「サアサ事だよ」「ぶらぶら節」「豆粕ソング」「イキテルソング」「新わからない節」「しらみの旅」。また知道の「東京節」「平和節」と、唖蟬坊の「のんき節」「解放節」の詞をあわせた「当世平和節」[80]などをうたった。ファーストアルバム『高田渡／五つの赤い風船』[81]の片面七曲のうち、四曲が唖蟬坊の歌詞となる。高田がうたった歌は、すべてウッディ・ガスリーら、アメリカのフォークソングに合わせたもの。全部で二十曲近くあったという。

残念ながら唖蟬坊自身は、レコードを一枚も残していないといわれている。今となっては高石友也や高田渡のように、のちの歌い手たちの曲に頼るしかない。

昭和六十三（一九八八）年に発売されたオムニバス盤『明治大正恋し懐かしはやり唄（上）（下）』[82]では、唖蟬坊や知道の歌が数曲紹介されている。

そんななかで特筆されるのが、昭和四十八（一九七三）年に発売された『唖蟬坊は生きている』[83]と、昭和五十四（一九七九）年の『ＡＺＥＮＢＯの世界』[84]だ。この二枚は収録曲すべてが唖蟬坊、知道親子の作品でまとめられている。

また平成四（一九九二）年の『ザ・ヴァイオリン演歌』[85]と、平成五年の『街角のうた書生節の世界』[86]、それぞれに唖蟬坊の曲を収めている。そして、平成二十（二〇〇八）年に『歌と音でつづる明治』[87]が発売された。

日本のフォークソングの黎明期、高石友也は表現の一つとして、アメリカのフォークソングを訳してうたった。また日本独特の文化がもたらした歌をうたった。ちょうど安保闘争や学園紛争の嵐が吹き荒れていた時期となる。若者は時代の流れのなかで、権力に対するアンチテーゼを模索していた。その反骨精神は、もしかしたら明治大正時代の、社会主義的思考と一致したのかもしれない。そのなかで、ムーブメントとしてすくい上げられたのが、演歌だったのだろう。

唖蟬坊は、自身が生きた明治、大正、昭和という三つの時代を細かに切り刻み、歌を作った。それらの歌が、時を経て一九七〇年前後に集約され、再燃し融合した。

啞蟬坊は、「光」第13号に掲載された「社会党ラッパ節」を自身の歌としてうたいたいと申し出た。気に入っていた。大絶賛していたかもしれない。それだけインパクトがあるからこそ、七〇年代、そして現代にも通じる歌。

＊

私は明治大正時代の演歌を聞いた。

添田啞蟬坊の存在を知り、演歌のなかに見え隠れする歴史を、掘り起こした。「社会党ラッパ節」のほかたくさんの演歌が、ときの政府から発禁歌として、一方的な弾圧をうけたことを知った。

発禁歌の歌詞は、当時の庶民の生活や思考を、余すところなく浮き彫りにしている。庶民の歴史を知るには第一級の題材となる。それでも歴史のはざまで、おざなりにされ埋もれている。それは、知らず知らずのうちに、歴史の一事象をほうむっているようなもの。そんな歴史のなかに、忘れ去られた発禁演歌の存在を知って、再発を考えた。

これまで、まだレコードやテープ、ＣＤになっていない歌。発禁演歌。うたってはいけない発禁演歌をＣＤにした。タイトルは『明治大正発禁演歌〈唄ってはいけません〉』。

曲はすぐ決まった。「社会党ラッパ節」「解放節」「あゝ金の世」の三曲。そのうち「社会党ラッパ節」は「ラッパ節」の、「解放節」は「東京節」の替え歌。もとになる歌は、ともにヒットした。

「東京節」は、大正七（一九一八）年に啞蟬坊の息子知道が、さつきの名で作った。十六歳のときの処女作となる。東京の原風景、東京の裏側をうたいあげている。「パイノパイノパイ」の囃しで流行した。替え歌の「解放節」は、啞蟬坊が大正九年に作った。

まさに、明治大正時代に隆盛を極めた演歌。そのうち発禁の憂き目にあい葬られた三曲となる。

平成二十二（二〇一〇）年三月、長崎に住んでいたときに自主制作した。音楽仲間の手をかなり煩わせた。ギター、ベース、ドラムをバックに、歓楽街なかほどのレトロ感あふれるカラオケスナックで、発売記念ライブを催した。

『明治大正発禁演歌〈唄ってはいけません〉』のケースにはさむ冊子には、歌詞以外に解説文を組み込もうと、知り得るかぎりの資料をあさった。調べる段階で、たくさんの疑問点に当たった。なかでも「社会党ラッパ節」は、多くの紆余曲折があった。そして「社会党ラッパ節」に関して、新たな発見と思われる個所を含めまとめた。

また、個人の覚え書に作った、初期社会主義運動の年表の事象数も増え、ついにはホームページとして公開した。

ＣＤ収録の三曲のうち、「解放節」と「社会党ラッパ節」は、ともに「たぶん音源化は本邦初」。「あゝ金の世」は、抜粋しての音源はこれまでにもあった。「フルコーラスでの音源は、たぶん本邦初」なのではないかと思われる。

＊

知識の乏しい未熟者が本を出した。不勉強なため、知り得ない事実、間違った記述が多々あるかもしれない。恥じるばかり。ご容赦を願うばかりである。ただ、これまで語られることのなかった歴史の隙間を、少しでも埋めることが出来たのではないかと思う。

また、ここまで筆を進めることができたのは、すべて先人たちの尽力があってのこと。感謝の気持ちで一杯。どんな言葉を使っても言い足りない。なお、文中の敬称はすべて省略している。

最後に「社会党ラッパ節」から「もとの侭にして返せ」の歌詞を、もういちど紹介する。日本社会党の機関紙「光」第13号（明治三十九〔一九〇六〕年五月二十日発行）で発表された。二十五編のなかに、この歌詞はない。たぶん、啞蟬坊のオリジナルかと思われる。

いつの日か、このような歌がうたわれなくなる、平和でうらみつらみのないな日のくることを心より願っている。

名誉々々とおだてあげ　大切な伜をむざむざと

砲（つつ）の餌食に誰がした　もとの伜にして返せ　トコトットットット

二〇一七年六月

藤城かおる

注

（1）本文ではLPレコード『高石友也ファースト・コンサート〈関西フォークの出発〉』から引用している。『新版日本流行歌史（上）』（一九〇頁）では、歌詞が詳しくなっていた。

母ちゃん御覧よ　向うから　サーベル下げて　帽子着て
父ちゃんによう似た　小父さんが　沢山たくさん　やってくる
もしや坊やの　父ちゃんが　還って来たのじゃ　あるまいか

昨夜も言うて　聞かせたに　はや　お忘れか　父ちゃんは
あんなところに　居やしない　あのお座敷の　仏壇に
お祀りしてある　あの位牌　あれが坊やの　父ちゃんさ

だって　お座敷のお位牌は　何にも物を　言わないし
坊やを抱いても　くれないの　ほんとに　おうちの父ちゃんを
連れて帰って　頂だいな　よってばよってば　母ちゃんよ

また母ちゃんを　泣かすのか　坊やは嫌よ　イヤ　イヤよ
坊やのだいじな　父ちゃんは　泣いても待っても　帰らない
過ぎし日露の　戦いで　お戦死なされた　父ちゃんさ（以下不詳）

歌詞のあとに「全部は現在どうにも不明なので編者の一人が記憶している初めの部分だけを載せた」（『新版日本流行歌史（上）』一九〇頁）とある。右の四節で完結しているようにもみえる。また違う物語が始まるのかわからない。作者は不詳。曲は、第一高等学校第十一回紀念祭西寮寮歌「春爛漫の花の色」（明治三十四（一九〇一）年作）にあわせてうたわれたという。

（2）明治八（一八七五）年六月二十八日に、明治政府が新聞紙取締法令を発布した。明治六年十月十九日成立の新聞紙発行条目を改正したもの。各地の新聞に、反政府的論説が多く掲載されるようになり、防御策として発布された。翌明治九年には、さらに改正し、取り締まりが強化される。

明治十六（一八八三）年四月には、発行保証金制度が創設された。保証金は東京市内千円。横浜・京都・大阪・神戸・長崎各市内などは七百円。その他の地域で三百五十円が課された。また一か月に三回以下発行のものは、それぞれの半額と納入が義務づけられた。この条例で経営困難となった新聞社は実に多く、東京では条例公布からの一か月で十六紙が廃刊に追い込まれた。

（3）明治八（一八七五）年六月二十八日、新聞紙条例とともに、明治政府によって公布された言論規制法令。自由民権運動の展開に伴う、政府への批判を規制するために制定される。人を誹謗する文書類を取り締まった。

（4）明治十三（一八八〇）年四月五日公布。二年後の明治十五年六月には追加改正され、集会や結社など自由への規制が強化された。主な内容は、政談演説会や政社は、事前に警察署に届け出て認可を受けること。会場監視の警察官には集会の解散権を与えること。軍人や教員、生徒による政治活動を禁止することなど。のち明治二十三（一八九〇）年の集会及政社法、明治三十三年の治安警察法に継承された。

（5）「俚謠退去どんどん」は「さいこどんどん」の替え歌。元歌の「さいこどんどん」は演歌ではなく三味線小唄で、明治十九（一八八六）年に東京で流行した。政府の暴挙に対して、民衆は「さいこどんどん」を「退去どんどん」ともじり、非難した。

羅生門よりナア、晦日がこわい　鬼が金札、とりに來る
　ズイトコキヤ行かいでも構ふこたない
サーイコドンドン　サーイコドンドン　サーイコドンドンドンドン
サ、　サーイコドンドンドンドン

月夜鴉とナア、口ではいへど　嘘のつかれぬ此の時計
　ズイトコキヤ行かいでも構ふこたない
サーイコドンドン　サーイコドンドン　サーイコドンドンドンドン
サ、　サーイコドンドンドンドン

すねて怒らせナア、わしや氣がもめる　こいつはすねなきや、よかつたね
　ズイトコキヤ行かいでもかまうこたない
サーイコドンドン　サーイコドンドン　サーイコドンドンドンドン

サ、　サーイコドンドンドン

私しやお前にナア、一重の櫻　主は浮氣で、八重ざくら
　チヨイト咲きや何でもかまふこたない
サーイコドンドン　サーイコドンドン　サーイコドンドンドン
サ、　サーイコドンドンドン

お前その文ナア、どこから來たの　思ふお方のところから
　チヨイト來りや見ないでおくものか
サーイコドンドン　サーイコドンドン　サーイコドンドンドン
サ、　サーイコドンドンドン

主とわたしはナア、朝湯の中よ　あついあついで、首ツたけ
　チヨイトはいりやのぼせもかまふこたない
サーイコドンドン　サーイコドンドン　サーイコドンドンドン
サ、　サーイコドンドンドン

人に水をばナア、さゝれるごとに　思ひすごしを、われしらず
　ズイトコキヤ行かいでも構ふこたない
サーイコドンドン　サーイコドンドン　サーイコドンドンドン
サ、　サーイコドンドンドン　（『流行歌明治大正史』五〇頁）

明治二十（一八八七）年、国会開設を目前に控えたとき。自由民権派の者たちは、大同団結運動を展開した。地方の総代が建白書を携えて続々と上京、政府に押し寄せた。恐れをなした伊藤内閣は、危険を避けて軍艦浪速に乗艦し、日本近海に脱出。暮れも押し迫った十二月二十五日、政府は急きょ保安条例を制定発布した。内務大臣の山県有朋と警視総監の三島通庸は、即日施行させた。

保安条例は、自由民権運動など反政府運動を弾圧するための法律で、全七条からなる。秘密結社や秘密集会、秘密出版の禁止、屋外

での集会運動の制限などを定めた。また、内乱の陰謀や教唆、治安の妨害をする恐れがある自由民権派の人物を、皇居から三里（約一一・八キロ）以遠に退去させる。三年以内の間、その範囲への出入りや居住を禁止した。

結果、十二月二十六日から二十八日にかけて退去を命じられた者は、総計五百七十人に上った。追放者の多くは高知の出身だった。その後、一部の者たちは本拠地を大阪に移し、活動を続けた。中江兆民、江口三省の「東雲新聞」、末広鉄腸の「関西日報」、織田純一の「大阪公論」、池辺三山の「経世評論」などが大阪で発行された。政府に対する筆陣をはった。保安条例は『増訂明治事物起原』に記された。

> 明治二十年、伊藤内閣の條約改正に反抗する運動起り、舊自由黨員の一部は、前農商務大臣谷干城、及び改進黨の尾崎行雄等と共に、激烈の反對を試みて、政府に肉迫し、又地租輕減、言論集會の自由を要求せんとて、各地方の總代陸續入京し、示威運動盛んなりしかば、年の瀬の十二月二十五日、保安條例の發布となり、政士論客五百七十餘名を、都門三里以外に放逐したり。（本條例は第十二議會にて廢止を決議せり）（一〇七頁）

（6）壮士節時代の「愉快節」と「欣舞節」は、啞蟬坊の息子知道が記した「明治の壮士演歌本解題」に数多く掲載されている。六十一冊の歌本を年代順に網羅している。「明治の壮士演歌本解題」は雑誌「書物展望」に三回（昭和七〔一九三二〕年一、三、四月号）に分けて連載された。さらに各歌本には収録曲名と一部内容が記された。それぞれの本に収められた作品のなかから、はっきり「愉快節」「欣舞節」と冠されたタイトルを挙げる。

▽愉快節五十二曲

「芙蓉嶺」「雪中梅花」「世界漫遊」「秋風」「維新」「郡司大尉」「法官」「壇の浦」「彰義隊」「吉野懐古」「護国」「大和魂」「白虎隊」「蒙古節」「赤穂義士」「西郷南洲」「開戦」「報国」「大和魂」「九連城」「鳳凰城」「金州大連湾」「旅順口」「草河口」「露営の夢」「論東学党」「敗徳漢」「威海衛」「艦隊降伏」「三偉人」「栄城湾」「摩天嶺」「第一軍」「栄城湾」「威海術（一）（二）」「牛荘及営口」「新領地」「兇変」「聖恩無極」「牛荘劇戦」「澎湖島陥落」「兵頭少佐」「平和」「台湾」「皇国」「国民の覚悟」「咄々怪事」「東北漫遊」「弘安の役」「関ケ原」「吉野」。

▽欣舞節八十七曲

「義戦」「干城」「原田重吉氏」「輝国威」「退使者」「新年」「国民一致」「新日本」「丁汝昌」「水雷艇」「恩威両全」「〇国」「蔡廷幹」「公憤」「奸商」「媾和使」「日本兵」「支那兵」「名誉の忠死」「国民の希望」「花見る人」「勇兵森勇作」「英船拿捕」「李光九」「佐藤大佐」「従軍遺族」「休戦使」「奉迎」「凱旋」「山地中将」「桜井輸送隊」「萬死一生」「鎮遠号」「海上の花」「朴泳孝」「祝天長節」「決

死隊」「台湾平定」「弔忠死者」「赤十字社」「四民悦服」「軍夫」「歓迎近衛師団」「議員」「官吏」「紳士」「宗教家」「学生（女）」「学生（男）」「蛮賊蜂起」「有耶無耶」「望青年」「海軍の花」「亜細亜洲」「鶏林」「高利貸」「戒放蕩」「桶狭間」「賤ケ嶽七鎗」「午睡の夢」「望学生」「鼻下長紳士」「上流の腐敗」「泥水」「壇の浦」「秋夜書感」「真男児」「望青年」「維新」「祝天長節」「英雄末路」「番頭の務」「堕落」「古戦場の感」「娼妓の述懐」「青年」「感慨」「勤勉なる青年」「正気歌」「川中島」「娘気質」「汽車の旅（一）～（六）」。

もしかしたら重複しているタイトルがあるかもしれない。また他にも「愉快節」「欣舞節」が紛れているかもしれない。冠がなく、他の歌と区別がつかないためわからない。

「愉快節」「欣舞節」は、「明治の壮士演歌本解題」以外の『流行歌明治大正史』や『演歌の明治大正史』などの資料にもたくさん記されている。しかし、「明治の壮士演歌本解題」は、歌本の発行年月日をつぶさに明記し、年代順にならべている。他の資料にある「愉快節」「欣舞節」を、どの隙間に当てはめてよいのかわからない。資料をつけあわせてみる。タイトルが同じで歌詞が違っていたり、逆に歌詞が同じでタイトルが違っているものも、少なからずあった。すべてに歌詞が記載されているわけではなく、タイトルだけでは判断がつきかねる。

「明治の壮士演歌本解題」を連載した「書物展望」は、昭和六（一九三一）年七月に「書物展望社」を興した斎藤昌三が創刊した。戦時中に一時中断するも、のちに復活し、18巻2号（昭和二十六（一九五一）年八月）まで続いた。

（7）明治二十一（一八八八）年、久田佐一郎は京橋区新富町一丁目九番地に、「青年実業社」を興した。現在地として、地下鉄浅草線の宝町駅から新橋方面に向かった新京橋の交差点を左折。首都高速道路を越えた新金橋交差点の東南側区画あたりとなる。明治二十二年には「改良節」を創作し発表、翌二十三年には、社名を「青年倶楽部」と改称する。演歌作りは主に久田佐一郎と殿江浩が携わり、二人が代表者のような形になった。明治二十四（一八九一）年一月に、初めて演歌「愉快武志」を創作し販売した。

青年倶楽部とは別に、神田区美土代町に金山彦作らの団体があった。小冊子「壮士自由演歌豆うた」に豆袋をつけて、一銭で売り出した。「自由豆」は「自由党」のこと。のち青年倶楽部に合流し、壮士演歌の形をなした。その後、青年倶楽部は社会に認められ、名声を全都にとどろかせるようになる。また、類似の団体が出てきたため、「中央青年倶楽部」とした。

（8）自由党の成り立ちを『増訂明治事物起原』が説明している。

土佐派自由黨の前身たる愛國社は、明治十三年三月の大會に於て、其の名を國會開設願望有志會と改め、次て國會期成同盟會と改め、同年十一月東京に開ける大會に於て、又、國會期成有志公會と改めたり。

十四年十月十二日、二十三年を期して國會を開設すべき詔勅下りしかば、期成同盟會は、其目的を達し、同十五日更に主義綱領を具へたる一政黨を組織し、之を自由黨と稱し、板垣氏を總理に推戴し、中島信行氏を副總理に、其他常議員數名を定めたり、之を組織的に成立したる政黨の祖とす。（一〇六頁）

（9）ドイツのベルリンにある公使館付の福島安正少佐は、明治二十五（一八九二）年に任期を満了。帰朝時に、冒険旅行という口実でシベリア単騎横断行を行なった。二月十一日にベルリンを出発。途中、モスクワの西部にあるボルジノ村で、愛馬のガイセンが倒れる。新たに求めた馬にウラルと名づけ旅を続けた。年が明け、二月には陸軍中佐に進級。六月十二日、ウラジオストックに到着し、釜山を経て二十一日には長崎に上陸した。二十九日、新橋駅に降りると、繰り出していたたくさんの民衆に歓迎を受けた。

騎馬遠征歌（愉快節） 詞／鬼石学人

見よや見よ福島中佐の絶大偉業　日本帝国軍人の　重き名誉を一身に
担ふて立ちし安正が「人の踏みにし跡もなき　欧亜万里の大陸を　探検せんと唯単身
跨る駒の勇しく　威風炫き首途は　「伯林都城を震動す　独乙を出発て露西亜に入り
蒙古を過ぎて西伯利亜「征路遙かに雲漠々　露帝の賜ひし謁見や　武官淑女の厚遇も
前途の多難を推想なば「胸に百感躍るらん　されど一度び盟ひたる　日本男児の決心は
石をも徹す桑の弓　譬へ骸を暴すとも　「などか屈せん撓むべき　朔風凛烈砂を捲き
飛雪紛々骨を刺す　強き寒気も厭ひなく　人烟稀に道絶えて　谷間に吼ゆる猛獣の
「声物凄き夜の底　峻坂砂漠を打越て　烏拉山頭馬を立て　欧亜の二州を睥睨し
自ら高きに誇りたる「勇気豪胆斗の如し　乱れたる世に功名を　建つる例は多けれど
波も動かぬ大御代に　昔を凌ぐ豪傑を　普く世人に賛美され　国旗の光色添へて
香ばしき名を海外に　輝したる功績は　「何時の世迄も朽ちぬらん
愉快じや　愉快じや……　（『演歌の明治大正史』五六頁）

「朝日新聞」は、「騎馬遠征歌」の替え唄を作り宣伝をした。

見よや見よ「東京朝日」の絶大勉強
日本帝國新聞の、重き任務を双肩に

擔ふて立ちし社員等が、他社に先き立つ報だうや……　（『流行歌明治大正史』一二二頁）

(10) 対露北海警備の必要性を感じた郡司成忠大尉は予備役に入った。開拓団の「報效義会」を組織する。しかし、政府や海軍の理解が得られない。批判が相次ぎながらも、明治二十六（一八九三）年三月二十日、隅田川畔で盛大なセレモニーが催される。郡司ら約八十人は五隻のボートで千島探検に向けて出港した。

途中、暴風を受け遭難。海軍軍艦の手を借りて危機を脱した。多数の苦難がある中で援助もあった。八月三十一日には、千島列島の北東端にある占守島に到着。翌年、郡司は日清戦争に従軍のため、白瀬矗ら数人を残し帰還した。

郡司には、兄に実業家の幸田成常、弟に小説家の幸田露伴、日本史学者の幸田成友、妹にヴァイオリニストの幸田延、安藤幸がいる。

短艇遠征歌（愉快節）　詞／鬼石学人

軍人が国に尽せる名誉の鑑　郡司大尉を始めとし　報效義会の人々が
賢き辺の恩賜に　勇気も一層加はりて　遠き千島の占守へ　「移住の壮図も緒に就て
言問岡の岸辺より　纜解きし其時に　晴の首途を送らんと　墨陀十里の長堤も
「築かん計りの人の山　広き川面に鳴り響く　拍手の音と万歳を　唱へて祝ふ歓声は
「天地も崩れん有様ぞ　横須賀浦賀館山や　津津浦々に舟寄せて　調度を急ぐ束の間も　尽せる有志の饗応に
「重き名誉を荷ひつゝ　四方に立籠む朝霧や　東西も分ぬ真の暗　狂瀾怒濤の荒海を
木の葉に比しき端艇に　櫓櫂操つり悠々と　進む丈夫の胸中は　「如何なる策をや蔵むらん
やがて千島に着きぬれば　銃や剣に引かへて　慣れぬ鋤鍬携へつ　変る気候の厭ひなく
不毛の山野を開拓し　北門鎖鑰を固めんと　務むる大尉の誠心は　「実にや皇国の干城ぞ
四千余万の同胞が　大尉の勇気を模範とし　国家の事業に尽しなば　我日の本の権声は
「欧米諸国を凌ぐらん
　愉快じや　愉快じや……　（『演歌の明治大正史』五八頁）

(11) 明治六（一八七三）年十一月十日に設置され、昭和二十二（一九四七）年十二月三十一日に廃止となった。地方行政や警察、土木、衛生、選挙などの中央官庁で国内行政を担った。設置当初、内務省の長となる内務卿は、大蔵省、司法省、文部省を除く内政のほとんどを管轄。明治十八（一八八五）年十二月二十二日に内閣制度が成立するまでは、実質的に首相としての機能もした。以降は、内務大臣として第二次世界大戦後の改革まで、内閣総理大臣に次ぐ副首相格とされた。

明治三十九年一月に四年七か月続いた桂内閣が終わりを告げた。そのあとを受けたのは、立憲政友会の総裁西園寺公望による内閣。この後継は、日露戦争中の政権授受の密約によるものだった。大正二（一九一三）年二月まで、桂と西園寺による桂園時代が続いた。

明治四十四（一九一一）年八月二十一日、前年からの大逆事件（幸徳事件）を契機として、警保局保安課の警視庁に、特別高等警察が設置された。

(12)「汽笛一声新橋を　はやわが汽車は離れたり……」で始まる「鉄道唱歌」は、第1集「東海道編」から第7集「伊予鉄道唱歌」まで続く。各集編名の下は節数と初版年月日となる。
第1集「東海道編」（六十六）明治三十三（一九〇〇）年五月十日
第2集「山陽・九州編」（六十八）明治三十三年九月三日
第3集「奥州・磐城編」（六十四）明治三十三年十月十三日
第4集「北陸編」（七十二）明治三十三年十月十五日
第5集「関西・参宮・南海編」（六十四）明治三十三年十一月三日
第6集「北海道編」（南の巻二十、北の巻二十）明治三十九（一九〇六）年八月
第7集「伊予鉄道唱歌」（二十五）明治四十二（一九〇九）年一月
作詞は大和田建樹とあるが、実際は無名作家の詞を大阪の三木書店が買い取り、大和田が集成したといわれている。
「鉄道唱歌」は、それぞれの詞に二つずつの曲をつけ、好きな方をうたってもらうという企画から始まった。作曲者はそれぞれ異なった。第1集と第2集が多梅稚と上眞行。第3集が多梅稚と田村虎蔵。第4集が納所辨次郎と吉田信太。第5集は多梅雅が二種と、それぞれに二つずつの曲がつけられた。ほかにも奥好義、目賀田萬世吉が加わった。なかでも多梅雅の曲は、抒情的な上眞行の曲よりも覚えやすいメロディだった。テンポがよく旅情がそそられ、多梅雅の曲でうたわれるようになった。

(13)作詞は、横江鉄石と不知山人。作曲は不知山人。不知山人は啞蟬坊のこと。「ストライキ節」は「どんどん節」のうたい出しを使った。
何をくよくよ川端柳ドンドン、
水の流れをエー見てくらすソウジャナイカドンドン（『流行歌』一〇七頁）
親しまれている節を導入部に用いるのは、頻繁に行なわれる手法だった。そうすることで、庶民は受け入れやすかったのかもしれない。

自由廢業で廓は出たが、ソレカラナントシヨ
行き場無いので屑拾ひ　ウカレメノストライキ
サリトハツライネ、テナコトオツシヤイマシタカネ

高利貸でも金さへあれば、コリヤマタナントシヨ
多額議員で、デカイ面　アイドンノ、ヂスライキ
サリトハツライネ、テナコトオツシヤイマシタカネ

工事誤魔化しお金を儲け、コリヤマタナントシヨ
藝者ひかして膝枕　シユーワイノ、シリワレテ
サリトハツライネ、テナコトオツシヤイマシタカネ

星をさゝれて千枚張の、コリヤマタナントシヨ
面も少しはシヨゲかへる　シユーワイノ、シリワレテ
サリトハツライネ、テナコトオツシヤイマシタカネ

三十三間堂やなぎのお柳、コガル、ナントシヨ
可愛いみどりが綱を曳く　スミヨシノ、街道すじ
ヨイヨイヨイトナ、テナコトオツシヤイマシタカネ

盡す辛苦のまことが見えて、コガル、ナントシヨ
やつと泥から咲くあやめ　シノ、メノ、ストライキ
サリトハツライネ、テナコトオツシヤイマシタカネ（『流行歌明治大正史』二〇八頁）

後年、「ストライキ節」はひとり歩きをはじめる。東雲楼の娼妓がストライキを起こした。ストライキを起こしたのは娼妓の東雲。東雲楼は名古屋にある、熊本にあるなど。しかし、唖蟬坊は一様に世論を否定した。

この東雲はかくべつ固有の楼名ではなく、黎明、暁、夜明けを意味したものであったと考える方が妥当である。

（『演歌の明治大正史』九七頁）

ストライキの事実があっての作ではなく、自廃で飛び出すことをストライキと仮に表現したのであった。（『啞蟬坊流生記』一〇二頁）

ストライキとぶっつけたのは、壮士節のくせのようなもので、そもそもの「ダイナマイト節」とか「やっつけろ節」とか「ゲンコツ節」といった調子の語気を強める伝達方法から来ていた。今日の流行語にしてわかりやすくいえばパンチを利かす、といったようなところだろう。このストライキという語感が一般うけもしたのは、庶民の感情発散に適合したということである。

（『演歌師の生活』八一頁）

流行唄は明治三十二年の秋頃から、シノノメノストライキサリトハツライネというのが流行り始めて以来、どこへ行なっても、いつまでしてもシノノメノストライキで、日露戦役中に喇叭（ラッパ）節が始まるまで、その流行を恣（ほしいまま）にした。（『明治大正見聞史』一三一頁）

「ストライキ節」は、「ラッパ節」の登場まで息の長い歌でもあった。

（14）堺利彦は、明治三十二（一八九九）年七月に朝報社の記者となった。明治三十六（一九〇三）年十月十二日、朝報社社主の黒岩涙香が非戦的な立場から主戦論に路線を変更したため、幸徳秋水とともに退社。堺、幸徳らは平民社を開き、退社一か月後の十一月十五日に週刊「平民新聞」を創刊する。以降、非戦論、社会主義の運動を開始した。幸徳と対をなす日本の社会主義運動の指導者になった。

週刊「平民新聞」第20号（明治三十七〔一九〇四〕年三月二十七日発行）に、幸徳の「嗚呼増税！」を掲載。この記事が新聞紙条例に違反し、発売禁止となる。発行兼編集人の堺が告発された。東京地方裁判所は堺を軽禁錮三か月とし、「平民新聞」の発行禁止を言い渡した。堺が控訴すると発行禁止は棄却、軽禁錮は二か月になる。四月二十日、巣鴨監獄に入獄。社会主義運動史上、初の犠牲となった。

堺は明治二十二（一八八九）年の夏から、明治二十六年二月まで、大阪の天王寺高等小学校の英語教員を勤めた。この教員時代の明治二十四年頃から、枯川の号を使い始めた。「直言」第23号（明治三十八〔一九〇五〕年七月九日発行）の「平民社より」で、枯川の号を廃する宣言をした。

（15）明治三十九（一九〇六）年三月十五日、堺利彦らが由分社より月刊「社会主義研究」を創刊。由分社は、堺が麹町区元園町一丁目二七番地の自宅に起こした。

　発行兼編集人は堺、印刷人は深尾韶。発行所は豊多摩郡淀橋町柏木六〇番地の社会主義研究所とした。創刊号が八六頁、以降はすべて八〇頁で、定価は十五銭。八月一日発行の第5号で終刊となる。

(16)荒畑寒村は、たびたび谷中村を訪ね紙上に報告をした。
　明治三十八（一九〇五）年七月十四日、東北伝道行商の途次に谷中村を訪ねて二泊。田中正造に近く接した。その足で足尾銅山に入り、五日間にわたり行商を続ける。そのときの模様が、「直言」第26号（七月二十八日発行）に「忘れられたる谷中村」として掲載。

　翌明治三十九年四月二十八日には、紀伊田辺から戻ると早々に谷中村を再訪、「光」第12号（五月五日発行）に「棄てられたる谷中村」が掲載された。

　明けて明治四十（一九〇七）年二月八日の朝、足尾銅山の暴動事件で先発していた特派員西川光二郎の拘束をうけて、荒畑は「二六新報」の名刺を携え足尾に入った。事件の詳報を伝え、翌日の夜十時に帰社。さらに日刊「平民新聞」（三月二十六日〜三十一日）に「谷中村の強奪」と「無法なる瀦水池設計」を掲載した。六月十日には、『社会問題辞典』の取材のため田中正造を訪ねる。そのとき、田中から谷中村についての書を著わすことを懇請された。荒畑が二十歳のとき、平民書房から初の著作『谷中村滅亡史』を刊行（明治四十年八月二十五日）した。四六版、並製、本文一七四頁（口絵写真一葉、序文九頁、目次三頁）で定価三十五銭。内容に問題ありとして発売日即日に発売頒布が禁止となった。

(17)本名は山口義三。明治三十三（一九〇〇）年の冬頃、松原岩五郎の『最暗黒の東京』を読む。社会主義運動へ参加する契機となった。社会問題に関心を持ちはじめた山口は、平民社に参加する以前、東京政治学校在学中の二十歳のときに、鉄鞭社から初めての著作『破帝国主義論』を出版（明治三十六（一九〇三）年十二月五日）した。

(18)明治三十九（一九〇六）年一月七日、日露戦争をはさむ四年七か月にわたる桂内閣が終わりを告げた。その後を受けたのが、立憲政友会の総裁西園寺公望による内閣。官僚内閣に代わる政友会内閣の政策として、穏健な社会主義政党が公認されるようになった。
　そこで社会主義を標榜する二つの党が出願。まず一月十四日に堺利彦、西川光二郎、樋口伝らが「普通選挙の期成を計るを目的」として「日本平民党」の結社届を本郷署に提出。続いて一月二十八日には堺利彦、深尾韶の二人が「国法の範囲内において社会主義を主張す」として「日本社会党」の結社届を麹町署に提出。ともに受理された。

　二月二十四日、「日本平民党」と「日本社会党」が、京橋区木挽町の加藤病院で合同大会を開催。三十五人の社会主義者が集った。日本初の社会主義系の合法政党「日本社会党」が結成され、第一回大会が催された。翌明治四十年二月十七日、日本社会党第二回大会が開かれる。二月二十二日には警視総監名で結社の禁止を命じられた。公に認められた政治政党として活動したのはわずか一年余りだった。

(19)片山潜は日本の労働運動家、社会主義者、社会事業家。生涯に四度の渡米を果たした。

明治十七（一八八四）年十一月二十六日（二十五歳）サンパウロ号で横浜を発ち渡米
十二月十四日、サンフランシスコに上陸
明治二十八（一八九五）年十二月下旬（三十六歳）帰国のためヴィクトリア号に乗船し、ワシントンのタコマを発つ
明治二十九（一八九六）年一月（三十七歳）横浜に着く。足かけ十三年ぶりの帰国となる
明治三十六（一九〇三）年十二月二十九日（四十四歳）横浜からアメリカに向けて旅立つ。第二回渡米
明治三十七（一九〇四）年一月十七日（四十五歳）アメリカのシアトルに着く
明治三十九（一九〇六）年一月十八日（四十七歳）横浜に帰着
明治三十九（一九〇六）年七月十三日（四十七歳）帰国約半年にして三回目の渡米
明治四十（一九〇七）年二月十九日（四十八歳）アメリカから帰国
大正三（一九一四）年九月九日（五十五歳）佐渡丸で横浜を出帆。四回目の渡米となる。最後の渡米で事実上の亡命
九月二十八日、サンフランシスコに上陸
大正十（一九二一）年三月（六十二歳）メキシコに移る
十一月、アメリカ、フランス、ドイツを経てソビエトに向かう
大正十四（一九二五）年一月〜四月（六十六歳）ウラジオストックから日本海を経て上海。さらに北京からモンゴルのウランバートルへ
大正十五（一九二六）年八月（六十七歳）モスクワへ戻る
昭和八（一九三三）年十一月五日（七十四歳）敗血症のためモスクワクレムリン病院で死去
十一月九日、葬儀には十五万人のソビエト市民やコミンテルン指導者らが集まる
遺骨はクレムリン宮殿の壁に他の倒れた同志たちとともに埋葬される

二回目の渡米には、一つの目的があった。明治三十七（一九〇四）年八月十四日、片山はアムステルダムで開かれた第二インターナショナル万国社会党第六回大会に、日本の社会主義者代表として出席。日露戦争の最中、ロシア代表のプレハーノフとともに副議長となり、労働者として反戦を訴える。一千余の代表者を前に、プレハーノフと握手を交わした。

(20) 西村光次郎は日本社会党の機関紙「光」の首脳部の一人。札幌農学校の時代に新渡戸稲造や内村鑑三の影響を受け、社会主義に目覚めた。明治三十二（一八九九）年、東京専門学校の政治学科を卒業し「毎日新聞」に入社。木下尚江と知り合い、労働期成会で片山潜と出会い、社会主義協会に入会することになる。

西川の名前は、資料によって本名の光次郎であったり、筆名の光二郎であったりしている。平民文庫に収録されている作品のうち、

『人道の戦士社会主義の父カール・マルクス』と『富の圧制』は光次郎の名前、『英国労働界の偉人ジョン・バアンス』と『土地国有論』は光二郎の名前となっている。

(21) 朝報社を辞した幸徳秋水と堺利彦は、麹町区有楽町三丁目一番地の借家に東京平民社を設立した。明治三十六（一九〇三）年十一月十五日に非戦論、社会主義的社会革命を主張する目的で、週刊「平民新聞」を創刊。終刊まで日曜日ごとに、毎号が規則正しく発行された。発行所は麹町区の東京平民社、印刷所は京橋区築地二丁目二一番地の国光社。発行兼編集人は堺利彦で、第24号から西川光次郎となる。印刷人は幸徳伝次郎。定価は一部三銭五厘、二十部前金六十五銭、五十部前金一円六十銭。体裁は四六判で、創刊号の一二頁を除いて普通号では八頁建て。発行部数は創刊号と、「共産党宣言」を掲載した第53号（明治三十七年十一月十三日発行）が八千部、他は平均三千五百から四千五百部だった。

第64号（明治三十八（一九〇五）年一月二十九日）で、発行禁止は避けられないとして廃刊を決意。一週間後の二月五日には、直行団発行の「直言」が「日本社会主義の中央機関紙」として週刊「平民新聞」を継承し、再出発することになる。

(22) 大杉栄は、明治三十六（一九〇三）年十二月、東京外国語学校仏語科在学中に平民社に出入りし、手伝いを始めた。明治三十九年三月十八日、運賃値上げ反対運動にかかわり逮捕、投獄される。卒業した学校の教授に、就職活動の結果を聞きにいく数日前のことだった。六月、保釈されると就職を断念。社会主義の運動に取り組む決意を固める。

大正十二（一九二三）年九月十六日、三十八歳の大杉は伊藤野枝と、関東大震災後の鶴見に弟家族を見舞った。その帰り、大杉と伊藤、さらに大杉の妹の子橘宗一とともに東京憲兵隊本部に連行される。そして、甘粕正彦憲兵大尉により虐殺された。

(23) 竹久夢二は、大正浪漫を代表する画家の一人。数多くの美人画を残している。明治三十八（一九〇五）年、竹久が二十一歳のとき、友人荒畑寒村の紹介で、「直言」第20号（六月十八日発売）にコマ絵を掲載した。赤十字のマークのついた白衣の骸骨とならんで、丸髷の若い女が泣いている。竹久にとって、初めて印刷された絵だと伝えられている。その後「光」や「平民新聞」に諷刺画などの絵を掲載し、社会主義者らとの親交を深めることになった。

のちに荒畑は、大逆事件（幸徳事件）を境に社会運動から離れた竹久に対して書いた。

彼の描く女の類型が夢二式とよばれて、少女雑誌の口繪を飾るようになると、彼はだんだん昔の仲間から同志よばわりされるのを迷惑がるようになり、やがて私たちの交際はまつたく絶えてしまつた。大正年代のはじめ（略）ある時、原稿をふところにして博文館に行くと、久しく見なかつた竹久が、ちようど二階から降りて來るのにぶつかつた。私はなつかしさの餘り、覺えず「ヤア竹久じやないか」とよびかけると、彼は階段の中途に立つたまま、しばらく訝かしげに私の顔を眺めていたが、「アー、荒畑君かア」と、氣のなさそうな返事をしたものである。世俗的な才に富んだ彼を知つているだけに、私はその生まれた時から超凡脱俗の藝術家だつたよ

うな態度に、半ば呆れ半ばおかしくてならなかつた。(『左の面々』一一六頁)

劇作家の青江舜二郎は、評伝『竹久夢二』のなかで、荒畑の竹久に対する想いを綴っている。

荒畑さんは、そうした夢二を惜しんではいるが、決して怒ってはいない。(略)それは荒畑さんが夢二が本質的にもっている反骨をするどく感知し、それだけに、この男だけはどうしても惜しいという気持ちが断ち切れないからではないか。(七五頁)

(24) 明治三十八(一九〇五)年十一月十日、安部磯雄、石川三四郎、木下尚江らが、キリスト教社会主義の機関誌として月刊「新紀元」を創刊。十一月二十日に創刊の「光」と相対する形となった。

発行所は、豊多摩郡淀橋町角筈七六二番地の新紀元社。印刷所は「平民新聞」「直言」と同じ国光社。発行兼編集人は石川三四郎、印刷人は神崎順一。定価は一部十二銭、六部前金七十銭、十二部前金一円三十五銭。四八頁建てで、最後の二頁が英文の誌面だった。

(25) 日本初となる日刊の社会主義新聞。大きさは普通新聞大。創刊号が一二頁のほか、普通号では四頁建ての堂々たるものだった。

発行所は京橋区新富町六丁目七番地の平民社。社屋は、創立人の竹内兼七が芝居茶屋を借り入れて改造した二階家。発行兼編集人は石川三四郎、印刷人は深尾韶。定価は一部一銭、一か月二十五銭、地方直送郵税共一か月三十二銭、半年一円八十五銭、一年三円六十銭。毎週月曜が休刊だった。

いくつかの記事が壊乱し、起訴や控訴が重なるなか、四月十三日には裁判で発行禁止の命にあう。ついには廃刊を決意せざるを得なくなった。翌十四日の発行を全紙赤版にして「廃刊の辞」を掲載。約三か月間に全75号が発行された。

(26) 週刊「平民新聞」からはじまる一連の社会主義系の機関紙は、その廃刊号を、それまでの黒刷りではなく全紙面を赤で刷り、抗議の姿勢を表わした。これは、マルクスやエンゲルスらがドイツで発行した、民主主義の日刊紙「新ライン新聞」の終刊にならっている。

(27) もともと直行団は、明治三十六(一九〇三)年十二月十五日に加藤時次郎らが結成。幸徳秋水、堺利彦、石川三四郎ら三十余人が参加して、第一回団員会が行なわれた。その直行団が明治三十七年一月五日、消費組合運動の啓蒙推進のために、機関紙「直言」を創刊する。

直行団の機関紙だった月刊「直言」が生まれ変わったのは、明治三十八(一九〇五)年二月五日の発行から。週刊「平民新聞」の後継紙、週刊「直言」となった。

発行所は、荏原郡入新井村字新井宿二五五七番地の直行社。発売所は麹町区有楽町三丁目一番地の平民社、印刷所は京橋区築地二丁目二一番地の国光社。発行兼編集人は原真一郎、印刷人は初め山田金市郎、30、31号は不明、32号が斎藤兼次郎。定価は一部三銭五厘、二十部前金六十五銭、五十部前金一円六十銭。体裁は四六倍判で、創刊号の一二頁を除いて普通号では八頁建て。

明治三十八年九月五日、日露講和条約に反対する国民大会が暴動化し、日比谷焼き打ち事件に発展した。新聞各社や雑誌出版社は、いっせいに講和条約反対論を打ち出す。すると、たくさんの発行停止が命令された。「直言」第32号（九月十日）も、戒厳令下の新聞紙発行停止条項に触れた。いちばん重い無期限の発行停止になる。九月二十六日には廃刊が決定した。

(28) 明治年間に発令された警視庁令第八号のこと。これにより風俗壊乱の取り締まりが厳重になった。

(29) 木下尚江は東京専門学校を卒業ののち、故郷の松本に戻り、代言人（弁護士）の試験に合格、法律事務所を開設する。地元紙「信濃日報」の主筆にもなった。社会問題研究会や普通選挙同盟会などの運動で入獄。明治三十二（一八九九）年二月に上京して「毎日新聞」に入社した。

幸徳秋水と堺利彦が平民社を立ち上げたとき、木下は「毎日新聞」の社長島田三郎に退社を願い出た。しかし、島田は受け入れなかった。当時は、戦争の切迫によりどの新聞社も主戦論に傾いていた。「毎日新聞」もそうだった。木下は「毎日新聞」に席を置きながらも、実質的に平民社を支え運動のなかに入った。「毎日新聞」を退社したのは、明治三十九（一九〇六）年七月三十一日のこと。

木下が在籍した「毎日新聞」は、明治三年十二月八日〈一八七一年一月二十八日〉に「横浜毎日新聞」の紙名で創刊された。明治十二（一八七九）年十一月十八日には横浜から東京に移り、「東京横浜毎日新聞」と改題。のち、明治十九（一八八六）年五月一日に「毎日新聞」、明治三十九（一九〇六）年七月一日に『東京毎日新聞』とそれぞれ改題した。現在の「毎日新聞」、旧「東京日日新聞」とは違う組織となる。それよりもずっと以前の「毎日新聞」のこと。

(30) 初出は週刊「平民新聞」第56号（明治三十七〈一九〇四〉年十二月四日発行、一頁）。もとのタイトルは「社会主義の歌」で、作者は「無名氏」となっている。歌詞に初めて「ソシアリズム」という名詞が盛り込まれた、まさしく日本社会主義運動が生んだ初めての歌。演説会場や行進の途中など、各所で盛んにうたい継がれた。曲は「日本海軍」を用いている。うたい出しの言葉から「富の鎖」ともいわれた。明治四十一（一九〇八）年に、築比地仲助の「革命歌」ができると、さっぱりうたわれなくなった。

富の鎖を解き棄て、　自由の國に入るは今、
正しき、清き、美しき、　友よ手を取り立つは今。

山をもい抜く大力に、　天地もどよむ聲あげて、
歌へや博き愛の歌、　進めや直き人の道。

迷信深く地に入りて、　拓くに難き茨道、

毒言辛く襲ふとも、　毒手苦しく責むるとも。
我身は常に大道の、　ソシアリズムに捧げつゝ、
勵むは近き今日の業、　望むは遠き世の光。
砲よ、劍よ、いつまでも、　國と國とはせめげども、
我等は常に同胞の、　四海友なる天の民。
頼むは結ぶ手の力、　かざすは高き義の心、
富よ力よ地を占めて、　よし今ひとり荒ぶるも。
滴たる汗に誠あり、　打ちふる小手に命あり、
行かで止まめや此歩み、　成さで止まめや此叫び。

（31）宮崎滔天の本名は宮崎寅蔵。明治三十（一八九七）年に孫文と知り合い、中国大陸での革命運動を援助する。のち運動に挫折。明治三十五年（一九〇二）年には、自身を見つめ直す意図で桃中軒雲右衛門に弟子入り。桃中軒牛右衛門の名で浪曲師になる。宮崎は革命の志を捨てたわけでなく、援助活動は長く続いた。

（32）明治三十九（一九〇六）年九月五日に創刊。初めは毎月二回（五、二十日）発行だった。第5号（十一月十日発行）から十日、二十五日の発行に変更。十二月には一回の刊行もなく、明治四十年一月は一日と二十五日の二回。二月、三月はいずれも二十五日に一回ずつと、変則的な発行になった。

発行所は豊多摩郡内藤新宿番衆町三四番地の革命評論社、印刷所は神田区中猿楽町四番地の秀光社。別に神田区美土代町三丁目一番地に革命評論社事務所を置いた。発行兼印刷人は青梅敏雄、編集人は宮崎寅蔵（滔天）。同人には北輝次郎（一輝）もいた。明治四十（一九〇七）年三月二十五日発行の第10号が最終号となる。

（33）東京電車鉄道会社の前身となる東京馬車鉄道会社は、明治十五（一八八二）年六月二十五日に新橋から日本橋までを開業。年内には日本橋〜万世橋〜上野〜浅草〜浅草橋〜日本橋間が開通し、循環線の運行が始まった。明治三十三（一九〇〇）年十月二日には、東京電車鉄道（東電）に改組。明治三十六（一九〇三）年八月二十二日、新橋〜品川八ツ山間に市内電車が運転を開始する。はじめは四十人乗りの

木造四輪単車だった。翌年三月十八日までの間に旧馬車鉄道の路線をすべて電化した。

初めて電車を運行した新橋～品川間の前身は、もともと明治二十二（一八八九）年十一月に、無軌道式で開業した品川乗合馬車だった。明治三十（一八九七）年十二月、鉄道軌道式となり、品川馬車鉄道会社と改称。明治三十二年六月十九日、東京馬車鉄道会社に合併された。

(34) 東京市街鉄道の設立までには、会社、市議会、政治家の間に発生した利権問題に絡む合併や市有化など、たくさんの紆余曲折があった。
明治二十五（一八九二）年から明治三十年にかけて、東京の市内電車敷設認可の申請が数多くあった。たとえば東京電気鉄道、東京電車鉄道、東京自動鉄道、吾妻橋電車鉄道、城北電気鉄道、東京参宮鉄道、洲崎電気鉄道、永代電気鉄道など。しかし、いずれも認可には至らなかった。そのようななか、東京電気鉄道、東京電動鉄道、東京電車鉄道、東京中央電気の四社が合併し、明治二十八（一八九五）年四月二十七日に東京電気鉄道となった。

さらに、その東京電気鉄道と、東京電車鉄道、東京自動鉄道の三社が、明治三十二年七月に合併。八月十四日に、資本金千五百万円の東京市街鉄道会社（街鉄）が創立した。そして明治三十四年六月十一日、ようやく認可を得て工事に着手。明治三十五年四月十八日、正式に東京市街鉄道が発足した。

街鉄は明治三十六（一九〇三）年九月十五日に、数寄屋橋～日比谷～大手町～神田橋間を開業させた。翌明治三十七年五月頃には、日比谷～小川町～万世橋～両国～茅場町～日比谷間の循環運転を開始した。

(35) 東京電気鉄道会社の前身、川崎電気鉄道は明治二十九（一八九六）年に創立。明治三十三年十月に改組、増資して、東京電気鉄道会社（外濠線）が創立した。
明治三十七（一九〇四）年十二月八日の、土橋～お茶の水間を皮切りに順次開業。明治三十八年十月十一日には、土橋～呉服橋～駿河台下～お茶の水～飯田橋～四谷見付～赤坂見付～虎ノ門～土橋間の循環線が開通、いわゆる外濠線の運転が始まった。

(36) 明治三十八（一九〇五）年八月、山路愛山、斯波貞吉、中村大八郎らによって設立された。国家の力により社会政策の徹底化を期した、社会改良主義の政党。綱領は「吾人は富豪の専制を抑圧せんとする目的をもって国家社会党を組織す」というもの。「大日本の国家は家人父子の情を以て君臣団結し国家の権力に依りて共同生活の大義を遂行するに在り」と主張した。
その後、板垣退助や松平正直、桑田熊蔵らが入党を申し込む。しかし山路は「君らのような微温的改良主義者はまっぴらお断りだ」と拒絶した。翌明治三十九年三月には、日本社会党と共同戦線をはり、電車運賃の値上げ反対運動を起こした。意見の対立で運動から身を引き、後に自然消滅する。

(37) 江戸時代初期、現在の日比谷公園あたりまで広がっていた入江が、埋め立てられた。幕末の頃になると、毛利の松平大膳大夫、鍋島の松平肥前守や丹羽若狭守、有馬備後守、朽木近江守、南部信濃守、小笠原佐渡守、北条相模守の上屋敷や御用屋敷が置かれた。

明治維新直後には、亀岡松平藩、唐津藩、有馬藩邸や鍋島藩の上地、政府御用地のほかに、桑畑や茶畑ができた。屋敷跡を畑にしたのは、旧江戸周辺の荒廃地の開拓手段として、農村化しようとした政策の一つ。明治四（一八七一）年頃に、後に日比谷練兵場となる日比谷操練所が置かれた。

明治二十二（一八八九）年、練兵場を青山に移して、跡地を公園にする計画が決定する。ドイツで林学を学んだ本多静六や、本多の助手でのち造園を志す本郷高徳により「都市の公園」として設計された。紆余曲折がありながらも、明治三十六年（一九〇三）年六月一日、日本初のドイツ式洋風近代式公園として開園した。『増訂明治事物起原』にも記されている。

日比谷公園は、もと陸軍練兵場なりしが、明治二十五年十二月、公園敷地に編入し、政府より東京市に引継ぎ、翌年二月日比谷公園と称し、爾來數次園内敷地の引直を施し、明治三十四年、市區改正の結果、有樂町の一部を公園に編入し、遂に總面積五萬四千八百三十六坪の大公園となるに至れり、三十六年七月一日、盛んなる開園式を行へり。（六三九頁）

それでは、電車運賃値上げ反対集会の拠点会場として伝えられる芝山は、日比谷公園のどこにあったのか。公園を管理する協会事務所によれば、「芝山」という名称自体、記録にはないとのこと。しかし、当時の社会主義系の新聞や雑誌をはじめ全国紙などに、「芝山」の名が見られる。芝山は正式ではなく俗称なのか。そこで、芝山の場所を、明治四十（一九〇七）年の地図や写真、裁判記録から探ってみる。

当時の日比谷公園の地図を見ると、公園のなかに小高い山がある。そのまわりに何百、何千もの人が集まることのできる広場が二か所ある。

一つは、公園の東南に位置するトラックのある運動場で、山はその西側にある。現在のつつじ山で、山から運動場を見下ろすと、山裾はせまく急な感じ。また山と運動場の間には競走道がある。少し離れているような気もする。

あと一つは、現在のテニスコートの西側にあった三笠山。公園造成時に池などを掘った残土で盛られた人工の山となる。今ではテニスコートができて面影はない。当時の絵はがきや写真を見ると、山からそのままなだらかに広い芝生地が続く。地図を見ても車馬道に囲まれた内側に、「芝生地」の三文字が記載され、広い範囲を示している。ちなみにテニスコートの造成は大正九（一九二〇）年。東京の公園では初めて三面がテニスコートとして造られた。大正年間に拡張され、今日の規模となる。

方角を確認する。三笠山は公園の北角に位置し、芝生地は南側をメインに西側に広がっている。これは、「光」第9号（明治三十九（一九〇六）年三月二十日、七頁）に載った、「電車賃金値上反對大示威運動」の記述とも合致する。

雨を犯して來るもの殆んど一千名、芝山の南面も西面も傘の影と人の顔を以て埋まり、束髪の婦人あり、洋服の學生ありしが、多くは印袢天の勞働者諸君なりき。

さらに、裁判所予審判事による「電車問題兇徒聚衆事件予審終結決定書」から、「門」をキーワードに探った。「決定書」には六回にわたり「門」の字が出てくる。「桜門」が三つ、「同門」が一つ。これは「桜門」と同じ意味。あと「正門」と「門外」が一つずつ。「門外」は、東京市役所に押し寄せた群衆が、警視の懇諭と騎馬巡査の出張によって退いた場所。日比谷公園の門ではなく東京市役所の門のこと。「正門」は日比谷公園の門で、日比谷門ともいう。群衆の一部が午後七時になっても解散せずに、数十人が集まった場所となる。

残り三つの「桜門」と一つの「同門」を含めた文章を抜き出してみる。「山を下り（略）群衆を引率して同公園桜門を押出し」、「群衆の中に交りて是亦同門を出で」、「（山上で）演説を爲したる末（略）群衆を率いて桜門を出で」、「山を下るや（略）群衆と共に桜門を出で」となる。どれも共通して、群衆は山を下りたあとに桜門を出ている。桜門に近い山は三笠山となる。三笠山イコール芝山と考えられるが、想像の域は抜けきれない。

(38)『荊逆星霜史』は、昭和十一（一九三六）年十二月に不二屋書房から三百部限定で刊行された。しかし、すぐに発売禁止の処分を受けた。のち、青木書店の文庫版『資料日本社會運動思想史明治後期第9集（別巻）』（昭和三十二〔一九五七〕年八月十五日）に他三編と収録された。定価百四十円。他三編は、吉川の「兇徒聚集事件の思ひ出話」（「労働雑誌」昭和十一年七月）、「電車値上反對兇徒聚集事件判決」（「光」明治三十九年八月五日号、第一審判決）、山口孤剣の「日本社會主義運動史」（「改造」大正八年十月）となる。解説は岸本英太郎。青木文庫以降の発行はない。

(39)発行所は日本社会党本部。発行兼編集人は森近運平、印刷人は堺利彦。大きさは菊半截判で本文一五頁、定価一銭。内容は片山潜の「電車値上反対意見」（一～九頁）、堺利彦の「反対運動の方法」（九～一三頁）、森近運平の「市内鉄道の性質」（一三～一六頁）の三編が収録される。七月二十九日までに市政に関係のある官公署、公共団体、新聞社、他有志に約五千部を頒布した。

(40)明治三十八（一九〇五）年九月五日、アメリカのポーツマスで日露戦争の講和条約が調印された。講和の内容に憤慨した全国の国民が反対ののろしを上げた。東京の日比谷公園では、講和問題同志連合会主催の講和条約反対国民大会が予定された。しかし、治安警察法により禁止になった。怒った群衆は、会場となっていた公園になだれ込み、大会を強行。閉会後の午後一時三十五分、演説会場となる八丁堀の新富座へ向かう。その途中、ついに暴徒化。徳富蘇峰の国民新聞社を襲撃した。内相官邸をはじめ、警察署二、交番二百十九、教会十三、民家五十三、電車十五台が焼き払われ無警察状態になる。

政府は、六日の夜十一時、官報号外をもって二つの緊急勅令を発した。一つは戒厳令で、東京市と府下の荏原郡、豊多摩郡、北豊島郡、南足立郡、南葛飾郡に施行した。行政戒厳は初の試みとなった。

七日、東京は近衛第一師団の軍事支配下となり、検問体制が実施された。夕方になり事態は沈静化に向かう。戒厳令が解かれたのは十一月二十九日だった。逮捕者二千人、起訴された者は三百八人、うち九十一人が有罪となった。

もう一つの緊急勅令は、九月六日に公布、即日施行された勅令二百六号「新聞紙雑誌ノ取締ニ関スル件」となる。講和に反対し政府を非難、さらに「暴動ヲ教唆シ犯罪ヲ煽動スルノ虞アル」記事を掲載した新聞社は、相次いで発行停止の処分を受けた。各新聞社に警視総監または内務大臣から、発行停止の行政処分が下された。

「日露講和批判等により発行停止処分を受けた新聞・雑誌」（『明治の墓標』二三〇頁）がある、各紙の処分年月日と停止日数が一覧で紹介されている。ところどころに停止日数の空欄個所がある。出典は「『東京朝日新聞』明治三十八年十一月一日より作成」としている。しかし、一覧を掲載する「東京朝日新聞」の発行日は十一月一日ではなく、十二月一日発行の第六九三四号の三面だった。

記事の見出しは「新聞抑制記念」。冒頭の記事本文には「緊急勅令實施中同令に基き發行停止を命ぜられたる新聞及雑誌左の如し」とある。内容を見ると、警視庁総監による行政処分と、内務大臣による行政処分に分かれていた。合わせて、処分年月日の順にまとめた。

九月七日	「萬朝報」	二日間	警視総監
	「都新聞」	二日間	警視総監
	「東京二六新聞」	二日間	警視総監
八日	「日本」	一日	警視総監
	「人民」	一日	警視総監
九日	「東京朝日」	十四日間	警視総監
	「京都朝報」	四日間	内務大臣
	「大阪日報」	五日間	内務大臣
	「関門毎日新聞」	四日間	内務大臣
	「大阪朝日新聞」	五日間	内務大臣
十日	「直言」		警視総監
	「対馬時報」	五日間	内務大臣
十一日	「東京二六新聞」	二十八日間	警視総監
	「小樽朝報」	四日間	内務大臣

十二日	「東京新聞」	二十七日間	警視総監
	「東北評論」	六日間	内務大臣
	「山梨民報」	五日間	内務大臣
十三日	「滑稽新聞」		内務大臣
十四日	「丹州時報」	四日間	内務大臣
十五日	「京都朝報」	十四日間	内務大臣
十六日	「大阪日報」	十七日間	内務大臣
十八日	「実業法律新聞」	三回	警視総監
二十一日	「大阪朝日新聞」	十六日間	内務大臣
二十三日	「丹州時報」	十六日間	内務大臣
二十五日	「伊勢朝報」	五日間	内務大臣
二十九日	「北辰日報」	五日間	内務大臣
十月一日	「東京電報新聞」	十六日間	警視総監
四日	「下野新聞」	四日間	内務大臣
六日	「誠友」		警視総監
	「大阪日報」	二十四日間	内務大臣
十日	「新総房」	四日間	内務大臣
十一日	「都新聞」	十五日間	警視総監
	「丹州時報」	二十四日間	内務大臣
十八日	「芝公報」	二回	警視総監
二十四日	「大阪朝日新聞」	十四日間	内務大臣
	「滑稽新聞」		内務大臣
十一月十五日	「読売」	十一日間	警視総監
	「帝国文学」		警視総監
二十日	「人民新聞」	八日間	警視総監

『明治の墓標』で空欄になっている、九月十日の「直言」と十三日の「滑稽新聞」、十月六日の「誠友」と二十四日の「滑稽新聞」、十一月十五日の「帝国文学」の発行停止の日数を探した。

九月十日の「直言」の処分は縮刷版『明治社会主義史料集「直言」』の「廃刊事情」に記されていた。無期限の発行停止で、事実上の廃刊となった。

「第三二号は、検閲の痕跡を多数の伏字にとどめて発行された。しかしそれ以後は戒厳令下に無期限の発行停止を受けた。やがて前述の平民社そのものの解散がおこった。こうして「直言」は再刊の機を失って不本意な最後をとげたのである」。

十三日の「滑稽新聞」は、「十二日に、講和問題と発行停止に反駁した記事を満載した『号外』を発行」（『過激にして愛嬌あり』二五六頁、以下二つとも）して、「翌日の十三日になるとさっそく、『明治三十八年九月十二日発行滑稽新聞号外ハ勅令第二百六号第一条ニ該当スルモノト認ム』という内務大臣命令による発行停止通達が滑稽新聞社に送られてきた」（二六一頁）。「けっきょく、『滑稽新聞』は二カ月間の発行停止のあと、十一月十四日になり発行停止が解除され」（二六三頁）た。

十一月十五日の「帝国文学」は、第11巻第12号（十二月十日発行）の社告に「帝國文學發行停止及解停」の記述があった。

「本會編纂帝國文學第十一巻第十一は不幸にも其筋より時勢に害あるものと認められ發行停止の嚴命に接し候處十一月廿九日を以て解停相成候に付此段會員諸君に稟告致候也」。

第11巻第11号（十月十日発行）は、十一月二十九日に解停。停止期間は十四日間になる。解停とは、新聞や雑誌などの発行停止が解除されること。

十月六日の「誠友」と、二十四日の「滑稽新聞」の発行停止期間はわからなかった。「誠友」は、国会図書館のホームページでタイトルを検索してもヒットしなかった。また「滑稽新聞」の発行停止は、まだ九月十三日の処分が継続中で、時期が重なる。

この勅令第二百六号は、発令から約三か月後の十一月二十九日に廃止。実質八十五日間に及んだ。「帝国文学」は、勅令の解除を受けての解停になる。

(41) 作詞はいしはらばんがく（石原和三郎）、作曲は田村虎蔵で全五十二番まで続く。発売元は、本郷の文錦堂と小石川の文美堂の二種類で一冊六銭。本文は二〇頁。表紙には三段組み右書きで「文部省検定済」「東京地理教育」「電車唱歌」の文字が入り、下には日露戦役凱旋記念の花電車が描かれている。頁をめくると歌詞のほかに挿絵があり、巻頭には「東京全市電車線路略図」が折り込まれている。

(42) 端島は、高島の南端から南西に約二・五キロの距離にある孤島。高島で石炭が発見されて百年が過ぎた文化七（一八一〇）年、草木もない水成岩の瀬の端島で露出炭が発見された。明治三（一八七〇）年、天草の小山秀がその端島で採掘を開始する。明治十五（一八八二）年には旧鍋島藩深堀の領主、鍋島孫六郎の所有となった。明治二十三（一八九〇）年八月四日に、三菱が鍋島孫六郎から十万円で買収、三菱社が端島炭坑の経営にあたることに。高島炭坑の支砿として翌年から採炭を開始する。

端島での悲惨な労働環境は、高島同様に堪えがたいものがあった。昭和七（一九三二）年頃の話として伝えられている。

「いいか、ここへきたが最後、ノソン（無断の職場離脱）も許さん。ケツワリ（逃亡）も許さん。現場係に対する口返答も許さん。会社が認める公傷以外の欠勤も許さん。万一それに背いたら容赦なくこれに吊るしあげるぞ。それを承知しておけ」と鉄棒をさすりながら勤労係がいいました。私はもう恐ろしさにものもいえず、黙ってうなずくばかりでした。（『追われゆく坑夫たち』九六頁）

(43)「炭坑」の文字表記は資料によって、また同じ資料でも場所によって「炭坑」「炭砿」「炭鉱」の三種類の漢字が入り乱れている。旧字の「炭礦」「炭鑛」を含めると五種類になる。漢字の偏の部分から「あな（つち）」「いし」「かね」の使い分けもあるのかもしれない。不勉強なため、詳しい使い分けはわからない。高島でその仕事に携わった方の説明では、会社の規模によって、一つの「炭坑」、二つ、三つの「炭砿」、たくさん（会社）の「炭鉱」と使い分けていたという。「つち」から「いし」「かね」への変化は、操業会社の規模によるようだ。

(44)肥前平戸の領民五平太が、高島の広磯で黒い石を発見した年。その年号はいつになるのか。資料によっていろいろに記されている。『長崎労働組合運動史物語』（一二五頁）、『長崎県文化百選　事始め編』（一〇六頁）、『長崎県の歴史散歩』（六六頁）では「宝永七年（一七一〇）」。しかし『ながさきことはじめ』（七二頁）では「元禄八年（一六九五）」としている。

一方『長崎事典　産業社会編』（八六頁）では「宝永七年（一七一〇）頃といわれるが定かではない」とぼかし、『ナガサキ風説書』（一八九頁）では「一七〇〇年代の初期」、『トピックスで読む長崎の歴史』（二五一頁）では「江戸時代の中頃」と、明言を避けている。

高島町発行の『高島町文化史』（三頁）によると「宝永七年（二百三十八年前）」として、さらに段落をかえて「高島における石炭発採の年代は、旧記によるべきものがないので、詳らかではないが、今から約二百三十八年前の宝永七年」と記している。にもかかわらず、年表では「１６９５　元禄８年　五平太が高島で石炭を発見。高島記では宝永七年とある」（一一七頁）と、同じ冊子のなかで二つの記述をしていた。

また、同じ高島町発行の閉町記念誌『高島町の足跡』（二頁）の町の概要では、「町史『高島記』によれば、１７１０年（宝永7年）」（二頁）とある。一方、「高島が歴史上に出てくるのは、１６９５年（元禄8年）」（一二頁）とし、年表では「１６９５ 元禄８年　五平太が高島で石炭を発見」（一七〇頁）と、こちらも同じ冊子のなかで二つの記述をしていた。

さらに『角川日本地名大辞典42長崎県』では、二か所に「元禄８年」（五八五頁）の記述がみられる。にもかかわらず、「次のような話が伝わっている」と断りながらも「宝永７年（１７１０）」（一三〇八頁）ともしている。

『炭坑誌　長崎県石炭史年表』では三つを挙げていた。

「一七〇五年（宝永二）」に「平戸領深江の五平太、高島で採炭、付近の塩田に供した」（二二頁）とあり、「一七一〇年（宝永七）」に「深堀藩の下僕五平太、老齢で退職。恩賞として支配権をえた高島で『燃石』を発見、領主に献上し、鍛冶燃料として深堀村民に供した。後、深堀藩士と共同で採炭を始め近郷、四国、中国の製塩用燃料として拡大」（二二頁）とある。さらには幅を持たせて、「一七〇四～一七一〇年（宝永年間）」に「肥前平戸の領民五平太が発見して付近の塩田に捌いた」（二二頁）とあった。ただ、この『炭坑誌　長崎県石炭史年表』の三つはいずれも「伝説」とことわりを添えている。

（45）明治二十（一八八七）年八月十一日、福岡で創刊。玄洋社の頭山満を中心に刊行し、主筆には福沢諭吉の門弟で「時事新報」の記者川村惇が迎えられる。明治三十一（一八九八）年に題号を「九州日報」と改称。記者には、革命家で浪曲家の宮崎滔天や、作家の夢野久作らがいた。昭和十五（一九四〇）年、読売新聞社に買収され、昭和十七（一九四二）年八月十日には、新聞統制により「福岡日日新聞」と合同し、「西日本新聞」に改められた。

（46）自由民権派の日刊紙で、明治二十一（一八八八）年一月十五日に創刊した。発行所は、大阪市北区堂島仲二丁目四七番地の東雲新聞社。定価は一銭五厘。主筆は保安条例で帝都東京を追われた、中江兆民が務めた。明治二十三（一八九〇）年十月八日に廃刊。

（47）明治二十一（一八八八）年四月三日に創刊。明治二十四年六月二十九日から「亜細亜」、明治二十六年十月十日から「日本人（第二次）」、十二月一日から「亜細亜」、明治二十八年七月五日から「日本人（第三次）」、明治四十（一九〇七）年一月一日から「日本及日本人」とそれぞれ改題し、昭和二十（一九四五）年二月に廃刊。創刊時の発行所は東京府下神田区小川町二五番地の政教社。編集人は愛知県士族の志賀重昂。初めは月二回、三日と十八日発行で、政教社同人十一人の非営利的同人雑誌だった。

（48）タイトル「高島炭礦の惨状」の「礦」は、資料によって、いくつかの表記がある。『長崎労働組合運動史物語』（三八頁）は「高島炭礦の惨状」、『明治百年　長崎県の歩み』（一一九頁）は「高島炭鉱の惨状」、『炭坑誌　長崎県石炭史年表』（九六頁）は「高島炭坑の惨状」と「高島炭砿の惨状」と二つの表記がみられる。

（49）犬養毅による「高島炭坑の実況」の「坑」も、資料によって二種類の字が記されている。『炭坑誌　長崎県石炭史年表』（九六頁、一一二頁）、『高島炭礦史』（一四三頁）、『近代民衆の記録２　鉱夫』（四二五頁）は「高島炭坑の実況」、『明治百年　長崎県の歩み』（一二二頁）は「高島炭鉱の実況」とあった。

（50）「炭坑節」の有名なフレーズに「月がでたでた～」がある。この歌詞は、元をたどると唖蟬坊の歌「奈良丸くずし」にあった。

月が出た出た月が出た　セメント会社の上へ出た
東京にゃ煙突が多いから　さぞやお月さま煙たかろ（『流行り唄五十年』一一三頁）

大正二（一九一三）年、唖蟬坊は関西の浪曲師、吉田奈良丸の節まわしの特徴を取り入れて「奈良丸くずし」をうたった。『流行り唄五十年』では二十四節の「奈良丸くずし」の歌詞を紹介している。その二十一節目の歌詞となる。近年の「炭坑節」の原形をなした。

(51) 元和九（一六二三）年、佐賀藩主の鍋島勝茂侯が創建した。最初の鎮座は権現山の頂上。高さ四尺（約一・二メートル）、方六尺（約一・八メートル）の石造りの神庫を安置し、守護神として埴安姫命を祀った。石燈籠を建て、別に拝殿、社殿、絵馬堂などを配し、参道には本村の榎木谷から頂上まで石段を設けた。明治七（一八七四）年八月の台風襲来の後、明治二十五（一八九二）年、社殿が金松峠の地に移築された。

(52) ガス爆発の事故を伝える五つの記事がある。「東洋日之出新聞」（三月二十九日と三十一日付）、「東京日日新聞」（三月二十九日付）、「読売新聞」（三月三十一日付）、「光」（四月二十日）。これらの記事に記された事故の発生時刻が、微妙に異なっていた。

「東洋日之出新聞」では、三月二十九日の第一報で「午前九時五十九分……突然瓦斯爆發なし」、三月三十一日付では「午前九時二十分過とも思しき頃大音響を發し……」と、同じ新聞で違う時間を報じている。

「東京日日新聞」（三月二十九日付）は「今朝六時五十分……炭鑛瓦斯爆發し」とし、「読売新聞」（三月三十一日付）は「一昨廿九日午前六時五十三分……炭坑内なる瓦斯爆發し」、「光」（四月二十日）は「午前九時五十五分……瓦斯爆發し」としている。

ほかの資料はどうか。『炭坑誌　長崎県石炭史年表』（一六二頁）は「9：30大音響とともにガス爆発……」とし、『三菱鉱業社史』（二五八頁）では「午前9時55分、突如爆音と共に……」としている。また「時事新報」（三月二十九日付）では、長崎二十八日午後の特電として「本日午前十時、瓦斯爆発し……」（『明治ニュース事典　第七巻』二八六頁）と伝えていた。

数少ない資料で、六時五十分、六時五十三分、九時二十分、九時三十分、九時五十五分、九時五十九分、十時と、七つもの時間が示されている。ほとんどがばらばらで、唯一「午前九時五十五分」を二紙が伝えていた。爆発が起きたのは何時だったのか。大混乱の最中、誰も正確な時間までは把握しきれていなかったのかもしれない。資料を探せば探すだけ、さらに異なった時間が出てきそうな気もする。

ただ一つ。信用できそうな資料がある。爆発事故当日の三月二十八日の夕方、長崎県知事が内務省に伝えた公電が、三月三十一日の「東京日日新聞」に載った。

本日午前九時五十五分縣下高島炭坑の蠣瀬坑内瓦斯爆發坑口より黒煙噴出防禦の手段なく入坑の抗夫約二百三十二人、役員其他二十餘名生死不明の旨特報ありたり

(53) 明治三十五（一九〇二）年一月一日、「九州日之出新聞」を退社した鈴木天眼が、長崎市今鍛冶屋町八番地で「東洋日之出新聞」を創刊した。主幹は熊本出身で漢学者の丹羽末広（翰山）、編集人には会津出身の西郷四郎らがあたった。

発行所は長崎市本五嶋町四九番地、印刷所は本五嶋町二九番地の境活版工場。購読料は一枚一銭、月二十銭。政党政派にはくみせず、中立的立場を守り独自の論陣をはった。地元の数ある新聞のなかでも、論説や報道記事に異彩を放ち人気紙となった。また、孫文の辛亥革命を全社一丸となって支援した。昭和九（一九三四）年に廃刊となる。

編集人の西郷四郎は、東京の講道館で最初の門人となった柔道の達人。講道館四天王の一人でもあった。明治二十三（一八九〇）年、大陸に渡ろうと長崎を訪れる。鈴木天眼と出会い話が合い、とどまることになった。西郷は昭和十七（一九四二）年、富田常雄が著した小説『姿三四郎』のモデルでもある。

（54）「夜半の追憶」三部作のうち、序章となる「楽しき春」の歌詞を引用する。

嗚呼世は夢か幻か　獄舎に独り思ひ寝の
夢より覚めて見廻せば　四辺静に夜は更けて
月影淡く窓に差す　あゝこの月の澄む影は
露いと滋き青山に　静に眠る兄君の
その墳墓を照すらん　又世を忍び身を忍び
夜を終夜泣き明かす　愛しき妻の袂にも
同じき影は宿るらん　あゝ夢なりき夢なりき
兄君宥し給ひてよ　妻よ我子よ赦してよ
懺悔の涙はらはらと　袂に濺く村時雨
やがて窶れし身を起し　せめて月をば眺めんと
獄舎の柱に倚り添ひて　伸び上れども如何にせん
鉄窓高く身は低く　眺むる由も荒磯に
砕くる波の夫の如　後にどうと倒れたり
あゝ明日来なば果敢なくも　露と消えなん我身なれ
この世を終る思出に　犯せし罪を懺悔せん
天照る神も知ろしめせ　思へば早も十年の
昔の夢と過ぎけるが　今を春べと咲く花の
浪速の都あとにして　汽笛の声と諸共に
東の旅に上りける　並木を縫ひて走り行く
汽車の窓より見渡せば　右手には続く海原に
浮ぶ白帆もおもしろく　左手に霞む山々に
春風緩う吹き渡る　東海道の駅々も
唯夢の間に打過ぎて　今は桜も咲き匂ふ
弥生半の夕まぐれ　新橋にこそ着きにけれ
高楼大廈建ち続く　銀座通を打過ぎて
老松青く濠清き　玉の宮居を右に見て
いつかは早も紀尾井町　博士の邸に着きにけり
春はいつしか暮れ行きて　花も昨日の雨に散り
鳥の声のみ楽しげに　青葉がくれに聞ゆなる
今日は日曜空晴れて　袂を払ふ風涼し
いでや少しく散歩して　心の欝を晴さんと
そゞろに下る紀尾井坂　並木の桜散りたれど
緑滴る葉桜は　又一層の色なれや
清水谷にと来て見れば　人々数多打ちつどひ
或は笑ひ又歌ひ　唯喧しき其中に
大久保公の碑ぞ　動かず高く聳えたる

其時我は唯一人　葉桜渡る風を浴び　彼の碑を仰ぎつゝ　静かに人の世を思ふ
人の世に在る五十年　生きては人と誇れども　死すれば同じ道の塵　誰か萬世生き延びて
天地と終る人やある　この聳え立つ碑も　いつかは朽ちん然れども　維新に樹てし功の
公大久保の名は朽ちじ　我も男の子ぞ名を揚げて　後の世までも謳はれん　ふと見かへれば日は落ちて
集ひし人は影もなし　いでや我家にかへらんと　杖を返せばこはいかに　後に立てる人の影
これ誰やらん姿さへ　定かに夫とわかねども　墨絵に描きし天人の　浮き出し様にさも似たり
墨絵の影は近づきぬ　我も思はず近づきぬ　見れば同じく人ながら　微笑む花の顔は
何に譬へん咲く花も　恥ぢて凋まん計りなり　曾て九段の社にて　相見し人の俤の
未だ微に残れるが　今こそ人の顔も　亦相似たる不思議さと　あゝこれ心の迷ひかや
今は家路を急がんと　思ひ返せどいかにせん　心の駒は去りやらず　仮令迷ひと言はば言へ
問ひで迷ひを晴さんと　心を定め近づきて　そも何方の姫君ぞ　教へて心晴らしてよ
纔に問へば彼の人は　微笑みながら近寄りて　妾は御宿の近くにて　野口と云へる草の家に
一人生ひ立つ賤の女の　名はそえとこそ呼ばれける　傍に茂る森指して　いでや彼所と手を執れば
耻ぢらひつゝも蹤き来る　夢か現か思ひ出の　車は茲に端なくも　十年の夢に返りつゝ
楽しき夜半の語らひを　偲ぶ折しもこつこつと　夜警の看守巡り来て　未だ寝もやらで何せると
角燈高くさしつけつ（『続日本歌謡集成 巻五 近代編』四〇六頁）

さらに、「楽しき春」「懺悔の涙」「刑場の訣別」の三部作の全歌詞が載っている資料があった。昭和四（一九二九）年に藤沢衛彦が記した『明治流行歌史』（四一三頁〜四二九頁）にあった。

(55) 内務省警保局は、日露戦争前後から昭和二十（一八四五）年の終戦まで、過激派やその他危険思想主義者を極秘裏のうちに徹底調査。「社会主義者沿革」や「特別要視察人状勢一斑」、「社会運動状勢」などにまとめ、政府部内に配付した。そのうち社会主義者視察取締経過報告書の『社会主義者沿革　第三』には、「社会主義ノ記事ニ依リ処分シタル刊行物一覧」の「出版法による処分一覧」に全百八十五文献が掲げられている。

時期的には、明治四十二（一九〇九）年八月から、明治四十四年六月までの記録となる。ただ、期間を区切っていながらも、それ以前に処分した刊行物も、かなりの数を含んでいた。『社会主義者沿革　第三』にある全百八十五文献のうち、期間内に処分されたのは百二十四文献。残りの六十一文献はそれ以前の処分になる。

『社会主義者沿革　第三』の全百八十五文献のうち名前があがったのは九十二人分、延べ人数では、不明のものを含めて百九十人となった。発行年月日と処分年月日の関係をみると、発行して十年以上が過ぎて処分されている文献がある。また、発行よりも前に処分される文献もある。

いちばん古い文献は、明治二十五（一八九二）年十月三十日に処分された吉松茂彦の『日本平権党宣言書』。いちばん新しい処分は、明治四十四（一九一一）年五月二十九日に処分された佐藤儀助の『弱者の声』、片山潜の『社会改良手段　普通撰挙』、村井知至の『社会主義』の三作品となる。

(56) 発売禁止の処分を下した日付は、明治四十三（一九一〇）年九月のなかでも、特に三日に集中している。全百八十五文献のうちの五十六文献。全体の三〇・三パーセントに相当する。

みすず書房版『社会主義沿革1』、社会主義者視察取締経過報告書の『社会主義者沿革　第三』に載る「社会主義ノ記事ニ依リ処分シタル刊行物一覧」の「出版法による処分一覧」から、九月三日の処分刊行物を著者名、タイトル、発行所の順に書き出す。

西川光次郎『社会党』（内外出版協会）
幸徳伝次郎『社会主義神髄』（朝報社）
熊谷千代三郎『海外より見たる 社会問題』（平民書房）
木下尚江『火の柱』（平民社）
木下尚江『火の柱』（梁江堂）
永岡鶴蔵『足尾銅山　ラッパ節（第一回・第二回）』（日本鉱山労働会）
永岡鶴蔵『坑夫に与ふるの書』（日本鉱山労働会）
木下尚江『飢渇』（昭文堂）
堺利彦、森近運平『社会主義綱要』（鶏声堂）
森近運平『社会主義小話』（平民舎）
添田平吉『社会燈』（東海矯風団）
福田武三郎『社会主義』（不明）
堺タメ子『社会主義』（不明）
五島鯨波『警世風俗　あきらめ（続篇壱号）』（東京青年苦学会）
志津野又郎『革命婦人』（平民社）
片山潜『我社会主義』（社会主義図書部）
幸徳伝次郎『社会主義神髄』（博文館、東京堂）
木下尚江『良人の告白（上・中・下）』（上中・平民社、下・由分社）
木下尚江『火の柱』（金尾文淵堂）
山口義三『革命家の面影』（凡人社）
久津見息忠『無政府主義』（平民書房）
添田平吉『平民あきらめ賦詩』（うしほ会）
西川光次郎『ケヤ、ハーデーの演説』（共同出版組合）
堺利彦『社会主義の詩』（由分社）
添田平吉『社会党喇叭節』（社会主義研究所東海矯風団）
堺利彦『平民科学第三編　男女関係の進化』（有楽社）
堺タメ子『社会主義　女の身の上』（不明）
五島鯨波『警世風俗　四季の歌（壱号）』（東京青年苦学会）
五島鯨波『警世風俗　浮世』（東京青年苦学会）
片山潜『社会講演』（不明）

安部磯雄『社会主義論』（不明）
堺枯川『労働問題』（春陽堂）
堺利彦『社会主義入門』（平民社）
ヰリアム・モレス著、堺利彦訳『理想郷』（平民社）
西川光次郎『富の圧制』（平民社）
幸徳伝次郎『ラサール』（平民社）
幸徳秋水『廿世紀之怪物　帝国主義』（警醒社書店）
レオ・ドウヰッチ著、幸徳秋水訳『革命奇談　神愁鬼哭』（隆文館）
堺利彦『社会主義問答』（由分社）
野波鎮人『社会主義とは何ぞ』（九州社会主義協会）
添田平吉『新俗体詩　あゝ金の世』（うしほ会）
エドワード・バラミー著、平井広五郎訳『社会小説 百年後之世界（原名ルッキング・バックワード）』（警醒社書店）
西川光次郎『英国労働界の偉人　ジヨンバアンス』（不明）
山口義三『破帝国主義論』（鉄鞭社）
堺利彦『社会主義大意（附社会主義書類一覧）』（由分社）
田添鉄二『経済進化論』（平民社）
西川光次郎『富の圧制』（不明）
堺利彦『通俗社会主義』（由分社）
西川光次郎『土地国有論』（平民社）
堺利彦『婦人問題』（金尾文淵堂）
堺利彦『社会主義』（由分社）
小木曾助次郎『社会主義とはドンナもの』（不明）
藤田四郎『社会主義（一名くらしを楽にする法）』（不明）
磯野徳三郎『社会主義新小説　文明の大破壊』（博文館）
西川光次郎『ＫＡＲＬ ＭＡＲＸ（カールマルクス）』（中庸堂書店）

(57)『明治事物起原』をまとめたのは、奥州二本松藩領郡山村生まれで文明史家の石井研堂。明治時代に起源する開化の事物由来を克明に記録、考察した。『明治事物起原』の発行は三回ある。

最初の発行は明治四十一（一九〇八）年一月一日。発行所は橋南堂、本文五二二頁、定価一円二十銭。そして大正十五（一九二六）年十月十八日には、第二版となる増訂版を発行。発行所は春陽堂、本文八四二頁、定価八円五十銭だった。石井の没後、太平洋戦争中の昭和十九年十一月十八日には、第三版となる増補改訂版が発行された。発行所は第二版と同じ春陽堂。上下巻で一五三八頁という量にふくれ上がった。

そして昭和四十四（一九六九）年に増補改訂版の第三版が、『明治文化全集』の別巻として、さらに平成九（一九九七）年には全八冊の文庫版で復刻された。また平成十六（二〇〇四）年には、増訂版の第二版が『事物起源選集2』として復刻された。第一版は復刻されていない。そのかわり、国会図書館のホームページから、デジタル化資料の一つとして閲覧できる。

今回、資料としているのは第二版の復刻版。クレス出版が全八巻の『事物起源選集』の一冊として平成十六（二〇〇四）年八月に発行した。唖蟬坊の歌を探してみる。第14類の「遊楽」に「ストライキ節」の項があった。

明治三十四年ころより、ストライキ節といふ俗謡流行す、左の如き歌詞なり、
何をくよくよ川ばた柳、水の流れを見て暮らす、東雲のストライキ、さりとはつらいネ、テなことおツしやいましたネ。
（『増訂明治事物起原』六〇九頁）

歌詞を除いたら、一行にも満たない一センテンスだけの説明しかない。それでも、唖蟬坊が作った歌のなかで唯一の掲載となる。一世を風靡した「ラッパ節」でも「むらさき節」でもなかった。

(58) 広瀬武夫少佐は、明治三十七（一九〇四）年三月二十七日、日露戦争の第二回旅順港口閉塞作戦で福井丸に搭乗した。乗組員は攻撃を受け沈みかける福井丸から脱出。しかし、部下の杉野孫七の姿がない。広瀬は三度探しに戻るが見つからない。あきらめてボートに乗り移るそのとき、広瀬は敵の弾を受け戦死。のちに軍神となり讃えられた。

花は散れども香を残し　人は死すとも名を惜む　堂々五尺の大丈夫が「いかで瓦全を計るべき
旅順港口閉塞の　任にあたりし決死隊　忠勇義烈の勲を「いざや語らん聞けよ人
我海軍は勇ましく　弥彦、米山、千代、福井　四艘の舟を沈めんと「選ぶ勇士は六十と四人
四艘の汽船に乗込みし　四組の勇士其中に　広瀬中佐は福井丸　部下を指揮して目ざしたる
「地位に向ひて弾丸の　飛び交ふ中を物とせず　首尾よく船を乗入れて　装置なしたる爆薬の
導火線に火をば点ぜしめ　轟然ひゞく爆音に　なんなく任務を遂行し「いざ引上げんと隊員を
ボートの中にうつしたる　折しも一人兵曹長　杉野孫七見えざるは　如何なる故ぞ如何にせし
「杉野々々と叫びつゝ　再び飛び乗る福井丸　大半沈めど顧みず　部下を愛する真心の
「深き中佐は此処彼処　探ね廻りし甲斐もなく　更に影だに見えざれば　余儀なくボートに乗り移る
折から飛び来る敵弾に「うたれて中佐は粉微塵　脳漿あたりに四散して　ボートあやつる同胞の
勇士を血汐に染めなしつ「壮烈極まる名誉の戦死　あゝ目覚しき其最後　五体空しく朽つるとも
残る偉功は赫々と「千代に八千代にかほるらん
悲壮じや　悲壮じや（『演歌の明治大正史』一〇八頁）

(59) 馬場孤蝶は、円太郎の様相と円太郎馬車のいわれについて記した。

呑ん気極まるといえば、円遊一座の橘家円太郎の芸なども、全くたわいのないものであった。円太郎は顔の如何にも柔和そうな、愛嬌のある男で、人が酒を飲んで騒ぐ真似をして、歌を唄ったり、饒舌ったりしているうちに嚔をすると、皆がエエきたないなどというところをやるだけのことであった。大抵は、馬車の喇叭を吹いて、お婆さんあぶないよなどと、馬丁の口真似をするのだ。眼鏡から板橋へ通う馬車などは実に危険だと思われる程構造の不完全な、そして、幌などの殆ど襤褸のように見える、今日では殆ど想像のできぬようなものであったが、そういう馬車は円太郎馬車と呼ばれていた。この名称は円太郎がそういう馬車の真似を高座でしたのから起ったのであろうと思う。円太郎は柔かにふとった脊の低い男で、如何にも円いという印象を人に起させる体形及び表情の人間であった。(『明治の東京』一二五頁)

馬場は同じ『明治の東京』で「当時の民衆と寄席との間に密接な関係のあった一例証と見ることができようと思う」(一四七頁)とも語っている。寄席での演目の内容が民衆に親しまれた。その民衆の足となっている馬車にまで冠した。当時、娯楽の一つでもあった寄席と民衆との距離が、それだけ近かったということだろうか。

(60) 明治十九(一八八六)年十月二十三日、英国商船のノルマントン号が神戸に向かって横浜港を離れた。船は、横浜居留地のアダムソン・ベル汽船会社の持ち船。二十四日、静岡県の御前崎あたりから雲行きが怪しくなる。熊野灘沖に差しかかった。航行が続けられなくなった。夜、さらに波が荒れ、船は木の葉のように揺れ、暗礁に乗り上げた。船内は海水で溢れた。船長のジョン・ウイリアム・ドレーク他、イギリス人やドイツ人の船員、中国人の童僕は避難を始めた。しかし、日本人の乗客二十五人全員と、インド人水夫など乗組員十二人はそのまま。誰一人助かることなく、沈んでいく船と運命をともにした。

二十五日、熊野沿岸に漂着した船長と二十六人の乗組員は、串本村役場で手当てを受けた。二十八日には英国領事館に送られた。船長以下乗組員が事情審査を受けた。英国領事は「船長らのとった処置に間違いはなく、人命救助にも全力を尽くした」(『明治百年１００大事件(下)』一七七頁)として、何の罪もないと判決を下した。報告を聞いた日本国民は憤怒する。

十一月十三日、兵庫県知事の内海忠勝はドレーク船長を殺人罪で告訴。帝国大学では臨時の法学協会を開き、正当な裁判が行なわれるよう決議を採択した。二十一日の正午から、東京浅草の井生村楼で嚶鳴政談演説会が開かれた。出席講師は、かわるがわるに二十五人の死を弔った。また、二十三日には、「東京日日」「朝野」「時事」「毎日」「郵便報知」の各新聞社が、義捐金の募集を兼ねて演説会を開いた。十二月七日、船長に対する裁判の判決が下された。

船長に禁錮三か月が言い渡された。日本国民は満足しない。しかし、どうすることもできなかった。当時、日本は外国人に対する裁判権をもたず、成り行きを見守るしかなかった。

諷刺週刊誌の「団団珍聞」は、十一月二十七日号に狂歌を掲載した。

他人ならどうでも英と救わぬは　ノルマントンと分らない沙汰（『明治漫葉集』九六頁）

また十二月四日号には狂句を掲載した。

ノルマント思うて乗るが身の破滅（『明治漫葉集』九四頁）

岸打つ浪の音高く、夜半の嵐に夢さめて　青海原を眺めつゝ　わが同胞は何處ぞと
呼べど叫べど聲はなし、捜せど尋ねど影はなし　噂に聞けば過ぐる月、廿五人の同胞は
旅路を急ぐひとすぢに、外國船と知りつゝも　航海術に名を得たる、イギリス人と聞くからは
ついうかうかと乗せられて、浪路も遠く遠州の　七十五里もはや過ぎて、今は紀伊なる熊の浦
名も恐しき荒磯に、押流されて衝突の　一せいゴウと轟けば、さすがにかたき英船も
たへ果さずに破れたり、すごき音して破れたり　折しも雨はふりしきり、風さへそへて凄まじく
あれよあれよと呼ぶ聲の、マストの方より聞こえしが
あなやとばかり手をかへす、すきまもあらず荒波に……（『流行歌明治大正史』五四頁）

「ノルマントン号沈没の歌」の歌詞に続いて著者の唖蟬坊は、「これから先がどうも思ひ出せないが、英國人の非情卑劣を、當時の日本人として怒り、怨んだ字句が綿々とこれに續いてゐた」と説明している。『日本のうた第1集』や『流行歌』（三一新書）のように、すべての歌詞を載せる資料もある。記憶を頼りに記した唖蟬坊の詞と比較すると、少なからず違いも見受けられる。本書では、ほかにない記憶に頼る唖蟬坊の歌詞を挙げた。全五十九節に及ぶ長い歌詞は、事件の内容を細かく描写している。途中十二節目の歌詞は、船長ドレークの名に漢字の「奴隷鬼」をあて、怒りや怨みなどの思いが込められた。

外国船の情けなや、残忍非道の船長は、
名さえ卑怯の奴隷鬼は、人の哀れを外に見て（『日本のうた第1集』四二頁）

（61）明治十（一八七七）年二月二十五日、広島出身の野村文夫が、神田区雉子町三二番地に団団社を設立。三月二十四日に、時局風刺週刊誌

「団団珍聞」を創刊した。明治維新後、早い時期での発刊となる。通称「団珍(まるちん)」。創刊号の初刷りは五千部、そのうち三千部は日報社を通して売り、二千部は売捌所で完売。ただちに増刷した。

明治四十（一九〇七）年七月二十七日号で一時休刊となり、のち月刊誌として復活した。しかし、翌明治四十一年一月号で終刊。自由民権運動から憲法発布、日清日露戦争と明治の三十年間にわたって、大衆に親しまれた。

若い頃の宮武外骨や坪内逍遥は、熱心なファン。また寄稿者には小山内薫や幸徳秋水、尾崎紅葉らがいた。

(62) 明治十五（一八八二）年末までに、東京馬車鉄道の新橋〜日本橋〜万世橋〜上野〜浅草〜浅草橋〜日本橋間の全線が開通した。ただ、すべての路線が複線ではなかった。道幅が狭く、一部で単線一方通行になる個所と、一部で単線相互通行になる個所があった。
単線一方通行は、日本橋と浅草橋の間。浅草橋方面と日本橋方面の線路を別々の道路に敷いた。日本橋から浅草橋に向かう路線は、日本橋を出て須田町寄りの今川橋手前から、本銀町角（本銀町三丁目）へ分岐。馬喰町を経て浅草橋に至る。逆に浅草橋から日本橋に向かう路線は、浅草橋を出て横山町を通り、日本橋寄りの本町角（本町三丁目）先から合流、日本橋方面となった。

この単線区間は、鉄道馬車から電車に代わっても続いた。路線が変更されるのは、明治四十二（一九〇九）年十二月三十日に新設線が複線で開通したとき。単線一方通行時の一部既成線を使用し、二路線は廃止になった。分岐合流地点となる本石町（室町三丁目）は、旧線の本銀町角（本銀町三丁目）と本町角（本町三丁目）の間に新設された。

もう一つの単線相互通行の区間は、菊屋橋経由の上野と雷門との間にあった。それでも明治三十（一八九七）年三月二十日に合羽橋経由の単線路が開業。雷門から上野に向かう路線が菊屋橋経由、上野から雷門に向かう路線が合羽橋経由と、それぞれが単線の一方通行で運行するようになった。

こちらも鉄道馬車から電車に代わっても、そのまま単線区間が続いた。しかし、運賃値上げ反対運動が起こった明治三十九（一九〇六）年の八月二日、菊屋橋経由の路線が複線化され、合羽橋経由の路線が廃止となった。

ほかにも一部の橋の上など、ごく短い区間で単線になる個所がところどころにあった。

(63) 明治四十一（一九〇八）年三月十五日、片山潜と袂をわけた西川光次郎、赤羽一、斎藤兼次郎らが「社会新聞」を離れて、「東京社会新聞」を創刊した。創刊号には赤羽生の長文「片山潜氏除名の顛末」、西川生の「告白」、木下尚江の寄稿「君は果して喧嘩師か」が掲載された。
発行所は、北豊島郡巣鴨町字巣鴨一七七四の東京社会新聞社。購読申込所を本郷区金助町三一の西川宅においた。印刷所は京橋区新富町六の七の浩文社。編集兼発行人は松崎源吉、14号からは赤羽一。印刷人は赤羽一、14号からは渡辺政太郎。月三回、五日、十五日、二十五日に発行。定価は一部三銭五厘、二十部は前金六十五銭、五十部は前金一円六十銭。

七月十五日号が休刊となり、翌八月より月一回五日の発行に変更。八月五日発行の第14号が発売頒布停止などの処分を受け、九月五日は発行せず、九月十五日に遅れて第15号を発行した。しかし、翌九月十六日には、第15号が発売頒布停止仮差押の処分を受ける。最終号となった。

(64)「滑稽新聞」を発行していた宮武外骨から、五千円の資金提供を得て、明治四十（一九〇七）年六月一日に創刊。宮武は「自分は社会主義者という訳ではないが、極端なる社会主義は政府を恐喝するの用に適す」と援助した。大阪で直接行動派の社会主義新聞の誕生となった。

発行所は大阪市北区上福島三丁目一八五番地の大阪平民社。印刷所は大阪市西区薩摩堀北の町二五番の岩城印刷所。発行兼編集人は森近運平、印刷人は南不窳夫、第4号以降が武田九平。発行は月二回。定価は一部五銭、十二部前金（半年）五十五銭、二十四部（一年）前金一円五銭。体裁は菊倍判、原則一六頁建て。

第11号（十一月五日発行）から「日本平民新聞」と改題。第23号（明治四十一年五月五日発行）が秩序壊乱とされた。罰金のみで入獄も発行禁止も免れたが、第24号の編集ができず「暫時休刊」に。しかし再び刊行されることなく、二十日の二頁の「号外」が最後となった。

「大阪平民新聞」の創刊に援助した「滑稽新聞」は、宮武外骨が印刷業を営む福田友吉とともに、明治三十四（一九〇一）年一月創刊。月二回刊。第173号（明治四十一（一九〇八）年十月二十日発行）を「自殺号」と銘打ち、「本誌受罰史」を掲載して廃刊に。二十四日には「自殺号」が発売停止処分を受ける。そして天長節の十一月三日には、新たに「大阪滑稽新聞」を創刊した。

(65)「大阪平民新聞」が創刊された翌日、明治四十（一九〇七）年六月二日。東京で西川光次郎、片山潜らが、週刊「社会新聞」を創刊した。直接行動派の機関紙「大阪平民新聞」に対して、片山潜が仕切る議会政策派の機関紙となった。

発行所は、荏原郡品川町南品川五丁目一七一番地の社会新聞社。申込所は神田区三崎町三の一の社会新聞販売部。印刷所は神田区豊町三四の博真堂。第44号と第45号は、京橋区銀座四の一の教文館で印刷された。発行人兼編集人は斎藤兼次郎、第29号から鈴木楯夫、第69号から片山潜。印刷人は片山潜、第69号から池田兵右ヱ門。第43号（明治四十一（一九〇八）年四月二十五日発行）から月刊になった。定価は一部三銭五厘（郵税共）、二十部前金六十五銭。体裁は四六倍判で、通常八頁建て。

第70号、第74号が「安寧秩序ヲ紊スモノ」として発売頒布が禁止となり、第76号が幸徳秋水の「基督抹殺論」を広告したとして起訴。明治四十四（一九一一）年七月二十五日、控訴棄却となり罰金二百円に。罰金納付期限になっても資金が調達できず、保証金は没収。第80号（八月三日発行）で廃刊となった。

(66)「大阪平民新聞」第6号（明治四十（一九〇七）年八月二十日発行、一三頁）に、「唱歌募集」の記事が載った。「唱歌募集」といっても、実のところ社会党歌の募集だった。

「幸徳・堺の意見では、これまで『富の鎖』を歌ったものだが、あまり温和で直接行動論とはつりあわない。もっと威勢のよいものがほしいというわけであった」（『労働運動史研究15』三九頁）。締切は九月末で、選者は幸徳秋水、堺利彦、深尾韶の三人。しかし、締切が過ぎても発表はなかった。

堺利彦と同志の築比地仲助も応募していた。発表されるまでの間は、気が気でならなかった。築比地は「平民社回想録」に記した。

　九月のたぶん十八日、幸徳が病気療養のために土佐中村の郷里に帰る送別会であったろうと思う。それに上京、その会に列した。その座で私は「堺さん、歌の募集の成績はどうですか」と尋ねた。堺さんは歌の選者である。私は応募してから時がたつのに発表が遅れているので、いささか気になってたずねたのだ。すると堺さんは「ああ、歌か、あれはね、ろくなのが一つもないのでね」という。幸徳はわたしの顔をじろりと見て「君も歌を出したな」という。すると間髪を入れず堺が「ああ一ついいのがあったよ」幸徳「いつもながら堺はすかしがないナ」で満場哄笑、私としては赤面の一幕であった。（『労働運動史研究15』三九頁）

「日本平民新聞（旧大阪平民新聞）」第15号（明治四十一年一月一日発行）に、入選作三編が発表。堺が「募集唱歌選評」を記した。

　幸徳、深尾の二君は病を養はんが爲に故山に向つて去つた、僕獨り募集唱歌選評の任に當つた。と云つても應募の歌は僅々十數篇に通ぎぬ。それを見るに別段大した時を費す譯ではない。然し何うも選評という事は難義な者で孰れ菖蒲と引きぞわづらふ、決しかねるまゝにツイ久しく打棄てゝあつた。所が年も早や暮となる、新年號に披露せずでは機會を失する恐がある。そこで急に又諸篇を精讀して、遂に左の三篇を選りだした。元來が「懸賞などゝ云ふ俗な事はせぬ」といふ募集者の見識であるのだから、此三篇の中に甲乙を附けるなどゝ云ふ、そんな俗な事もせぬ方が善からう。

選ばれたのは城山の「白雨下る」、岳南生の「赤旗」、そして築比地仲助の「革命歌」だった。築比地は「革田命作」の名で応募していたが、「築比地仲助」で発表された。「これは堺が筆跡をみて築比地氏のものと判断したものだったのだろう。なかなか堺枯川も茶目ッ気たっぷりである」（『自由と革命の歌ごえ』四九頁）ということか。

「革命歌」は「日本平民新聞」第15号（一一頁）に掲載された。

あゝ革命は近づけり。あゝ革命は近づけり。
起てよ、白屋襤褸る（ママ）子、醒めよ市井の貧窮兒。
見よ、我が自由の樂園を、蹂躙したるは何者ぞ。
見よ、我が正義の公道を壞廢したるは何奴ぞ。

壓制、横暴、迫害に、我等いつまで屈せんや。
我が脉々の熱血は、飽くまで自由を要求す。

我等に自由なからずば、寧ろ墳墓を撰ばんと、
我が同胞は露國にて、絶叫しつゝ在らざるか。

春爛漫の花さへも、權門勢家の爲めに咲き、
秋玲瓏の月さへも、瑤臺朱閣の爲めに照る。

我が子は曾つて戰場に、彼等の爲めに殺されき。
老いたる父もいたましく、彼等の爲めに餓死したり。

あゝ積年の此の怨み、爭で報ゐで止むべきや。
我等は寒く飢ゑたれど、なほ團結の力あり。

あゝ起て、君よ、革命は、我等の前に近きぬ。
農夫は○○とつて起て、樵夫は○○とつて起て。

鑛夫は○○とつて起て、工女は○○をとつて起て、
森も林も武装せよ、石よ何故飛ばざるか。

我等の背血下つては、やがて染めたる赤色旗、
高く掲げて慘虐に、反逆すべく絶呼せよ。

あゝ革命は近づけり、あゝ革命は近づけり。

起てよ、白屋襤褸の子、醒めよ市井の貧窮兒。

途中、伏せ字の個所がある。『新版日本流行歌史（上）』（一九五頁）では、開いていた。

農夫は鋤鍬とつて起て、樵夫は斧とつて起て

鑛夫は鶴嘴とつて起て、工女は梭をとつて起て

梭は織機の付属用具の一つ。横糸とする糸を巻いた管を、舟形の胴部の空所に収めたもの。

初め築比地は四行一節を一連として、全十一連で「革命歌」を作った。最後の十一節目は一節目の繰り返しとなる。唖蟬坊は歌にするうえで組み替え、全七連とした。「嗚呼玉杯に花うけて」（明治三十五（一九〇二）年、第一高等学校、第十二回紀念祭寮東寮歌）の節にのせ、弟子の佐藤悟とともにうたい広めた。

以来、社会主義者は運動のなかで、率先して「革命歌」をうたうようになった。かわりに、それまでうたわれていた「社会主義の歌（富の鎖）」は、さっぱりなりを潜めた。

(67)「各派ノ何レニモ専属セサルモノト認メラレ比較的注意ヲ要スル人物」（『続・現代史資料1社会主義沿革1』五九頁）とは、池田兵右衛門、吉瀬才市郎、石川三四郎、福田「英」、原田新太郎、長谷川次郎、富山仙次郎、村田四郎、林小太郎、永岡鶴蔵、山本利一郎、南助松、坪井隆吉、須田直太郎、相良寅雄、宮崎民蔵、家入経晴、原子基、原真一郎、大脇直寿、神崎順一、加藤重太郎、加納豊、高橋勝作、添田平吉、野沢重吉、藤田四郎、福田竹三郎、幸内久太郎、安部磯雄、桜井松太郎、木下尚江、北輝次郎、白柳武司、森川松寿、関谷竜十郎の三十六人となる。添田唖蟬坊こと添田平吉の名もある。

(68)冊子『明治以降流行歌演歌年表』は、知道がさつきの名で昭和十二（一九三七）年五月に発行した。内容は、明治元年から昭和十一年までの流行歌、演歌の全六百五十七タイトルが、年代順に記されている。版元がなく、編集、印刷、発行がさつきの個人名となっている。私家版だろうか。奥付横に説明があった。

かねてまとめたいと思つてゐた本年表を、今回「書物展望」誌に連載を機としてやうやくまとめ得た。幸ひ同誌で好評だつたといふので、下手骨を折つた甲斐があつたやうでうれしかつた、若干印刷に附して頒布する次第である。

（69）明治三十一（一八九八）年三月二十一日、遠洋航海から戻った八島艦が、静岡県の清水港に入港した夜のこと。宴席で酒癖の悪い石川某がささいな口論から抜刀、中井銀次郎の横腹を切った。さらに仲裁に入った小川少尉が、石川某に肩甲骨をやられ絶命。血の量はおびただしく、階下まで続いた。

当局は、事件によって軍隊の権威が失墜することを恐れた。事件のもみ消しを図ったが、歌にうたわれた。後世に記録が残ることになった。

あゝ夢の世や夢の世や　思へば三年のその昔
遙かに遠き江田島に　学びしことの夢なれや
心の中やいかならん　舟は程なく出帆し
清水港に止まりぬ　思へば如月中ばすぎ
盃の数重なりて　語らふことも勇しく
些細の事を争ひて　剣うち振り争ふを
定めもわかず突入りし　剣の尖にかけられて
御国の為と君の為　甲板上にて諸共に
仇し嵐の吹きすさみ　今咲出でん桜花
尾花も哀れソヨソヨと　裾吹く風も生臭く
たゞ一人なる母刀自を　都の空に残しおき
学びの業をなしをさめ　八島艦にと乗込みし
千里の波路外海を　いと安らかに航海し
親しき友と上陸し　朝陽館にと上りしが
さしつさゝれつ飲む酒に　血気にはやる壮男の
取鎮めんと入りし時　先の心や狂ひけん
倒れし事の無念なる　大和胆鍛へ上げ
倒れんものと兼てより　誓ひし事のあだなれや
春も待たずに散りにける　過ぎにしあのあと来て見れば
寄せ来る波も身にしみて　涙の種とはなりにけり（『演歌の明治大正史』九一頁）

（70）週刊「平民新聞」が創刊一周年の記念として、第53号（明治三十七〔一九〇四〕年十一月十三日発行）に「共産党宣言」を掲載。翻訳はドイツ語からではない。小島龍太郎が提供したサミュエル・ムーアの英語訳を、幸徳秋水と堺利彦が共訳した。日本で初めての紹介となった。しかし、発行即日発売禁止となった。発行兼編集人の西川光二郎と訳者の幸徳、堺の三人が起訴された。十二月十三日、東京地方裁判所で公判が開かれ、西川、幸徳、堺は各々罰金八十円に処せられた。

「平民新聞」第59号（明治三十七年十二月二十五日発行、二頁）には、「共産党宣言判決文」が全三段に渡って掲載された。その前文には、「本紙第五十三號に對する新聞紙條例違犯被告事件は去廿日東京地方裁判所に於て左の判決を言渡されたり、共産黨宣言の如き歴史的文書、世界的大作の飜譯公行が有罪の宣告を受けたるは、古今東西類例なき所也」とある。

判決文の一部を書き出してみる。

「蓋し古の文書は如何に其記載事項が不穏の文字なりとするも之を現代の者の意見と一致するものとし又は右と同趣旨の實行を計るの意味にあらずして單に歴史上の事實とし又は學術研究の資料として新聞雜誌に掲載するは單純に歴史的文書たるに止まり社會の秩序を壞亂する記事と云ふ能はざるのみならず寧ろ正當なる行爲と云ふ可し然れども其文中の理想を以て現代の者の意見と一致するものとし又は其趣旨の實行を計らんとする記事なる時は其文書の内容に從ひ自ら編述したる文書と同様の責を負はざる可からず」

宣伝目的での掲載は禁止するが、研究のためなら発表してもかまわないという。その後、堺はこの判決を逆手にとった。「社会主義研究」創刊号（明治三十九年三月十五日発行）の巻頭に「共産党宣言」の全文を改訳、掲載した。ときの政府は、黙認せざる負えなかったという。

（71）大和田建樹作詞、小山作之助作曲の軍歌。歌詞に当時の全軍艦の名を織り込み、人気を博した。作詞をした大和田は「鉄道唱歌」の作者でもあり、多くの軍歌を手がけることになる。

四面海もて囲まれし　わが「敷島」の「秋津洲」
外なる敵を防ぐには　陸に砲台　海に艦

屍を浪に沈めても　引かぬ忠義のますらおが
守る心の甲鉄艦　いかでたやすく破られん

名は様々にわかれても　建つる勲は「富士」の嶺の
雪に輝く「朝日」かげ　「扶桑」の空を照らすなり

君の御稜威の「厳島」「高千穂」「高雄」「高砂」と
あおぐ心に比べては　「新高」山もなお低し

「大和」魂ひと筋に　国に心を「筑波」山
「千歳」に残す芳名は　「吉野」の花もよそならず

「千代田」の城の千代かけて　色も「常盤」の「松島」は
雪にも枯れぬ「橋立」の　松もろともに頼もしや

海国男子が「海門」を　守る心の「赤城」山
「天城」「葛城」「摩耶」「笠置」　浮かべて安しわが国は

「浪速」の梅の芳しく　「竜田」の紅葉美しく
なおも「和泉」の潔き　誉は「八島」の外までも

「朧」月夜は「春日」なる　「三笠」の山にさしいでて
「曙」降りし「春雨」の　霽るる嬉しき朝心地

「朝霧」はれて「朝潮」の　みちくる「音羽」「須磨」「明石」
忘るなかかる風景も　よそに優れしわが国を

事ある時はもののふの　身も「不知火」の「筑紫」潟
尽くせや共に「千早」ぶる　神の護りの我が国に

「吾妻」に広き「武蔵」野も　「宮古」となりて栄えゆく
わが「日進」の君が代は　「白雲」蹴立つる「天竜」か

大空高く舞い翔る　「隼」「小鷹」「速鳥」の
迅き羽風に掃われて　散る「薄雲」は跡もなし

鳴る「雷」も「電」も　ひと「村雨」の間にて
「東雲」霽るる「叢雲」に　交じる「浅間」の朝煙

今も「霞」の「八雲」たつ　「出雲」「八重山」「比叡」「愛宕」
「磐手」「磐城」「鳥海」山　それより堅きわが海軍

「対馬」「金剛」「宇治」「初瀬」　みなわが歴史のあるところ
「豊橋」かけて「大島」に　渡る利器こそこの船よ

敵艦近く現われば　「陽炎」よりも速かに
水雷艇を突き入れて　ただ「夕霧」と砕くべし

「暁」さむき山颪　「漣」たてて「福竜」の
群る敵をしりぞけん　勲はすべてわれにあり

護れや日本帝国を　万万歳の後までも
「鎮遠」「済遠」「平遠」艦　「鎮東」「鎮西」「鎮南」艦

輝く国旗さしたてて　海外万里の外までも
進めや「鎮北」「鎮中」艦　進めや「鎮辺」「操江」艦（『日本のうた第1集』一四二頁）

(72)もとは、明治三十一（一八九八）年十月十八日創立の「社会主義研究会」だった。「社会主義の原理と之を日本に応用するの可否を考究するを目的とする会」として設立された。明治三十三（一九〇〇）年一月二十八日には、「社会主義研究会」を改組して「社会主義協会」が設立された。実践活動に重きを置く、演説会を中心とした啓蒙団体へと変容した。明治三十七（一九〇四）年十一月十六日に、第一次桂内閣によって結社が禁止され、解散が命じられた。

(73)「籠の鳥」は、震災前に作られ、大正末から昭和初期に一世を風靡した。千野かおる作詞、鳥取春陽作曲。ヒコーキ・レコードの目にとまり、大正十二（一九二三）年、鳥取と巽京子の歌で吹き込まれた。B面は「抱いて寝る」。
作曲したのは、岩手県出身の鳥取春陽。本名は貫一。ヴァイオリンを弾きながら演歌をうたう歌手としてデビューした。大正時代の街頭演歌師、作曲家として一世を風靡。野口雨情作詞、中山晋平作曲の「船頭小唄」をうたい評価を高めた。

大正十三年八月には大阪の映画会社、帝国キネマが松屋春翠原作、松本英一監督で悲恋物語として「籠の鳥」を映画化。わずか四日半のロケ撮影と千六百円ほどの製作費で、十七万円の純益をあげるという大当たりになった。流行歌を使った映画には、「船頭小唄」をもとに作られた松竹蒲田の『船頭小唄』があった。そんなときに「籠の鳥」がはずみとなり、小唄映画の先駆けに。その宣伝には演歌師が動員された。

「籠の鳥」のメロディは歌いやすく、多くの人びとに愛唱され流行。小学生児童までがうたうようになった。教師たちは困りはて、教育家や学者、識者が集まり歌唱禁止運動を起こした。小学校はうたうことを禁止した。

逢ひたさ見たさに恐さを忘れ
暗い夜道をたゞひとり

逢ひに來たのになぜ出て逢はぬ
いつも呼ぶ聲忘れてか

いつも呼ぶ聲忘れはせぬが
出るに出られぬ籠の鳥(とり)

籠の鳥でも實ある鳥は
人目忍んで逢ひに來る

人目忍んで逢ひたいけれど
厭な噂も立つものを

人の噂も厭ひはせぬが
悲し破れぬ籠の鳥　（『流行歌明治大正史』三六五頁）

歌詞は資料によってまちまちにある。たくさんの詞ができレコードが作られた。たとえば、映画監督の「松本英一やシナリオの佃血秋が歌詞の追作をしたほどで、またその芝居立て三枚続きのレコードが、唄のレコードの外にもできて売れたくらいであった」（『演歌の明治大正史』二四二頁）。

だからだろうか。「あまり流行したので、後にある映画関係者が自作を主張して裁判までおこしたが、最近敗訴した（昭五五・一一・六、大阪高裁判決）。春陽の作品であることは、すでに定説となっていたからである」（『演歌に生きた男たち』二一五頁）。

歌詞がたくさんできて、後世になればなるほど、もとの歌詞がわかりづらくなる。右の詞は、より当時に近い昭和八年（一九三三）年十一月発行の『流行歌明治大正史』からの引用とした。

唖蝉坊は「籠の鳥」の流行と禁止について『流行歌明治大正史』に記した。

此の唄の流行は實に凄じく、赤ン坊の片言にまでこれが唱へられた。利にさとい映畫會社はこの映畫を作つて怱ち莫大なものを攫んだ。帝キネがトップを切つて淺草で五週間續映すると、日活も松竹も作つた。學者や教育者が極力亡國的な歌だと罵倒しはじめた。小學校では生徒に此の唄をうたふことを禁じた。映畫館では「籠の鳥」が禁じられ、おまけに他の小唄映畫と雖も唄をうたふことを禁じられた。

成程こんな類の唄は、誰だつて厭だ。然し流行したものを慌て、差止めやうなども滑稽なワザだ。民衆がこんな唄をうたふのが聞苦しいのなら、何故もつとい、唄をもうたひ得る民衆に引上げやうとはしないのか。「知らしむべからず擽らしむべし」の民衆に、愚劣な唄をうたふのは怪しからん、とは何と勝手極まる體面論ではないか。御用教育家や、書齊の學者の蒙昧を遺憾なくサラケ出してゐたのではなかつたか。

流行するといふことの底には何か意味がある。この一片の愚劣な小唄の中にすら、總ゆる自由を拒否されてゐる者の苦悶が訴へられてゐるのにボンクラ共は一向お氣付きない。（『流行歌明治大正史』三六五頁）

「籠の鳥」は、古くから慣用句として使われていた。「江戸時代に上方で流行した『新町当世投節』の『逢ひたさ見たさに飛び立つばかり、籠の鳥かや恨めしや』につながるもの」（『明治大正風俗語典』二六七頁）として、「籠の鳥」が存在していた。

広辞苑には「籠の鳥」は、「1、（籠に入れられて飼われる鳥の意から）身の自由を束縛されているもの。特に遊女などにいう。浄、冥途飛脚『―なる梅川に焦れて通ふ里雀』」とあった。

「冥途の飛脚」は近松門左衛門の作、宝永八（一七一一）年三月五日（四月二十五日、正徳に改元）に上演された人形浄瑠璃で、世話物の演目。「大坂の飛脚問屋亀屋の養子忠兵衛は新町の遊女梅川と馴染み、遂に三百両の封印切りの大罪を犯して駈落、大和の新口村で捕われたことを脚色する」（広辞苑）。

遊女梅川を形容しての「籠の鳥なる。梅川に焦れて通ふ廓雀。」（『日本古典文学大系49近松浄瑠璃集　上』一六四頁）だった。

（74）徳富蘆花の小説。明治三十一（一八九八）年十一月二十九日から、三十二年五月二十四日まで「国民新聞」に掲載された。三十三年に単行本が刊行、ベストセラーになる。明治三十六（一九〇三）年四月には、新派劇の藤沢浅次郎一座が『不如帰』を本郷座で上演。人気を高める。明治三十七年一月、英文に翻訳され、明治三十九年にはドイツやフランス、ポーランドの各国語にも翻訳。日本の代表的傑作として紹介された。

（75）尾崎紅葉が書いた明治時代の代表的な小説。明治三十（一八九七）年一月一日から、明治三十五年五月十一日まで「読売新聞」に断続的に連載された。単行本は春陽堂から明治三十一年七月に前編、三十二年一月に中編、三十三年一月に後編、三十五年四月に続編、三十六年六月に続々編がそれぞれ刊行。続々編の第七版には新続編が加わった。創作中に尾崎は死去、未完に終わった。

大正七（一九一八）年にできた映画『金色夜叉』に影響されて、十月には「新・金色夜叉の唄」が作られた。作詞は宮島郁芳、曲は第一高等学校、第十四回紀念祭北寮寮歌「都の空に東風吹きて」（明治三十七（一九〇四）年作）を借用し、後藤紫雲が作曲。学生歌としてではなく、演歌師のヴァイオリンにのせてうたわれ流行した。別の資料では、大正七年三月の映画化のとき、伴奏主題歌に用いられたともされている。

知道はこの「新・金色夜叉の唄」への思いを綴った。

例の「熱海の海岸散歩する、貫一お宮の二人づれ」になるともはや原作の匂いは全く失せた粗雑なものになっているが、むき出しが却って食いつきやすいことが、またそれだけ優雅とは離れる時代のテンポということだったろう。（『演歌師の生活』一一二頁）

（76）午前一時五分、品川の西にある碑文谷の踏切で、人力車が汐留発下関行きの貨物列車に引っかかり大破した。車夫の横山浅次郎は助かった。しかし乗客で三井銀行に勤める新井慶蔵は重傷の末に絶命した。事故の原因は、踏切番の竹内芳松と須山由五郎の二人が、居眠りをして遮断竿を下ろし忘れたためだった。

呆然自失の二人の踏切番は、いつのまにか現場から姿を消す。午前二時頃、二人は踏切の先の線路に身を伏せて、山北行きの列車にひかれ死亡した。近くにはきれいにたたまれた制服上下と、羅紗の制帽があった。官給の品を血に染めることはできなかった。事故は大きく報じられた。各方面から弔慰金が一万余円も集まった。

二十余年を碑文谷の　踏切番とさげすまれ　風のあしたも雨の夜も　眠る暇なき働らきの

報いは飢をしのぐのみ　わづかに飢をしのぐのみ
己れ一人の身なりせば　何を嘆かんあゝされど
ほそぼそ立つる煙りさへ　うすらぎ行くをいかにせむ
重き頭をさゝへつゝ　思ひは同じ同僚と
日毎夜毎のいと重き　つとめの疲れ重なりて
職務果たしてやすらはむ　今しばしなり今しばし
今か今かと来ん汽車を　待てる二人はわれ知らず
吟変り「可愛いの子らよわが妻よ　つらき勤めの時は来し
　抱きて門に送り出で　夫を思ひ子を思ふ
　恙もあらで在ましなば　今の辛さをいつかまた
　世界はひろしひろき世に　虐げられて泣く人の
　こゝろ安かれわが妻よ　されば帰りを待てよかし
　心は残るわが家を　顧みがちに立ち出でて
　一足ふみては子を思ひ　二足妻を思ひつつ
とどろとどろと一筋に　鉄路を走る汽車の列
砂吹く風の忽ちに　おどろき見れば凄まじや
二人は色を失ひて　己が職務の怠りに
一人の命とつりがへに　二人の命捨つるより
あけ方近く月落ちて　雲間を洩るゝ月影の
労力の価ひ安き世の　勤めの身こそ悲しけれ
つれ添ふ妻や幼な児の　上を思へば胸裂くる
乱れみだるゝこの思ひ　解く術知らにうなだるゝ
踏切守るや今日もまた　なぐさめられつなぐさめつ
殊に今宵は堪へがたな　いま一汽車をつゝがなく
しばし暫しと耐へ忍び　待ち待つ汽車のなどおそき
いつか睡魔の誘ひ来て　あはれ夢路をゆきもどり
　出勤の時はまた来しと　出づれば妻は幼な児を
　涙にくもる顔あげて　忍びたまへよ辛くとも
　寝物語りの時節も来む　やさし言葉にはげますか
　われらのみにもあるまじき　あゝ嘆くまじ嘆くまじ
　答へはしつれ何となく　あとに引かるゝうしろ髪
　進まぬ足を進むれば　進まぬ足のいと重し
　　行きては戻り戻りては　またも見合はす顔と顔」
あはや間近く迫れるを　あやふし夢は尚さめず
突き来る汽車は眼のあたり　鉄路を人の血に染めぬ
人をあやめしその罪の　のがれ難きを如何にせむ
外に術なし諸共に　死なんの覚悟誰か知る
消えゆく空をふるはしつ　あなけたゝまし汽車の笛

（『演歌の明治大正史』一八一頁）

此の歌ほど聴者を動かしたものはない、聴きながら涙をこぼしてゐる者を毎晩のやうに見た、と當時の演歌者高木青葉がよく言つた。

（『演歌の明治大正史』三〇五頁）

事件当夜、現場にかけつけた都新聞（東京新聞の前名）の社会部記者は長谷川伸であったが、その記事は他紙を抜いてすぐれていたと、当時の記者仲間で評判であったという。その長谷川伸が、この歌を「私だとて五反田の空地で聞いて、ほろりとした中の一人なのですものね」と記していたのは、現場に取材した関心からだけではなく、人間として人間のかなしみにひびき合うものがあったからにちがいない。（『演歌の明治大正史』一八四頁）

歌は事件ものとして好奇の目で見られただけでなく、人間として切々と訴えるものが響き、広くうたわれた。長谷川伸が書いたという「都新聞」（大正七〔一九一八〕年五月二十日）の記事で、事故原因が記されている個所がある。

新井慶藏は幸福なる縁談が纏まりかけてゐた人で其の死亡は悼ましい限りである、車夫淺次郎が身を以て免れて微傷も負わなかつたのは尠くとも梶棒の中から飛び出して逃げる餘裕はあつたのであるから憎悪されても致し方がないと附近の者は罵つてゐた、哀れにも身を棄て謝罪した二人の番人の平素は篤實な勤勉な褒め者であつた、其の男が斯うした過失をした原因は果して何處にあるのだらう――參考までに記して置きたい、此の碑文谷踏切には四人の常任者があつて隔日に二人宛當番に就く、當番の勤務時間は朝七時から朝七時まで即ち廿四時間不眠不休の勞働である、客車貨車汽車電車の往來頻繁なる踏切に廿四時間の長き勤務は恐らく勞役の甚だ過ぎたるものではあるまいか、居眠つてゐたとしても其の裏には多きに過ぎた勞働の疲勞があつたのは否まれない事實である。

（77）宮城県刈田郡宮村尋常高等小学校の小野さつきは、白石川に写生の郊外教授に出た。四年生五十六人を引率していた。生徒三人が川の深みにはまった。小野は生徒を助けようと自ら川に飛び込んだ。三人のうち二人は救出される。しかし残り一人の救出に向かったところ、自身の足が川の深みに取られた。小野は生徒一人とともに溺死した。享年二十一歳。学校に赴任して七十一日目のことだった。

教への園に鞭を執る　かよわき女子の身をもちて
壯烈松本訓導の　それにも増さる仁愛に
滿ちて溢れて美はしき　犧牲となりたる花さつき
小野訓導の行爲は　實に人の世の亀鑑なれ
時は大正十一年　七月七日訓導は
教へ兒尋常四年生　五十六名引きつれて

校外教授の其爲めに　白石河畔に赴きぬ
酷しき暑さ教へ兒の　切なるのぞみいなみかね

淺瀬の遊び許したり　喜び遊ぶ小羊の
いつしか群を離れたる　四名はあはれ過ちて
川の深みに陷りぬ　救ひ求むる其聲に
驚き見やる訓導の　顔色サット變りたる

危し、『生徒を殺しては　生きて居れぬ』と叫びつゝ
衣 脱ぐ間もあらばこそ　着衣のまゝに川の中

必死の力辛うじて　三人の生徒を救ひあげ
殘る一人を救はんと　あせりし甲斐も情なや
力は遂に盡き果てゝ　死の渦巻に巻き込まれ
水底深く沈みたり　沈みし女史は又浮きて

流されつゝも聲を張り　『早く學校へ知らせて』と
悲痛極めし一言を　殘して姿消え失せぬ

悲しき最後の此叫び　聞きし兒童の内五名
村に走りて先生が　死んだと泣て報せけり

白石川の夕闇に　集る村の人々の
眞心こめし介抱も　切れてあへなき玉の緒の

もはやほどこす術もなく　逝きて歸らぬ身となりし
あゝまだ若き小野訓導　花のさつきは散りにけり
道も廢れて人ごゝろ　紙よりも尚薄れ行く
この澆季の世に小野の女史　赤き心の花さつき
教へのみのり其まゝに　たゞ行ひし尊さは
白石川の水清く　いつの世までも傳はらん（『最近流行はやり歌全集』六〇頁）

事故は三面記事のトップを飾った。七月十二日には文部大臣鎌田栄吉から小野に表彰状が贈られた。「教師の鑑」として無声映画『ああ、小野訓導』となり、全国的に感動を呼んだ。

(78)『高石友也ファースト・コンサート〈関西フォークの出発〉』は、二枚組のライブアルバム。昭和四十二（一九六七）年四月二十八日に大阪毎日ホールで開かれたコンサートの模様を収めている。

1A面に「明日は知れない」「浪曲子守唄」「白い傘」「ベトナムの空」「ジョニーの凱旋」「のんき節」「かあちゃんごらんよ」。1B面に「小さな箱」「学校で何を習ったの」「勝利をわれらに」「チューインガム一つ」「よいとまけの唄」。2A面に「風に吹かれて」「朝日のあたる家」「時代は変る」「死んだ女の子」「旅だつ人」。2B面に「俺らの空は鉄板だ」「シャボン玉」「死んだ男の残したものは」「一人の手」「勝利をわれに」の全二十二曲を収録。発売はSOUNDS MARKETING SYSTEM。

(79)『転身／電車問題』は、アングラ・レコード・クラブ（URC）の五枚目のシングル。昭和四十四（一九六九）年六月、会員への第三回配付用に、非市販レコードとしてリリースされた。A面、B面ともに、高田のオリジナルLPには収録されていない。「転身」の詩は有馬敲。

(80)「当世平和節」は、昭和四十八（一九七三）年六月二十五日発売のベルウッドレコード三枚目のアルバム『石』のB面一曲目に収録されている。歌詞カードはない。のち平成二（一九九〇）年四月に再発されたCDにもない。聞きとり文字に起こした。

東京の名物満員電車　いつまで待ってても乗れやしねえ
乗るにゃ喧嘩ごし命がけ　やっとこさと空いたのが来やがっても

だめだめと両手をふり　またも止めずに行きやがる
なんだ故障車かボロ電車め　そのまた先で事故おこす

いくら稼いでも足りないに　物価はいよいよ高くなる
物は高くても子はできる　できたその子も栄養不良

いやにしなびて青白く　あごがつんでて目はくぼみ
そのまた目玉にトンボ眼鏡　だんだん人相が悪くなる

生存競争の八街走る　電車のすみっこに生酔いひとり
ゆらりゆらりと酒飲む夢が　さめりゃ終点で逆もどり

あたしも貧乏でおとなりも　やっぱり貧乏だがおとなりの
おかみさんは毎日帳面へ　つけているから悲しかろ

塩いくら味噌いくら　だんなの月給が悲しかろ
だんなの月給じゃ悲しかろ　生まれぬ子供はなお悲し

おめでたい　おめでたい　いくさが日本じゃなくておめでたい
物価が高いのおめでたい　花火あげろ旗たてろ

いざ祝えみんな祝え　天下泰平おめでたい
昭和元禄おめでたい　日本が一番おめでたい

歌詞の、もともとのタイトルを記す。

一、二節目は知道の「東京節」の一節を分割。三、四節目は知道の「平和節」の一節を分割。五節目は一節がそのまま唖蟬坊の「のんき節」。六、七節目は唖蟬坊の「解放節」の一節を分割。八、九節目は知道の「平和節」の一節を分割している。

歌詞は元歌のままではなく、細かいところで修正を加えている。もともとの「東京節」「平和節」「解放節」は七行詩でできている。高田は歌詞を繰り返したり、増やしたりして八行詩（四行詩×2）にした。また、それぞれの囃し部分にあたる「ラメチャンタラギッチョンチョン〜」「ア、ノンキだね」「ニホンマイハタカイカラ〜」「解放せ解放せ〜」などは省いている。

(81) 高田渡のファーストアルバムは、五つの赤い風船とのカップリング『高田渡／五つの赤い風船』となる。A面に高田渡の七曲、B面に五つの赤い風船の九曲を収める。アングラ・レコード・クラブ（URC）の一枚目のLPで、会員への第一回配付用として、昭和四十四（一九六九）年二月にリリース、八月には一般販売が開始された。

高田の全七曲のうち「現代的だわね」「ブラブラ節」「しらみの旅」「あきらめ節」が唖蟬坊の詞となる。

(82) 昭和六十三（一九八八）年七月に、日本コロムビアから発売された『明治大正恋し懐かしはやり唄』には、明治・大正時代の童謡、唱歌、寮歌、演歌、軍歌など流行り唄が上、下各二枚組、計四枚のCDに全百十一曲が収録されている。そのうち唖蟬坊、知道親子の作品は十四曲。

(83) 『唖蟬坊は生きている』は、昭和四十八（一九七三）年にキングレコードから発売された。唖蟬坊の曲ばかり十四曲が収められている。

A面には添田知道「壇の浦」、小沢昭一「ストライキ節」、坂本ハツミ「四季の唄」「ラッパ節」、島田正吾「ああ金の世」、榎本健一「増税節」、高田渡「あきらめ節」。B面には添田知道「都節」、小沢昭一「まっくろ節」、高田渡「ブラブラ節」「新わからない節」、添田知道・小沢昭一「のんき節」、高田渡「虱の旅」、小沢昭一「金々節」が収録。CD化もされている。しかし、CDでは十四曲目の「金々節」が未収録となる。

(84) 昭和五十四（一九七九）年、クラウンレコードから発売された『AZENBOの世界』も、唖蟬坊と知道の曲ばかりが収められている。

A面には「のんき節」「ストライキ節」「あゝ金の世」「労働問題の歌」「調査節」「どこいとやせぬカマヤセヌ節」「まっくろ節」「ストトン節」。B面には「東京節（パイノパイノパイ）」「あゝ踏切番」「ラッパ節」「奈良丸くずし」「新馬鹿の唄（ハテナソング）」「金々節」「チリップチャラップ節」の計十五曲。津田耕次による曲のリファアレンジが、時代を感じさせる。

(85) 『ザ・ヴァイオリン演歌』は、平成四（一九九二）年十月にソニー・ミュージックエンターテイメントから発売された。最後の演歌師といわれた桜井敏雄がヴァイオリンを奏で、なぎら健壱がサポートをしている。桜井は唖蟬坊の孫弟子にあたる。

収録曲「ダイナマイト節」「オッペケペー」「ハイカラ節」「スカラーソング」「間がいいソング」「カチューシャの唄」「さすらいの唄」「東京節」「新金色夜叉」「新酒場の唄」「船頭小唄」「流浪の旅」「復興節」「のんきな父さん」「当世銀座節」のうち、唖蟬坊と知道の作品は二曲。なぎらと桜井の対談が、曲間に散りばめられている。

(86)平成五(一九九三)年三月にリリースされた『街角のうた書生節の世界』は、大道楽レコードから発売された幻の名盤といわれている。
収録曲は、神長瞭月の「ワンダーワールド」「ヤッコラヤノヤ」「松の声」、秋山楓谷・静代の「ギンヂロゲとチャイナマイ」「デモクラシー節」「私の商売」「フレーソング」「双子の歌と凸山さん」、塩原秩峰の「ジョージアソング」、坂下信月の「赤い唇」、鳥取春陽・巽京子の「籠の鳥」、鳥取春陽・斎藤一聲の「復興節」、鳥取春陽の「タマランソング」、横尾晩秋の「思い出した」「夜の演歌師」、植中文春の「ホイホイ節」「製糸小唄」、桂孤月・宇野勝の「製糸情話」、吉田一男の「呪われの函館」「ヨイトサ節」、石田一涙(一松)の「インディアンソング」、石田一松の「ミスター・バラバラ」「のんき節」「あきらめろ」と厳選された全二十四曲。

大正、昭和初期のSP盤から起こしたそのままの音源で、雑音が多く聞き取りにくい個所がたくさんある。詳細な解説と、歌手や曲の説明はあるが、歌詞はない。

(87)『歌と音でつづる明治』は、昭和四十二(一九六七)年十月に、キングレコードが明治百年記念事業として制作した、二枚組のドキュメンタリーアルバム。平成二十(二〇〇八)年六月には、新たに「キングアーカイブシリーズ」のCDとして再発された。二枚組全四十八曲収録。
DISC1には「維新マーチ」「宮さん宮さん(とんやれ節)」「ノーエ節」「書生節(よさこい節)」「孝女白菊」「ダイナマイトどん」「かぞえ唄」「ノルマントンの歌」「チョンコ節」「やっつけろ節」「九連環」「法界武士」「新ホーカイ節」「欣舞節『干城』」「拳骨武士」「やっちょろまかせ」「士気の歌」「四季の歌」「オッペケペー歌」「てまりうた」「小川少尉の歌」「金太郎」「ドンドン武士」「ストライキ節(東雲節)」「デカンショ節」「鉄道唱歌」の二十六曲。DISC2には「軍艦マーチ」「戦友(婦人従軍歌)」「ラッパ節」「凱旋」「荒城の月」「松の声」「ああ金の世」「ああわからない」「ハイカラ節」「七里ケ浜の哀歌(真白き富士の嶺)」「金色夜叉の歌」「増税節」「天然の美」「夜半の追憶」「袖しぐれ」「スカラー・ソング」「思い草」「マガイイソング」「むらさき節」「都ぞ弥生」「千鳥節」「新ドンドン節」の二十二曲を収録している。全四十八曲のうち啞蟬坊の作品は十四曲。知道がCDの監修をしている。

関連年表

年号	年齢	演歌抄　啞蟬坊・知道動静（★）　社会情勢（☆）
明治5（1872）		11・25（12・25）★添田平吉（啞蟬坊）が神奈川県大磯の中農の家に生まれる。父利兵衛と母つなとの間の四男一女の次男
明治15（1882）	10	6・25☆東京馬車鉄道会社が新橋〜日本橋間に開業する
明治19（1886）	14	10・23☆英国商船のノルマントン号が横浜から神戸に向かう途中、座礁転覆 日本人乗客の二十五人全員とインド人水夫など乗組員十二人が死亡する
明治20（1887）	15	12・25☆政府が保安条例を制定、発布する。自由民権派の論客五百七十余人が皇居から三里以遠に退去させられる
明治21（1888）	16	6・18☆雑誌「日本人」第6号に松岡好一の潜入体験手記「高島炭鑛の惨状」が掲載される 8・29☆「朝野新聞」の記者犬養毅が高島へ渡り、取材記事「高島炭坑の実況」を連載 犬養の報告記は松岡好一や吉本襄の記事と正反対、真っ向から否定する内容となる ☆松岡は犬養の記事を三菱の代弁ではないかと憤り、犬養に対して決闘状を突きつけるも犬養は拒絶
明治22（1889）	17	7・1☆佐世保に鎮守府が開庁する
明治23（1890）	18	11・1☆東京浅草に十二階建ての凌雲閣が開業する ★啞蟬坊が壮士の街頭演歌に出会う。新たな世界に驚き興奮する
明治24（1891）	19	11・11★啞蟬坊が演歌壮士の団体本部から歌本を送付してもらい単身で演歌を始める 活動範囲は三浦半島から房総半島へ。本部から嘱望される
明治25（1892）	20	★啞蟬坊が「壇の浦（愉快節）」「白虎隊（欣舞節）」「西洋熱（愉快節）」を作る。啞蟬坊のデビュー作 ★青年倶楽部に入る。のち、自由党を応援する政治活動にたずさわる。次第に純正演歌を志向するようになる
明治26（1893）	21	♪「チャクライ節」「新法界節」「新トンヤレ節」 3・20☆郡司成忠大尉ら約八十人の報效義会員が千島探検に出港 6・29☆前年にドイツのベルリンを発った福島安正少佐が単騎でシベリアを横断。新橋駅に降り、たくさんの民衆に歓迎を受ける

年	年齢	事項
明治27（1894）	22	♪「突貫武士」「士気の歌」「ヨカチョロ武志」 ★唖蟬坊が北陸を旅する。日清戦争が始まる前に東京に戻る 8・1☆清国に宣戦布告。日清戦争が始まる
明治28（1895）	23	♪「天籟武士」「四季の歌（補詞）」 4・1☆京都の岡崎公園で第四回内国勧業博覧会が開催。京都大博覧会を記念して「京の四季」が作られる 4・17☆日清講和条約（下関条約）調印。日清戦争が終結する
明治29（1896）	24	♪「二銭講退治の歌（愉快節）」「元気節（浮世三郎）」
明治30（1897）	25	♪「法界節」
明治31（1898）	26	♪「改良節」 12・18☆東京の上野公園で西郷隆盛の像の除幕式が行なわれる
明治32（1899）	27	♪「ストライキ節」
明治33（1900）	28	♪「痛快節」 2・13☆足尾鉱毒被害民が、鉱毒惨害の救済を議会に請願陳情するため東京へ出発。途中、川俣の利根川渡船場で警官隊、憲兵と衝突。第三回押出しとなる「川俣事件」が起きる 5・10☆「鉄道唱歌」第一集の東海道編が発行される。のち、山陽・九州編、奥州・磐城編、北陸編、関西・参宮・南海編、北海道編、伊予鉄道唱歌の第七集まで作られる ☆自由党が解党し、立憲政友会が結成。青年倶楽部の壮士らが四散する
明治34（1901）	29	♪「鉄面皮」「後悔」「癖いろいろ」「四季の歌新作」「あづま童」 6・21☆東京市議会議長の星亨が、東京市役所の控室で会談中、剣術師範の伊庭想太郎に刺殺される 12・10☆田中正造が明治天皇に、足尾鉱毒事件について直訴を行なう。警備の警官に取り押さえられ直訴は失敗。即日、釈放される ★青年倶楽部が解散。神田錦町に移り東海矯風団を結成。細々と演歌を続ける ★唖蟬坊が十歳若い茅ケ崎菱沼の太田タケと結婚。本所区番場町に新居を構える
明治35（1902）	30	♪「雪紛々」 1☆日本陸軍第八師団の歩兵第五連隊が、八甲田山で冬季雪中行軍の訓練中に遭難。訓練参加者二百十人のうち百九十九人が死亡、そのうち六人は救出後に死亡

年	年齢	事項
明治35（1902）	30	3・27☆少年河合荘亮が殺される。臀部がお椀型に切り取られる。のち、薬店主殺しの犯人野口男三郎に疑いがかかる ★広い日本中で演歌をやる者は啞蟬坊と、従う二人だけとなる 3★啞蟬坊が八甲田山の雪中行軍遭難事件を題材に「雪紛々」をつくる 4・1☆佐世保村に市制が敷かれ、佐世保市が誕生する 6・14★啞蟬坊に長男が生まれる。知道と名づける 夏★啞蟬坊が本所区番場町から茅ケ崎に移り、レース工場を始める ☆「美しき天然」ができる。作詞は武島羽衣、作曲は田中穂積。日本人が初めて三拍子のワルツを作る
明治36（1903）	31	♪「ロシャコイ節」「志気の歌」「千鳥節」「長崎節」「博多節（替）」すべて関西の途次 5・22☆第一高等学校生の藤村操が、栃木県日光山中の華厳の滝に投身自殺。かたわらの木に「巌頭之感」の一文を遺す 6・1☆日本初のドイツ式洋風近代式公園として日比谷公園が開園する 8・22☆東京電車鉄道が新橋～品川八ツ山間に四十人乗り市内電車の運転を開始 9・15☆東京市街鉄道が数寄屋橋～神田橋間に市内電車の運転を開始する 10・12☆幸徳秋水、堺利彦、内村鑑三が朝報社を退社 11・15☆「平民新聞」創刊 ★資金繰りや職工の質の問題などから、啞蟬坊がレース工場を閉める ★啞蟬坊が妻子を大磯の実家に託し、関西への旅に出る。名古屋、岐阜、伊勢、鳥羽、柘植、京都、大阪を歩く
明治37（1904）	32	♪「軍神広瀬中佐（欣舞節）」「寂滅節」「露西亜兵の軍歌」すべて関西の途次 2・4☆午後、御前会議でロシアとの国交断絶。開戦が決定される 2・10☆日本、露ともに宣戦布告。日露戦争が始まる 11・13☆週刊「平民新聞」一周年記念の第53号に、幸徳秋水と堺利彦の共訳で「共産党宣言」が掲載される 12・4☆週刊「平民新聞」第56号に無名氏による「社会主義の歌」が掲載される。「富の鎖」とも。曲は「日本海軍」を使用 日本社会主義運動が生んだ初めての歌。演説会場や行進など盛んにうたい継がれる 12・8☆東京電気鉄道が土橋～お茶の水間に市内電車の運転を開始する ★啞蟬坊が関西への旅の途次、大阪難波新地に住み、紀州や淡路をめぐる ♪「ラッパ節」「大津絵替り」「東洋平和礎」「チリップ節」「元禄節」
		1・1☆日露戦争で旅順要塞司令官ステッセルが降伏の申し入れ 5・12☆野口寧斎が急死する 5・25☆薬店主都築富五郎が殺される。のち、薬店主殺しの犯人として野口男三郎が逮捕

明治38（1904）　33

★唖蟬坊が関西の旅から東京に帰り、浅草区北清島町一七番地の武井ランプ屋二階に居住する。さらに浅草区北清島町一一六番地に移り、大磯の実家に託していた妻子を引き取る

6★この頃、唖蟬坊が堺利彦を訪ねる。二人、初めての出会い

6・18☆荒畑寒村の紹介で「直言」第20号に竹久夢二のコマ絵が掲載される

9・5☆アメリカのポーツマスで日露戦争の講和条約が調印される

9・5☆講和内容に憤慨した国民は全国で反対ののろしをあげる。日比谷公園で予定していた講和条約反対国民大会が治安警察法により禁止。怒った群衆は会場になだれ込み大会を強行。閉会後演説会場へ向かう途中に暴徒化

9・6☆夜十一時、政府は官報号外をもって戒厳令と新聞雑誌取締令の二つの緊急勅令を発する

11・10☆安部磯雄、石川三四郎、木下尚江らが新紀元社よりキリスト教社会主義の機関誌「新紀元」を創刊する

11・2☆西川光二郎、山口義三らが凡人社より「光」を創刊する

明治39（1906）　34

♪「社会党ラッパ節」「あゝ金の世」「あゝわからない」「あきらめ節（寸鉄）（社会灯）」

2・24☆日本初の社会主義系の合法政党「日本社会党」が結成される

3・2☆東京の三つの電車会社（東京電車鉄道会社、東京市街鉄道会社、東京電気鉄道会社）が乗車賃の値上げを府知事、警視総監に出願

3・11☆電車賃値上げ反対市民大会が日比谷公園で開かれる

3・15☆電車賃値上げ反対の第二回市民大会が日比谷公園で開かれる

3・19☆野口男三郎への第一回公判が開かれる。薬店主を殺し金を奪った件は認め、少年殺し、野口寧斎殺しは否認

3・23☆電車運賃値上げ反対市民大会開催など、事態を重くみた東京府は、値上げ申請を却下

3・28☆長崎の離島、高島の蠣瀬炭坑で死者三百七人という大爆発事故が起こる

5・10★「光」紙上で募集した「ラッパ節」の替え歌「社会党ラッパ節」の選評会が平民社で開かれる

5・16☆野口男三郎の裁判が結審。少年殺しと野口寧斎殺しは無罪。薬店主殺しと証書偽造で死刑の判決が宣告される

5・20★「光」第13号に全二十五節、十一人の同志投稿者による「社会党ラッパ節」の歌詞が掲載される

5★唖蟬坊が堺利彦を訪ね「光」掲載の「社会党ラッパ節」をうたいたいと申し出る

6・8★添田平吉著作による歌本「社会党喇叭節」が発行される

7・20☆パンフレット「電車値上反対意見」が日本社会党本部から発行される。片山潜「電車値上反対意見」、堺利彦「反対運動の方法」、森近運平「市内鉄道の性質」が収録

8・10★日本社会党の有志一同が、東京市中で電車ボイコット運動のチラシを配る。唖蟬坊と妻たけ子も参加

9・5☆諸団体連合の電車値上げ反対市民大会が本郷座で催される

9・10☆日本社会党同志十五人がボイコット運動のチラシをまきながら五方面から行進、日比谷公園で落ち合い、銀座方面へ

明治39（1906） 34

9・11☆東京電車鉄道会社、東京市街鉄道会社、東京電気鉄道会社が合併し、東京鉄道会社に改称。翌日より営業を開始。運賃は四銭に値上げされる

9・11★唖蝉坊の妻たけ子がボイコット運動でチラシ配布に参加。堺ため子、宇都宮卓爾とともに検挙される

10・19☆永岡鶴蔵著作による歌本「足尾銅山ラッパ節」第一回が発行される

★唖蝉坊が妻子を伴い下谷区中根岸二三番地に移る

明治40（1907） 35

♪「四季の歌（第二次）」「当世字引歌（魔風）」「袖しぐれ」

1・15☆平民社から日刊「平民新聞」が創刊する

1・21☆永岡鶴蔵による歌本「足尾銅山ラッパ節」第二回が発行される

1・27☆「平民新聞」第9号（三頁）に「足尾銅山ラッパ節」三節掲載

1・29★「平民新聞」第10号（三頁）に「足尾銅山ラッパ節」十一節掲載、また唖蝉坊が社会主義の同志として紹介される

2・4☆足尾銅山で暴動が起こる

2・17★日本社会党第二回大会が神田区錦町の錦輝館で開かれる。分派論争。二十人の新評議員を選出、唖蝉坊も選ばれる

2・22☆日本初の社会主義系の合法政党「日本社会党」が「安寧秩序妨害」を理由とした結社禁止命令により解散となる

3・20☆東京府が初めての内国博覧会（東京勧業博覧会）を東京の上野公園で開催。会期は7月末までの百三十四日間。来場者は外国館の三光堂と天賞堂に集中。流行りの目玉商品、蓄音器が出品される

4・14☆日刊「平民新聞」が第75号を全紙赤版にして「廃刊の辞」を掲載

7・14★「社会新聞」第7号（六頁）に唖蝉坊の歌詞が掲載される。タイトルなし。全六節のうち四節は「四季の歌（第二次）」

7・23☆野口男三郎への控訴判決。証書偽造と明治38年の薬店主殺しの容疑で死刑の判決

8・19☆英国独立労働党の党首ケア・ハーディが世界漫遊途上に来朝。旧知の片山潜の案内で新聞社などを訪ねる

8・22★日本の社会主義者百余人が神田錦輝館でケア・ハーディの歓迎会を開く。なかには唖蝉坊の姿もあった

8・25☆荒畑寒村が平民書房からデビュー作『谷中村滅亡史』を刊行。内容に問題ありと発売日即日、発売頒布が禁止に

夏頃★唖蝉坊が佐藤悟と福島、仙台を旅行。佐藤はそのまま故郷の仙台に留まり、唖蝉坊は単身、青森、函館へ足を伸ばす

12・5★西川光二郎と唖蝉坊が東北、北海道の遊説に出発。のち、青森から函館、札幌、小樽、旭川へ

★唖蝉坊の留守中、妻たけ子は本郷区本郷金助町三一番地の西川宅へ

♪「我利々々亡者の歌」「増税節（社会の灯）（平民の目さまし）」

1・1☆「日本平民新聞」第15号に入選した唱歌三作品、城山「白雨下る」、岳南生「赤旗」、革田命作（築比地仲助）「革命歌」が発表される

1・1☆『明治事物起原』（初版）発行。発行所橋南堂、本文五百二十二頁

年	年齢	事項
明治41（1908）	36	1・4★西川光二郎と啞蟬坊が東北、北海道遊説の途中、大雪の小樽で社会主義演説会を開催。なかには石川啄木の姿も 1・13★午後、西川光二郎と啞蟬坊が東北、北海道から帰京 ★啞蟬坊は妻子を伴い下谷区南稲荷町の鞄屋二階へ移る。同年、さらに下谷区入谷町三七へ移る 1・17☆屋上演説会事件が起こる 2・11☆日比谷公園で増税反対国民大会が開かれる。関谷龍十郎が「社会主義ラッパ節」の印刷物を配布し罪に問われる。のち裁判で罰金九円に処せられる 3・15★東京社会新聞社から「東京社会新聞」創刊。片山潜と別れた西川光二郎、赤羽一、斎藤兼次郎らが発行。社員は他に啞蟬坊ら二十余人 3・15★「東京社会新聞」創刊号（二頁）に、啞蟬坊の「當世流行増税節」が掲載される 3・22☆池田亀太郎が女湯の板塀にある節穴からのぞき見、幸田ゑんの着衣する姿を見て、帰途を待ちうけ暴行致死させる 6・8★添田平吉著作の歌本「社会党喇叭節」が発行される 6・22☆山口孤剣の出獄歓迎会が神田錦輝館で開催。赤旗事件が起こり十四人が拘束 7・2☆早朝、野口男三郎の死刑が執行される 8・3★添田平吉著作による歌本「社会党喇叭節」（同年6月8日発行分）が発禁の処分にあう 9・16☆「東京社会新聞」第15号が発売頒布停止仮差押の処分を受け、最終号となる ♪「金色夜叉の歌」「不如帰の歌」「ゼーゼー節（破棄余勢）」「うき世」
明治42（1909）	37	★啞蟬坊が妻子を伴い田端へ移る。のち、息子知道は大磯の実家へ。妊娠しているたけ子も大磯の実家へ ★啞蟬坊の父利兵衛死去 4★高橋勝作が啞蟬坊を伴って故郷の山口へ。啞蟬坊は田端の家を払う 4・29☆池田亀太郎、通称出歯亀が第二審東京控訴院でも無期懲役の判決 ★山口から戻った啞蟬坊は実家のたけ子を東京に連れ帰る。東京への途次に産気づき、横浜平沼の義兄小川宅へ ★妻たけ子、長女を出産し、たけ子の意志で利枝と名づける 9・27★啞蟬坊が千葉県安房郡勝山町を徘徊。勝山警察署で浮浪者として七日間拘留される ♪「思い草」「さわりくづし」「むらさき節」「石童丸」「百万灯の歌」
明治43（1910）	38	1・12★妻たけ子死去、享年二十九歳。のち、生前の妻の意向で生まれたばかりの長女利枝が養子に出される 5・29☆東京の万世橋駅前で、広瀬武夫と杉野孫七の銅像の除幕式が行なわれる 9・3★添田平吉著作の歌本「社会党喇叭節」が発禁処分にあう（明治39年6月8日発行分） 9・3☆永岡鶴蔵著作の歌本「足尾銅山ラッパ節」が発禁の処分にあう（第一回と第二回発行分）

年	年齢	事項
明治43（1910）	38	12・10☆幸徳秋水他起訴された二十六人に対し、大逆事件（幸徳事件）の大審院第一回公判（非公開）が開廷。検察当局は宮下らが爆裂弾で天皇暗殺を計画したものとして刑法第七十三条の大逆罪を適用。のち検事が全員に死刑を求刑 12・31☆堺利彦が「売文社」を興す ★唖蟬坊は横浜に家を借り、知道と住むが落ち着かず、十日ほどで知道を再び大磯の母に託す。東京に出て漂泊生活を始める。のち、下谷区山伏町三七のいろは長屋へ居を定める。秋には知道を引き取る
明治44（1911）	39	♪「忠臣蔵むらさき節」「義士銘々伝紫節」「名劇むらさき節」「知ってるね節」「あゝ無情」 1・18☆大逆事件（幸徳事件）で判決が下る。二十四人が死刑、二人が有期刑に。のち、特赦減刑の恩名で十二人は死一等を減じ無期懲役 1・24☆午前八時から大逆事件（幸徳事件）での十一人の死刑執行。幸徳伝次郎、新見卯一郎、奥宮健之、成石平四郎、内山愚堂、宮下太吉、森近運平、大石誠之助、新村忠雄、松尾卯一太、古河力作、翌日、管野すがの死刑執行で終了となる 8・21☆警保局保安課の下の警視庁に特別高等警察が置かれる 12・24★堺利彦宅で忘年会が催され、記念写真が撮られる。写っている二十四人のなかには唖蟬坊の姿も 12・31☆旧東京市街鉄道会社の解散時の手当をめぐり労働争議が勃発。東京市民の足が乱れる
明治45 大正元（1912）	40	♪「ちどり節」「乃木将軍の歌」「乃木中尉の歌」「新有明節」「ジゴマの歌」 1・2、3☆石川啄木が電車のストライキを日記に記す 4・13☆石川啄木が東京小石川区久堅町で肺結核のため死去。享年二十七歳
大正2（1913）	41	♪「改良新ドンドン節」「都節」「奈良丸くづし」「マックロ節」 ☆池田亀太郎、通称出歯亀が恩赦により釈放される
大正3（1914）	42	♪「新おいとこ節」「お花の歌」「人形の家」「お前とならばどこまでも」「カチューシャ節」 1☆売文社が機関誌として文学雑誌「へちまの花」を創刊 10・12★唖蟬坊が春江堂書店から「人形の家ノラ」を刊行。定価十銭。校閲は堺利彦、作歌は唖蟬坊。抄訳は俊碩生
大正4（1915）	43	♪「現代節」「ホットイテ節」「新時代節」「ハットセ節」「青島節」「新くれ節」 9☆売文社の文学雑誌「へちまの花」を「新社会」と改題。社会主義を標榜する新雑誌とする ★唖蟬坊が売文社の「新社会」12月号に「流行歌読売業者のストライキ」を寄稿する
大正5（1916）	44	♪「新磯節」「出たらめ節」 8・25★唖蟬坊が「唖蟬坊新流行歌集」を刊行する。発行は臥龍窟、発売は山口屋書店 10・11★唖蟬坊が小生第次郎、佐藤政一、北原龍雄らと自由倶楽部を組織。浅草区千束二丁目二五番地に一家を借り受け。労働問題や選挙権拡張などを宣伝

年	年齢	事項
		11・9☆「東京日日新聞」の記者神近市子が大杉栄を刺傷。神近はそのまま葉山派出所に自首 11・13☆自由倶楽部発会式の名目で、浅草区内の寄席にて政談演説会を開く。堺利彦が出席し演説
大正6（1917）	45	♪「さあさ事だよ」「オールソング」「曽根崎心中」「ブラブラ節」 2・27☆自由倶楽部が解散 3・7☆一組の男女が千葉の鉄道線路で飛び込み自殺を図る。女は芳川顕正伯爵家の若夫人鎌子で重傷を負ったが無事。男はお抱え自動車運転手の倉持陸助で即死
大正7（1918）	46	♪「新ニコニコ節」「ヨカッタネ節」「ノンキ節」「嗚呼踏切番」「新深川節」「今度生れたら（替）」「豆粕ソング」「イキテルソング」「デモクラシー節」 5・2★啞蟬坊が安田俊三、清水頼次郎、横山秀夫らに請われ演歌青年親交会を組織。会長に就任し、演歌者の職業人としての公認を得る運動を起こす 5・19☆未明、東海道線の碑文谷踏切で貨物列車が人力車を引っかける事故が発生。車夫は助かるも乗客が死亡。原因は踏切番による遮断竿の下ろし忘れ。二人の踏切番は事故の直後、線路に身を伏せて責任自殺を図る 6・1★啞蟬坊が売文社の「新社会」6月号に「ノンキ節」を寄稿する 8・8★啞蟬坊が荒畑勝三、近藤憲二、和田久太郎らと大杉栄傷害事件を傍聴。東京区裁判所に参集 8・18★啞蟬坊が米騒動勃発に際し20日まで検束の処分を受ける ★知道がさつきの名で「東京節」を作る
大正8（1919）	47	♪「松井須磨子の歌」「泣かれの唄」「墓場の唄」「解放節」「煙草のめのめ（替）」「新やなぎ節」「呪の五万円」「松本訓導の歌」「へんな心の唄」「労働問題の歌」「ダブリンベー」「ディアボロ（替）」 1・5☆有楽座で『カルメン』上演中の女優松井須磨子が自殺を図る。芸術座主宰の島村抱月がスペイン風邪で病死した二か月後のこと 3・7☆高畠素之らが国家社会主義を唱え、売文社が解散する事態に 6・1☆大鐙閣が雑誌「解放」を創刊する 7★添田平吉著作による歌本「解放節第一輯」「解放節第二輯」が発行される 7・15★添田平吉著作の歌本「解放節第一輯」「解放節第二輯」が発禁処分にあう 10☆日蔭茶屋事件で服役していた神近市子が出獄 ★啞蟬坊が演歌組合青年親交会から小誌「演歌」を発行。演歌に対する認識改善と演歌者の技能向上に役立たせた

年	年齢	事項
大正9（1920）	48	♪「つばめ節」「涙の手記」「新わからない節」「新トンヤレ節」「ハテナソング」「ソレたのむ」「滑稽磯節」「新大漁節」「性の鼻唄」「新おけさ」「伊那節」 4・3★革命的芸術運動を標榜する唖蝉坊、望月桂らの「黒耀会」が第一回作品展覧会を開催
大正10（1921）	49	♪「新ノーエ節」「調査節」「きほひ節」「大島節（替）」「お国節」「新鴨緑江節」「浜田栄子の歌」「磯辺の嵐」「涙日記」「ベアトリ姉ちゃん（替）」「新安来節」「あきれ節」「十和田の四季」「おらが女房（替）」 9・28☆安田善次郎が大磯の別邸で朝日平吾に刺殺される。犯人はその場で自殺 ★演歌組合青年親交会三周年を迎え、演歌刷新を図り「演歌」記念号を発行
大正11（1922）	50	♪「虱の旅」「おばこ（替）」「小野さつき訓導」「春のうらみ」「おめでたソング」「新作鴨緑江節」「ベラボーの唄」「おはつ地蔵の歌」「貧乏小唄」「職業婦人の歌」 10・20★唖蝉坊が忠誠館書店から『最近流行はやり歌全集』を発行 ★唖蝉坊が山路赤春、知道らを同人に得る。演歌組合青年親交会発行の小誌「演歌」を「民衆娯楽」と改題。民衆娯楽の問題に視野を広げる ★倉持忠助が大阪より上京。唖蝉坊がいろは長屋の隣室を斡旋する ★石田一松が唖蝉坊に弟子になりたいと申し出る
大正12（1923）	51	♪「ホーホラホイ」「これも商売」「大正大震災の歌」「地震小唄」 9・1☆午前十一時五十八分、関東を中心に静岡、長野まで広い範囲に激震。関東大震災が起こる 9・1☆関東大震災により、東京浅草の十二階建て凌雲閣の八階より上が崩壊。のち、倒壊の危険があり陸軍赤羽工兵隊が爆破解体 9・16☆大杉栄と伊藤野枝が、関東大震災後の大杉の弟家族を鶴見に見舞う。妹の子橘宗一を預かり、三人での帰途、震災の混乱に乗じて甘粕正彦憲兵大尉により虐殺される ★唖蝉坊は震災避難のまま東北地方に旅泊を続けて仙台へ。会津若松で越冬
大正13（1924）	52	♪「恨みの斧」「あゝ関東」「獄窓の涙」「コノサイソング」「黄金島」 6・9☆作家の有島武郎と「婦人公論」の記者で人妻の波多野秋子が軽井沢の別荘で縊死心中を遂げる ★唖蝉坊が震災を機として内省に傾き、演歌を倉持愚禅に託す。唖蝉坊は顧問となる
大正14（1925）	53	♪「金々節」「銀貨の歌」 6・1★唖蝉坊が雑誌「改造」6、7月号に「演歌流行史」を掲載 ★桐生で半仙生活、松葉食をする ★天竜居と称し人体諸相の研究にふける

年	年齢	事項
大正15 昭和元（1926）	54	10・18☆『明治事物起原』の増訂版（第二版）発行。発行所は春陽堂、本文八四二頁、定価八円五十銭 ★唖蟬坊が伝統、科学両面の迷信打破のため各地で講演会を開く
昭和2（1927）	55	★唖蟬坊が人体や易を研究 ★初夏は岐阜に、盛夏は信濃大町に、秋は豊科高山寺に暮らす
昭和3（1928）	56	★唖蟬坊が遍路から東京に戻る ★第一回普通選挙に立候補した倉持忠助を応援するが落選
昭和4（1929）	57	★倉持忠助が東京市会選挙に立つ。唖蟬坊が応援し、当選する
昭和5（1930）	58	♪「生活戦線異状あり」 3・26☆帝都復興祭挙行。復興記念式典が開かれる。昭和天皇臨席のもと宮城前広場に六万人が参集。日比谷公園で東京市の祝賀会が開かれる 10★近代生活社から唖蟬坊の『浅草底流記』が発行される ★唖蟬坊が市外長崎町に移転した知道に合す
昭和6（1931）	59	5・15★倉持書館から唖蟬坊の『浅草底流記』（普及版）が発行される。定価八十銭 ★唖蟬坊が市外長崎町から町屋に移る ★遍路の旅に出る
昭和7（1932）	60	★知道が村田キクと結婚。上中里に住む
昭和8（1933）	61	11・20★春秋社から唖蟬坊の『流行歌明治大正史』が発行される。定価一円八十銭
昭和10（1935）	63	秋★唖蟬坊が再び遍路に旅立つ。四国三周半、中国筋、九州一円へ
昭和11（1936）	64	12☆吉川守圀の『荊逆星霜史』が不二屋書房より三百部限定で刊行。すぐ発売禁止の処分を受ける
昭和12（1937）	65	5・5★知道がさつき名で『明治以降流行歌演歌年表』を発行する
昭和14（1939）	67	10★唖蟬坊が遍路の旅から東京へ戻る。本所区菊川町の買出商（屑拾い）高橋勝作宅に寄寓する

昭和15（1940）	68	10・21★唖蟬坊が尾崎士郎の斡旋で「進め新体制」を「読売新聞」に発表。記事を見た那古野書房が『流生記』の執筆を依頼。のち、唖蟬坊が上州湯宿温泉に逗留し、『唖蟬坊流生記』の執筆に入る。知道も執筆補助のため湯宿温泉へ
昭和16（1941）	69	3・3★那古野書房から唖蟬坊の『唖蟬坊流生記』が発行される 5・19★『唖蟬坊流生記』出版記念の「唖蟬坊を囲む会」が浅草弁天山の岡田で開催され、五十余人が参会する
昭和17（1942）	70	秋★知道のもとに高橋勝作から「唖蟬坊が脳溢血で倒れた」と連絡が入る
昭和18（1943）	71	★唖蟬坊が大森馬込の知道方に移る
昭和19（1944）	72	2★知道が編集者で新聞発行人の栗原光三と新潟へ旅に出る 2・8★唖蟬坊が大森馬込の知道方で死去。知道は、宿屋で「チチシス」の電報を受け取る 唖蟬坊の戒名は「白雲院平堂了閑居士」 12月☆『明治事物起原』の増補改訂版（第二版）が春陽堂から発行される。上下巻で一五三八頁という膨大な量に
昭和20（1945）		3・10☆東京大空襲
昭和22（1947）		6☆万世橋駅前の広瀬武夫と杉野孫七の銅像が東京都により撤去される
昭和25（1950）		4・8★港区麻布霞町の国際人クラブの地下ホールにて、唖蟬坊没後七周年の「追憶談笑の会」が開催。会場は。五十余人が参列
昭和30（1955）		11・28★浅草寺境内の弁天山で唖蟬坊顕彰記念碑の除幕式が行なわれる 12・20★朝日新聞社が朝日文化手帖の一冊として知道の『流行り唄五十年』を発行
昭和31（1956）		11・25★添田唖蟬坊顕彰会から唖蟬坊の『唖蟬坊流生記』が発行される
昭和38（1963）		10・21★岩波書店から知道の『演歌の明治大正史』が発行される
昭和41（1966）		★光文社カッパブックスから知道の『日本春歌考 庶民のうたえる性の悦び』が刊行される ★大島渚が『日本春歌考』を映画化。出演は荒木一郎、岩淵孝次、田島和子、伊丹十三、小山明子、宮本信子ほか
昭和54（1979）		★知道が長野県上田の安藤病院に入院。食道に異常を発見。のち、東京女子医大で加療

年	事項
	★知道が安藤病院に再入院する
昭和55（1980）	3・18★知道が安藤病院で食道がんのため死去。享年七十八歳 5・2★浅草の伝法院で「添田知道を偲ぶ会」が開かれる。竹中労、田谷力三、小沢昭一らが参集
昭和57（1982）	3・7★浅草寺境内の弁天山、啞蟬坊碑の隣に知道筆塚が建つ 8・5★刀水書房から啞蟬坊の『啞蟬坊流生記』が発行される
平成8（1996）	4・26★大空社から、那古野書房の複製版となる『啞蟬坊流生記』が発行される

浅草観音の境内、弁天山に建つ昭和30年11月28日建立の添田啞蟬坊碑と、昭和57年3月7日建立の添田知道筆塚（著者撮影）

参考文献

○演歌、流行歌、音楽

添田知道『演歌の明治大正史』岩波書店（新書）／昭和三十八（一九六三）年十月

添田知道『演歌の明治大正史』刀水書房／昭和五十七（一九八二）年十一月

小沢昭一・添田知道『流行り唄五十年』朝日新聞出版（新書）／平成二十（二〇〇八）年四月

添田啞蟬坊『流行歌明治大正史』刀水書房／昭和五十七（一九八二）年十月

添田啞蟬坊『啞蟬坊流生記』刀水書房／昭和五十七（一九八二）年八月

添田啞蟬坊『啞蟬坊流生記』添田啞蟬坊顕彰会／昭和三十一（一九五六）年十一月

添田啞蟬坊『啞蟬坊流生記』大空社／平成八（一九九六）年四月（那古野書房／昭和十六（一九四一）年三月刊の複製）

添田啞蟬坊『啞蟬坊流生記』（『日本人の自伝23』平凡社／昭和五十七（一九八二）年八月に抄録）

添田啞蟬坊『新流行歌集』（『明治文學全集83 明治社會主義文學全集（二）』筑摩書房／昭和四十（一九六五）年七月に抄録）

添田啞蟬坊『添田啞蟬坊新流行歌集』臥龍窟／大正五（一九一六）年八月

添田啞蟬坊『最近流行はやり歌全集』忠誠館書店／大正十一（一九二二）年十月

添田啞蟬坊作／暁村編『今流行の新らしい歌（第十版）』此村欽英堂／大正十三（一九二四）年一月

添田さつき『明治以降流行歌演歌年表』私家版／昭和十二（一九三七）年五月

添田知道『演歌師の生活』雄山閣出版／平成六（一九九四）年一月

木村聖哉『添田啞蟬坊・知道』リブロポート／昭和六十二（一九八七）年三月

今西英造『演歌に生きた男たち』中央公論新社（文庫）／平成十三（二〇〇一）年八月

水野喬『闘った〈のんき節〉』文芸社／平成十四（二〇〇二）年十二月

金子潔『演歌流生記』新日本出版社／昭和六十二（一九八七）年一月

秋山清『青春の記録3 自由の狩人たち』三一書房／昭和四十二（一九六七）年十一月

尾崎秀樹『青春の記録6 生きてある証』三一書房／昭和四十三（一九六八）年二月

尾崎秀樹『明治の群像10 乱世の庶民』三一書房／昭和四十四（一九六九）年六月

いいだ・もも『近代日本の名著（7）「革新の思想」』徳間書店／昭和四十一（一九六六）年六月

編集部編『近代日本の教育を育てた人びと　下』東洋館出版社／昭和四十（一九六五）年五月

ＮＨＫ取材班『ライバル日本史6 屹立』角川書店（文庫）／平成八（一九九六）年十一月

矢沢保『自由と革命の歌ごえ』新日本出版社（新書）／昭和五十三（一九七八）年二月

西尾治郎平『日本の革命歌 増補改訂版』一声社／昭和六十（一九八五）年二月
矢沢寛『戦争と流行歌（CDブック）』社会思想社／平成七（一九九五）年八月
古茂田信男他『新版日本流行歌史（上）』社会思想社／平成六（一九九四）年九月
藤沢衛彦『明治流行歌史』春陽堂／昭和四（一九二九）年一月
今西吉雄『今昔流行唄物語』東光書院／昭和九（一九三四）年七月
藤沢衛彦『流行歌百年史』第一出版社／昭和二十六（一九五一）年十月
絲屋寿雄『流行歌』三一書房（新書）／昭和三十二（一九五七）年六月
堀内敬三『音楽五十年史（上）（下）』講談社（文庫）／昭和五十二（一九七七）年六月
堀内敬三『ヂンタ以来（このかた）』音楽之友社／昭和五十二（一九七七）年七月（アオイ書房／昭和十（一九三五）年一月刊の復刻）
堀内敬三『音楽明治百年史』音楽之友社／昭和四十三（一九六八）年九月
中村理平『洋楽導入者の軌跡』刀水書房／平成五（一九九三）年二月
森垣二郎『レコードと五十年』河出書房新社／昭和三十五（一九六〇）年八月
倉田喜弘『日本レコード文化史』東京書籍／昭和五十四（一九七九）年三月
倉田喜弘『日本レコード文化史』東京書籍（東書選書）／平成四（一九九二）年六月
倉田喜弘『日本レコード文化史』岩波書店（岩波現代文庫）／平成十八（二〇〇六）年十月
中島幸三郎『汽笛一声新橋を』佑啓社／昭和四十三（一九六八）年八月
NHK編『NHK歴史への招待28 日露戦争』日本放送出版協会（新書）／平成二（一九九〇）年十一月
金子光晴『金子光晴 下駄ばき対談』現代書館／平成七（一九九五）年八月
小沢昭一『老いらくの花』文藝春秋／平成十八（二〇〇六）年六月
河内紀『古本探偵』北宋社／平成十二（二〇〇〇）年一月
なぎら健壱『日本フォーク私的大全』筑摩書房／平成七（一九九五）年九月
『資料日本ポピュラー史研究 初期フォークレーベル編』SFC音楽出版／昭和六十一（一九八六）年十二月
『日本のうた第1集』野ばら社／平成十（一九九八）年六月
長田暁二『流行歌20世紀』全音楽譜出版社／平成十三（二〇〇一）年十一月

○社会主義運動・労働運動

労働運動史研究会『明治社会主義史料集 第1集「直言」』明治文献資料刊行会／昭和三十五（一九六〇）年十月
労働運動史研究会『明治社会主義史料集 第2集「光」』明治文献資料刊行会／昭和三十五（一九六〇）年十二月
労働運動史研究会『明治社会主義史料集 第3集「新紀元」』明治文献資料刊行会／昭和三十六（一九六一）年三月
労働運動史研究会『明治社会主義史料集 第4集「日刊平民新聞」』明治文献資料刊行会／昭和三十六（一九六一）年十月
労働運動史研究会『明治社会主義史料集 第5集「大阪平民新聞」』明治文献資料刊行会／昭和三十七（一九六二）年一月

労働運動史研究会『明治社会主義史料集 第6集「週刊社会新聞 第1」』明治文献資料刊行会／昭和三十七（一九六二）年三月
労働運動史研究会『明治社会主義史料集 第7集「週刊社会新聞 第2」』明治文献資料刊行会／昭和三十七（一九六二）年四月
労働運動史研究会『明治社会主義史料集 第8集「東京社会新聞・革命評論」』明治文献資料刊行会／昭和三十七（一九六二）年五月
労働運動史研究会『明治社会主義史料集 別冊第1「世界婦人」』明治文献資料刊行会／昭和三十六（一九六一）年六月
労働運動史研究会『明治社会主義史料集 別冊第3「週刊平民新聞 第1」』明治文献資料刊行会／昭和三十七（一九六二）年十月
労働運動史研究会『明治社会主義史料集 別冊第4「週刊平民新聞 第2」』明治文献資料刊行会／昭和三十七（一九六二）年十一月
労働運動史研究会『明治社会主義史料集 補遺第1「社会主義研究」』明治文献資料刊行会／昭和三十八（一九六三）年三月
太田雅夫『社会主義協会史（明治社会主義資料叢書1）』新泉社／昭和四十八（一九七三）年八月
太田雅夫『平民社日記 予は如何にして社会主義者となりし乎（明治社会主義資料叢書2）』新泉社／昭和四十七（一九七二）年十二月
太田雅夫『社会主義遊説日誌（明治社会主義資料叢書3）』新泉社／昭和四十九（一九七四）年九月
山泉進『社会主義事始（思想の海へ8）』社会評論社／平成二（一九九〇）年五月
大沢正道『土民の思想（思想の海へ17）』社会評論社／平成二（一九九〇）年二月
岸本英太郎『資料日本社会運動思想史3 明治社会運動思想』青木書店／昭和四十三（一九六八）年四月
岸本英太郎『資料日本社会運動思想史6』青木書店／昭和四十三（一九六八）年四月
赤松克麿『日本社会運動史』岩波書店（新書）／昭和二十七（一九五二）年一月
荒畑寒村『日本社會主義運動史』毎日新聞社／昭和二十三（一九四八）年十月
堺利彦『日本社会主義運動史』河出書房／昭和二十九（一九五四）年七月
中村勝範『明治社会主義研究』世界書院／昭和四十一（一九六六）年十二月
太田雅夫『明治社会主義政党史』ミネルヴァ書房／昭和四十六（一九七一）年一月
絲屋寿雄『日本社会主義運動思想史1853―1922』法政大学出版局／昭和五十四（一九七九）年六月
山泉進『平民社の時代』論創社／平成十五（二〇〇三）年十一月
林尚男『平民社の人びと』朝日新聞社／平成二（一九九〇）年九月
荒畑寒村『平民社時代 日本社会主義運動の揺籃』中央公論社／昭和四十八（一九七三）年八月
荒畑寒村『続平民社時代』中央公論社／昭和五十四（一九七九）年十一月
堀切利高『平民社百年コレクション第2巻 堺利彦』論創社／平成十四（二〇〇二）年十二月
荒畑寒村『荒畑寒村著作集1 社会運動 明治』平凡社／昭和五十一（一九七六）年六月
黒岩比佐子『パンとペン』講談社／平成二十二（二〇一〇）年十月
堺利彦『売文集』不二出版／昭和六十（一九八五）年三月（丙午出版社／明治四十五（一九一二）年五月刊の復刻）
近藤真柄『わたしの回想（上）』ドメス出版／昭和五十六（一九八一）年十一月
林尚男『評伝《堺利彦》――その人と思想』オリジン出版センター／昭和六十二（一九八七）年四月
大森かほる『捨石埋草を生きて 堺利彦と娘近藤真柄』第一書林／平成四（一九九二）年六月

荒畑寒村『左の面々』早川書房／昭和二十六（一九五一）年六月
荒畑寒村・向坂逸郎『うめ草すて石』至誠堂（選書）／昭和五十七（一九八二）年二月
田中英夫『山口孤剣小伝』花林書房／平成十八（二〇〇六）年三月
田中英夫『西川光二郎小伝 社会主義からの離脱』みすず書房／平成二（一九九〇）年七月
田中英夫『ある離脱 明治社会主義者西川光二郎』風媒社／昭和五十五（一九八〇）年一月
しまね・きよし『明治社会主義者の転向』東洋経済新報社／昭和五十一（一九七六）年二月
小池喜孝『平民社農場の人びと』現代史出版会／昭和五十五（一九八〇）年十二月
加藤時次郎『加藤時次郎選集』弘隆社／昭和五十六（一九八一）年十一月
成田龍一『加藤時次郎』不二出版／昭和五十八（一九八三）年九月
中冨兵衛『永岡鶴蔵伝』お茶の水書房／昭和五十二（一九七七）年八月
山川菊枝、向坂逸郎『山川均自伝』岩波書店／昭和三十六（一九六一）年十一月
片山潜『わが回想 上、下』徳間書店／昭和四十二（一九六七）年十月、十二月
隅谷三喜男『片山潜』東京大学出版会（UP選書）／昭和五十二（一九七七）年六月
荒畑寒村『社会主義伝道行商日記』新泉社／昭和四十六（一九七一）年十二月
吉川守圀『荊逆星霜史』青木書店（文庫）／昭和三十二（一九五七）年八月
中江篤介『兆民選集』岩波書店（文庫）／昭和十一（一九三六）年四月
片山潜・西川光次郎『日本の労働運動』岩波書店（文庫）／昭和二十七（一九五二）年三月
荒畑寒村『寒村自伝（上）』岩波書店（文庫）／昭和五十（一九七五）年十一月
林茂・西田長寿『平民新聞論説集』岩波書店（文庫）／昭和三十六（一九六一）年一月
大杉栄『自叙伝・日本脱出記』岩波書店（文庫）／昭和四十六（一九七一）年一月
大杉栄『大杉栄自叙伝』中央公論社（文庫）／平成十三（二〇〇一）年八月
荒畑寒村『谷中村滅亡史』新泉社／昭和四十五（一九七〇）年十一月
荒畑寒村『谷中村滅亡史』岩波書店（文庫）／平成十一（一九九九）年五月
木原実『燎火の流れ』オリジン出版センター／昭和五十二（一九七七）年六月
鈴木裕子『資料平民社の女たち』不二出版／昭和六十一（一九八六）年三月
幸徳秋水全集編集委員会『大逆事件アルバム』明治文献／昭和四十七（一九七二）年四月
編集委員会『近代日本社会運動史人物大辞典3 す～は』紀伊國屋書店／平成九（一九九七）年一月
松尾尊兊『続・現代史資料1 社会主義沿革1』みすず書房／昭和五十九（一九八四）年十月
松尾尊兊『続・現代史資料2 社会主義沿革2』みすず書房／昭和六十一（一九八六）年七月
近代日本史料研究会編『社会主義者沿革 下』明治文献資料刊行会／昭和三十一（一九五六）年七月
『社会主義者無政府主義者 人物研究史料（1）』社会文庫・柏書房／昭和三十九（一九六四）年十月

田所祐史「一九〇六年の電車賃値上反対運動再考」（櫻井良樹『地域政治と近代日本』日本経済評論社／平成十（一九九八）年十一月に収録）
上野英信『近代民衆の記録2 鉱夫』新人物往来社／昭和四十六（一九七一）年十一月
青木虹二『日本労働運動史年表 第1巻 明治大正編』新生社／昭和四十三（一九六八）年五月
岸上英太郎『日本労働運動史』弘文堂／昭和二十五（一九五〇）年十二月
山川均『昔と今――労働運動のあゆみ』中央公論社／昭和二十九（一九五四）年五月
大河内一男『黎明期の日本労働運動』岩波書店（新書）／昭和二十七（一九五二）年十月
片山潜・西川光次郎『日本の労働運動』岩波書店（文庫）／昭和二十七（一九五二）年三月
宮地正人『日露戦後政治史の研究』東京大学出版会／昭和四十八（一九七三）年十月
二村一夫『足尾銅山の史的分析』東京大学出版会／昭和六十三（一九八八）年五月

○文学全集、小説、詩

田岡嶺雲他『明治文學全集83 明治社會主義文學集（一）』筑摩書房／昭和四十（一九六五）年七月
福田英子他『明治文學全集84 明治社會主義文學集（二）』筑摩書房／昭和四十（一九六五）年十一月
志田延義『続日本歌謡集成 第五 近代編』東京堂出版／昭和三十七（一九六二）年三月
重友毅『日本古典文学大系49近松浄瑠璃集 上』岩波書店／昭和三十三（一九五八）年十一月
石川啄木『石川啄木全集 第五巻 日記（一）』筑摩書房／昭和五十三（一九七八）年四月
木下尚江『良人の自白（前篇）』岩波書店（文庫）／昭和二十八（一九五三）年三月
木下尚江『良人の自白（続篇）』岩波書店（文庫）／昭和二十八（一九五三）年九月
宮崎龍介、小野川秀美『宮崎滔天全集 第1巻』平凡社／昭和四十六（一九七一）年七月
宮崎滔天『三十三年の夢』平凡社（東洋文庫）／昭和四十二（一九六七）年十月
宮崎滔天『三十三年の夢』岩波書店（文庫）／平成五（一九九三）年五月
柳田泉『随筆明治文学1 政治編文学編』平凡社（東洋文庫）／平成十七（二〇〇五）年八月
長尾宇迦『籠の鳥 小説鳥取春陽』文藝春秋／平成五（一九九三）年四月

○歴史、通史、伝記

『日本の歴史21〜23』中央公論社（文庫）／昭和四十九（一九七四）年八、九月
『日本の歴史26』小学館／昭和五十一（一九七六）年四月
『ニュースで追う明治日本発掘 1〜9』河出書房新社／平成六（一九九四）年六月〜平成七年十月
編纂委員会『明治ニュース事典 第七巻』毎日コミュニケーションズ／昭和六十一（一九八六）年一月
加藤秀俊他『明治大正昭和世相史』社会思想社／平成二（一九九〇）年八月
松本清張『明治百年100大事件（上）（下）』三一書房（新書）／昭和四十三（一九六八）年八月

槌田満文『明治大正風俗語典』角川書店／昭和五十四（一九七九）年十一月
槌田満文『明治大正の新語・流行語』角川書店／昭和五十八（一九八三）年六月
森銑三『明治東京逸聞史 1～2』平凡社／昭和四十四（一九六九）年三月
紀田順一郎『事物起源選集1 雅俗便覧日本事物起原 事物原始考』クレス出版／平成十六（二〇〇四）年八月
紀田順一郎『事物起源選集2 増訂明治事物起原』クレス出版／平成十六（二〇〇四）年八月
石井研堂『明治文化全集 別巻 明治事物起原』日本評論社／昭和四十四（一九六九）年二月
紀田順一郎『事物起源選集7 日本事物起原誌』クレス出版／平成十六（二〇〇四）年八月
石井研堂『東京時代』日本放送出版協会／昭和五十五（一九八〇）年八月
前田愛『幻景の明治』朝日新聞社／昭和五十三（一九七八）年十一月
小林重喜『明治の東京生活』角川書店／平成三（一九九一）年九月
新潮社『江戸東京物語 都心篇』新潮社／平成五（一九九三）年十一月
紀田順一郎『東京の下層社会』新潮社／平成二（一九九〇）年五月
石井敏夫『絵はがきが語る関東大震災』柘植書房／平成二（一九九〇）年八月
近藤信行『震災復興代東京絵はがき』岩波書店／平成五（一九九三）年十月
石原敬章『総天然色写真版なつかしき東京』講談社／平成四（一九九二）年二月
玉井哲雄『よみがえる明治の東京 東京十五区写真集』角川書店／平成四（一九九二）年三月
石黒敬章『明治の東京写真 丸の内・神田・日本橋』角川学芸出版／平成二十三（二〇一一）年三月
石黒敬章『明治の東京写真 新橋・赤坂・浅草』角川学芸出版／平成二十三（二〇一一）年五月
正井泰夫『どんな町？ どう変わった？ 江戸東京古地図』幻冬舎／平成十六（二〇〇四）年一月
鈴木理生『東京の地理がわかる事典』日本実業出版社／平成十一（一九九九）年九月
中嶋繁雄『事件で見る明治100話』立風書房／平成四（一九九二）年十二月
星新一『夜明けあと』新潮社／平成三（一九九一）年二月
石母田俊『東京から江戸へ』桃源社／昭和四十三（一九六八）年五月
『朝日新聞100年の記事に見る（5）奇談珍談巷談（上）』朝日新聞社／昭和五十四（一九七九）年五月
週刊朝日『値段史年表明治大正昭和』朝日新聞社／昭和六十三（一九八八）年六月
豊田穣『福島安正』講談社／平成五（一九九三）年六月
豊田穣『北洋の開拓者』講談社／平成六（一九九四）年三月
有泉貞夫『星亨』朝日新聞社／昭和五十八（一九八三）年三月
清水勲・湯本豪一『明治漫葉集』文藝春秋／平成元（一九八九）年二月
木本至『「団団珍聞」「驥尾団子」がゆく』白水社／平成元（一九八九）年六月
松本三之介『明治精神の構造』岩波書店（同時代ライブラリー）／平成五（一九九三）年十一月

坂野潤治『近代日本の出発』新人物往来社（文庫）／平成二十二（二〇一〇）年五月
初田亨『東京 都市の明治』筑摩書房（文庫）／平成六（一九九四）年十月
横山源之助『日本の下層社会』岩波書店（文庫）／昭和二十四（一九四九）年五月
松原岩五郎『最暗黒の東京』岩波書店（文庫）／昭和六十三（一九八八）年五月
生方敏郎『明治大正見聞史』中央公論社（文庫）／昭和五十三（一九七八）年十月
生方敏郎『明治大正見聞史』春秋社／大正十五（一九二六）年十一月
山本笑月『明治世相百話』中央公論社（文庫）／昭和五十八（一九八三）年七月
加藤秀俊・前田愛『明治メディア考』中央公論社（文庫）／昭和五十八（一九八三）年十一月
近藤富枝『本郷菊富士ホテル』中央公論社（文庫）／昭和五十八（一九八三）年四月
出久根達郎『読売新聞で読む明治』中央公論社（文庫）／平成十九（二〇〇七）年一月
佐藤清彦『にっぽん心中考』文藝春秋（文庫）／平成十三（二〇〇一）年二月
森まゆみ『明治快女伝』文藝春秋（文庫）／平成十二（二〇〇〇）年八月
千田稔『明治・大正・昭和 華族事件録』新潮社（文庫）／平成十七（二〇〇五）年十一月
本間國雄『東京の印象』社会思想社（文庫）／平成四（一九九二）年二月
紀田順一郎『明治風俗故事物語』河出書房新社（文庫）／昭和六十（一九八五）年七月
岡本綺堂『風俗明治東京物語』河出書房新社（文庫）／昭和六十二（一九八七）年五月
大濱徹也『明治の墓標』河出書房新社（文庫）／平成二（一九九〇）年四月
素朴な疑問探究会『明治・大正人の朝から晩まで』河出書房新社（文庫）／平成二十（二〇〇八）年八月
吉野孝雄『過激にして愛嬌あり』筑摩書房（文庫）／平成四（一九九二）年四月
吉野孝雄『宮武外骨』河出書房新社（文庫）／平成四（一九九二）年九月
原田勝正『日露戦争の事典』三省堂（新書）／平成元（一九八九）年八月
青江舜二郎『竹久夢二』中央公論社（文庫）／昭和六十（一九八五）年四月
布川清司『田中正造』清水書院（新書）／平成九（一九九七）年五月
鈴木武史『星亭』中央公論社（新書）／昭和六十三（一九八八）年二月
絲屋寿雄『奥宮健之』紀伊國屋書店（新書）／昭和四十七（一九七二）年九月
山室建徳『軍神』中央公論新社（新書）／平成十九（二〇〇七）年七月
塩見鮮一郎『貧民の帝都』文藝春秋（新書）／平成二十（二〇〇八）年九月
上野英信『追われゆく坑夫たち』岩波書店（同時代ライブラリー）／平成六（一九九四）年九月
内務省警保局図書課『禁止單行本目録 出版警察資料 自明治二十一年至昭和九年』湖北社／昭和五十一（一九七六）年七月
芳賀栄造『明治大正筆禍史』四紅社／大正十三（一九二四）年十一月
荒川秀俊『日本史小百科　災害』近藤出版社／昭和六十（一九八五）年九月

前島康彦『日比谷公園』公益財団法人東京都公園協会／平成六（一九九四）年三月
『金石碑 浅草寺』浅草寺教化部／昭和五十（一九七五）年八月
児玉幸多『標準日本史年表』吉川弘文館／平成七（一九九五）年四月

○東京の路面電車、鉄道関連
『都電60年の生涯』東京都交通局／昭和四十六（一九七一）年十二月
『東京都交通局60年史』東京都交通局／昭和四十七（一九七二）年三月
『東京都交通局80年史』東京都交通局／平成四（一九九二）年三月
『わが街わが都電』東京都交通局／平成三（一九九一）年八月
『都営交通100年のあゆみ』東京都交通局／平成二十三（二〇一一）年七月
林順信『東京・市電と街並み』小学館／昭和五十八（一九八三）年十月
林順信『東京市電名所図絵』ＪＴＢパブリッシング／平成十二（二〇〇〇）年八月
石川悌二『馬車鉄から地下鉄まで』東京都公報普及版編纂室／昭和三十六（一九六一）年一月
高松吉太郎『日本路面電車変遷史』鉄道図書刊行会／昭和四十五（一九七〇）年二月
高松吉太郎『東京の電車道』プレス・アイゼンバーン／昭和五十二（一九七七）年八月
原田勝正『汽車・電車の社会史』講談社（新書）／昭和五十八（一九八三）年十二月
佐々木冨泰他『続・事故の鉄道史』日本経済新聞社／平成七（一九九五）年十一月

○長崎の歴史、特に高島炭砿関連
『長崎事典 歴史編』長崎文献社／昭和五十七（一九八二）年九月
『長崎事典 風俗文化編』長崎文献社／昭和六十三（一九八八）年三月
『長崎事典 産業社会編』長崎文献社／平成元（一九八九）年六月
『ながさきことはじめ』長崎文献社／平成二（一九九〇）年八月
入江勇『ナガサキ風説書』芸立出版／平成十六（二〇〇四）年十月
江越弘人『トピックスで読む長崎の歴史』弦書房／平成十九（二〇〇七）年三月
『長崎県文化百選 事始め編』長崎新聞社／平成九（一九九七）年四月
『明治百年 長崎県の歩み』毎日新聞長崎支局／昭和四十三（一九六八）年十月
長崎県高等学校教育研究会地歴公民部会歴史文化会『長崎県の歴史散歩』山川出版社／平成十七（二〇〇五）年六月
Ｂ・バークガフニ『花と霜』長崎文献社／平成十五（二〇〇三）年十二月
高西直樹『長崎を訪れた人々（明治篇）』葦書房／昭和六十三（一九八八）年九月
長崎女性史研究会『長崎の女たち』長崎文献社／平成三（一九九一）年六月

『三菱高島炭砿労働組合十年史』三菱高島炭礦労働組合／昭和三十一（一九五六）年一月
長崎県労働組合運動史編纂委員会『長崎労働組合運動史物語』長崎県労働組合評議会／昭和四十七（一九七二）年十月
三菱鉱業セメント株式会社総務部社史編纂室『三菱鉱業社史』三菱鉱業セメント株式会社／昭和五十一（一九七六）年六月
『高島炭礦史』三菱鉱業セメント株式会社／平成元（一九八九）年一月
高島教師の会『わたしは高島が好きです』教育史料出版会／平成元（一九八九）年十月
高島町役場・総務課企画振興班『高島町閉町記念誌 高島町の足跡』長崎県高島町／平成十六（二〇〇四）年十二月
松尾兼治『高島町文化史 初版』高島町役場／昭和二十四（一九四九）年一月
松尾兼治『高島町文化史 改訂版』高島町役場／平成七（一九九五）年三月
前川雅夫『炭坑誌 長崎県石炭史年表』葦書房／平成二（一九九〇）年一月

○新聞・雑誌・論文・地図

「東洋日之出新聞」「東京朝日新聞」「東京日日新聞」「読売新聞」「都新聞」
「新社會」（第4巻第9号）賣文社／大正七（一九一八）年六月
「演歌」（第12号）演歌社／大正九（一九二〇）年十二月
「演歌」（第16号）演歌社／大正十（一九二一）年五月
「改造」（六月号～七月号）改造社／大正十四（一九二五）年六月～七月
「書物展望」（一月号、三月号、四月号）書物展望社／昭和七（一九三二）年一月、三月号、四月
「書物展望」（三月号～四月号）書物展望社／昭和十二（一九三七）年三月～四月
「日本人」（第6号）政教社／明治二十一（一八八八）年六月
「廿世紀」（第1巻第4号）廿世紀社／大正三（一九一四）年十一月
「思想の科学」思想の科学社／昭和四十五（一九七〇）年十二月
「思想の科学」思想の科学社／昭和四十六（一九七一）年七月
帝国文学会「帝国文学（復刻版）」日本図書センター／昭和五十五（一九八〇）年九月
「史林」（第68巻第1号）京都大学文学部内史学研究会／昭和五十九（一九八四）年一月
「労働運動史研究」（15）大月書店／昭和三十四（一九五九）年五月
「初期社会主義研究」（第9号）初期社会主義研究会／平成八（一九九六）年九月
「週刊ＹＥＡＲＢＯＯＫ日録20世紀 １９０１～１９１２年版」講談社／平成十（一九九八）年七、八、十～十二月
「ＮＨＫ知る楽 歴史は眠らない」日本放送出版協会（テキスト）／平成二十一（二〇〇九）年十～十一月（毎火曜）
「東京人」都市出版／平成二十四（二〇一二）年二月号～七月号
『復刻版「横浜毎日新聞（原題「毎日新聞」）」第40回配本』不二出版／平成十一（一九九九）年四月
書誌研究懇話会『書物関係 雑誌細目集覧 二』日本古書通信社／昭和五十一（一九七六）年五月

関忠果他『雑誌「改造」の四十年 付・改造目次総覧』光和堂／昭和五十二（一九七七）年五月
『雑誌「日本人」・「日本及日本人」目次総覧1』日本近代史料研究会／昭和五十二（一九七七）年七月
『日本鉄道旅行地図帳5号 東京』新潮社／平成二十（二〇〇八）年九月
ブルーガイド『東京懐かしの昭和30年代散歩地図』実業之日本社／平成十七（二〇〇五）年二月
地図資料編纂会『5千分の1江戸――東京市街地図集成2』柏書房／平成二（一九九〇）年六月
「『冬の時代』の社会主義と都市下層社会――演歌師・添田唖蟬坊の活動を中心に――」（能川泰治『近代日本都市下層社会の歴史的研究』平成十二（二〇〇〇）年十月に収録）

○レコード、カセットテープ、CD
高石友也『高石友也ファースト・コンサート〈関西フォークの出発〉』SMS
『明治・大正の唄　全曲集』日本コロムビア／昭和五十八（一九八三）年十二月（カセットテープ）
『明治・大正恋し懐かしはやり唄（上）（下）』日本コロムビア／昭和六十三（一九八八）年
『歌と音でつづる明治』キングレコード／平成二十（二〇〇八）年六月
添田知道他『唖蟬坊は生きている』キングレコード／昭和四十八（一九七三）年
津田耕次『AZENBOの世界』クラウン／昭和五十四（一九七九）年
なぎら健壱『ザ・ヴァイオリン演歌・桜井敏雄』ソニー・ミュージックエンターテイメント／平成四（一九九二）年十月
『街角のうた書生節の世界』大道楽レコード／平成五（一九九三）年三月
『歌謡で辿る昭和の痕跡「軍歌戦時歌謡大全集」』ビクターエンタテインメント／平成七（一九九五）年三月

長崎市高島石炭資料館、高嶋神社、江戸東京博物館「東京の交通100年博」
長崎市立図書館、長崎県立図書館、長崎歴史文化博物館、九州大学附属図書館
さいたま市立各図書館、埼玉県立各図書館、国立国会図書館、神奈川県立神奈川近代文学館、日本近代文学館、
同志社大学今出川図書館、東京都交通局、鉄道博物館

演歌索引

〈あ〉

〈か〉

〈さ〉

【著者紹介】　藤城かおる（ふじしろかおる）

1961年東京生まれ、岩倉高等学校運輸科卒。1989年9月、東京都を離れ長野県の松本へ。さらに1991年11月に長崎へ引っ越し。2010年4月には、さいたま市へ。長崎では19年間、タウン情報誌の制作、編集に携わる。

「埼玉考現学」http://blog.livedoor.jp/makuramot/
「長崎年表」http://f-makuramoto.com/01-nenpyo/index.html
「日本社会運動史年表」http://f-makuramoto.com/43-syakaika/index.html
「乃木坂46年表」http://f-makuramoto.com/46-nogi/noginen.html

啞蟬坊伝
演歌と社会主義のはざまに

2017年 8月1日 初版第1刷発行

■著者　藤城かおる
■発行者　塚田敬幸
■発行所　えにし書房株式会社
〒102-0073　東京都千代田区九段南2-2-7 北の丸ビル3F
TEL 03-6261-4369　FAX 03-6261-4379
ウェブサイト　http://www.enishishobo.co.jp
E-mail　info@enishishobo.co.jp

■印刷／製本　三松堂印刷株式会社
■装幀　又吉るみ子
■DTP　板垣由佳

　ISBN978-4-908073-41-0 C0023

しがつよい、だまはでるきで五はいくふ。
○あせをながしてはたらくひとが、なけりやこのよはやみとなる、かねがあるとていばるなばかめ、○ぞく○ぞくは、でくつぶし。
○五かいなどゝはむかしのことよ、いまはぎうなべはんにやとう、ぼうずあたまへはちまきしめて、ステゝコをどりもそつなもの。

……本會發行の印刷物を賣ちんと欲する人は
來れ來つて詳細の説明を聽け……

明治三十九年十二月二五日十印刷　明治三十九年十二月二十九日發行

内務省
納本濟

著作兼發行人　東京市下谷區中根岸町十三番地　添田平吉
印刷人　東京市下谷區中根岸町十三番地
發行所　うしほ會

まれてきたが、わがみのふうんとあきらめる。

○あせをしぼられあぶらをとられ、血をすいとられたりのうへに、ほうりだされてふんづけられて、これもふうんとあきらめる。

○ながいものにはまかれてしまへ、なくことじとうにはかたれない、びんぼうはふうんでびようきはふこう、ときよじせつとあきらめる。

○あきらめなされよあきらめなされ、あきらめなさるがとくである、わたしや『じゆう』のとうぶつだから、あきらめられぬとあきらめる。

○へんたいし

○『ぼうず』も『ぎいん』も『がくしや』も『ちしや』も、『きぞく』や『ふごう』のまへゝでりやすゝめになることか『チユー』ともいはず、すぐにピヨコ〱をじぎする。

○あたまが二百○三こうち、しりが二百と三こうち、をなかをあはせりや六百九こうちいまのじよがくせいはえらいもの

○うきよわたりのいくじがなくて、ひとの二かいにいそうらう、いまのいそうろうはを

あきらめぶし

○ぢぬしかねもちはわがまゝもので、やくにんなんぞはいばるもの、こんなうきよへうまれてきたが、わがみのふんとあきらめる。

○をまへこのよへなにしにきたか、せいやりそくをはらふため、こんなうきよへうまれてきたが、わがみのふうんとあきらめる。

○くるしからうがまたつらかろが、『ぎむ』はつくさにゃならぬもの、『けんり』なんぞをほしがることは、できぬものだとあきらめる。

○たとへしゆうとがをにでもじやでも、よめはすなをにせにゃならぬ、どうせ『ちやうゑき』するよなものと、なにもいはずにあきらめる。

○かりたをかねはさいそくされて、かしたをかねはとれぬもの、どうせうきよはこうしたものと、わたしやいつでもあきらめる。

○こめはなんきんをかずはひじき、うしやうまではあるまいし、あさからばんまでこきつかはれて、しぬよりやましだとあきらめる。

○どうせこのよはよはいものいじめ、びんぼうなかせだせひもない。こんなうきよへう

啞蟬坊作

平民あきらめ賦詩

うしほ會發行

前４ページは唖蝉坊ら演歌師が販売した歌本の見本である。

検閲対象であり、内務省に届け出る義務があった。

発禁（発売禁止）処分を課せられることもあった。

※点線に沿って切り離せます。

えにし書房のぐらもくらぶシリーズ

ぐらもくらぶシリーズ②

あゝ浅草オペラ

写真でたどる魅惑の「インチキ」歌劇

小針 侑起 著

定価 2,500 円＋税／ A5 判 232 頁／並製
ISBN978-4-908073-26-7 C0076

唖蝉坊が活躍していた時代の浅草事情

頗る非常・驚勿、浅草ォペラ研究の第一人者、「平成のペラゴロ」による浅草ォペラ本の決定版！

未発表の貴重な秘蔵写真 200 余枚を収載し、田谷力三・高木徳子・藤原義江・浦辺粂子・榎本健一・二村定一など、浅草オペラから輩出した大スターたちの知られざるデビュー当時の記録から、浅草オペラに関する盛衰を詳細に綴る歴史資料価値の高い１冊。西洋文明とデモクラシー、モダンガール・モダンボーイなど、大正ロマン・大衆芸能の粋が 100 年の時を経てよみがえる。

目次

えにし書房のぐらもくらぶシリーズ

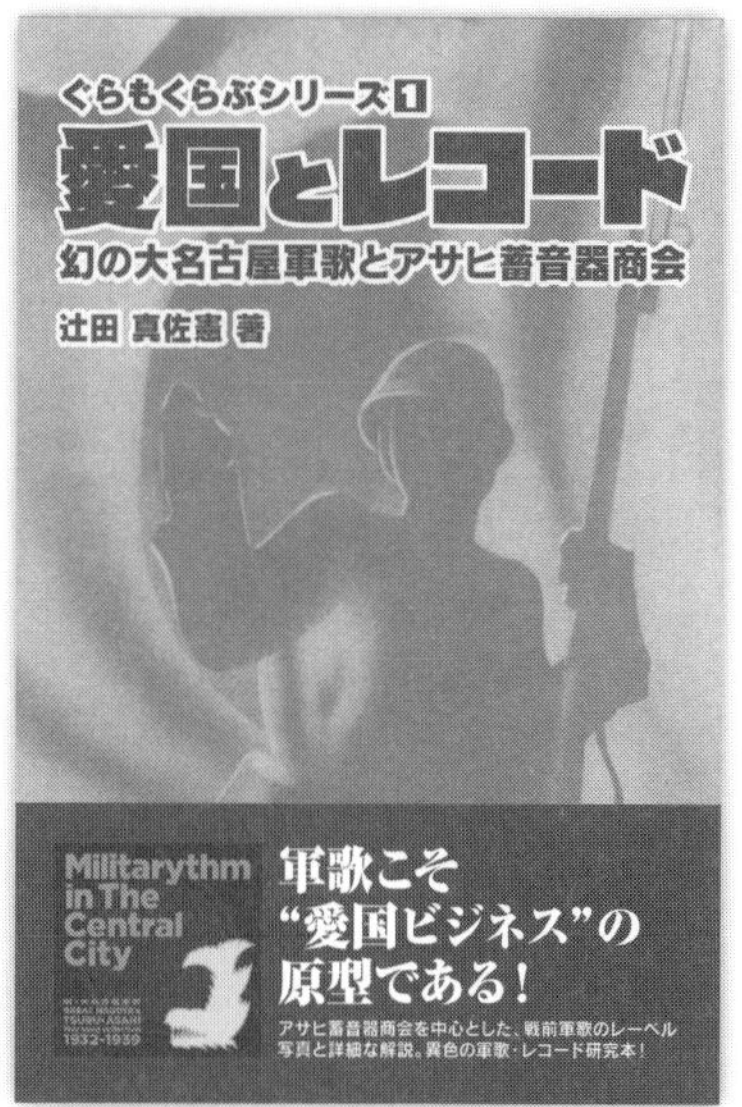

ぐらもくらぶシリーズ①

愛国とレコード

幻の大名古屋軍歌とアサヒ蓄音器商会

辻田 真佐憲 著

定価 1,600 円+税/ A5 判 96 頁/並製/カラー
ISBN978-4-908073-05-2 C0036

軍歌こそ"愛国ビジネス"の原型である!

大正時代から昭和戦前期にかけて名古屋に存在したローカル・レコード会社アサヒ蓄音器商会が発売した、戦前軍歌のレーベル写真と歌詞を紹介。詳細な解説を加えた異色の軍歌・レコード研究本。

主な収録内容

時局小唄:噫従軍記者の歌(血染の鉄筆)
時局歌:航空大行進曲
時局国民歌:雪の戦線
時局小唄:防空の歌
時局小唄:陸戦隊行進曲
時局小唄:リットンぶし(認識不足も程がある)
時局小唄:昭和青年愛国歌
時局小唄:昭和青年神軍歌
流行歌:躍進節
新流行小唄:日満おどり
流行歌:輝く大満洲
連盟小唄:十三対一(名誉の孤立)
愛国歌:祖国の前衛
愛国歌:若しも召集令が下ったら
軍歌:上海陸戦隊の歌
軍歌:南京陥落祝勝歌
軍歌:凱旋(あな嬉し喜ばし)
愛国歌:漢口陥落だより
軍歌:軍艦行進曲
軍歌:爆撃千里
描写劇:五・一五事件 血涙の法廷(海軍公判)